신비한 동양철학 · 43

명인재

원공선사 지음

삼한

🌼 독자에게 드리는 부탁

　이 책을 세상에 내놓게 된 것은 많은 사람들이 역술학에 관심을 갖고 공부하고 있으나, 너무 난해하여 보는 사람마다 어렵다고 하는 말을 많이 듣고 있기 때문이다.

　역술학을 난해하다고 하는 이유는 책마다 공통점이 없이 저자 나름대로 써놓았기 때문이다. 시중의 역술책들을 보면 용신을 잡는 방법이 없다. 그러다 보니 격국을 정하는 방법도 없다. 어떤 책에서는 용신을 정하는 방법이 18만 가지가 넘는다고 하니, 사주 여덟 글자를 갖고 18만 가지로 용신을 구분한다는 것은 결국 밑도 끝도 없다는 뜻이다.

　그래서 저자가 수십 년을 연구하며 활용해본 결과 적중률이 매우 높다는 것을 확인하고, 혼자 활용하며 후학들을 가르치고 있었으나, 후학들의 요청에 따라 이 비법을 세상에 내놓게 된 것이다.

　이 책은 오행보다는 주로 살을 이용하는 비법이다. 시중에 나온 책들을 보면 살에 대해 설명은 많이 하면서도 실제 응용에서는 무시하고 있다. 이것은 살을 알면서도 응용할 줄 모르기 때문이다.

그러나 이 책에서는 살의 활용방법을 완전히 터득해, 어떤 살과 어떤 살이 합하면 어떻게 작용하는지를 자세하게 설명하고 있다. 다시 말해 화학반응이 일어나는 것과 같다.

이 책은 복잡하고 어려운 시중의 역학책들과는 달리, 누구나 한 번 읽으면 이해할 수 있도록 쉽고 편안하게 정리했다. 따라서 독자들에게 많은 성과가 있을 것으로 믿는다.

만일 이 책으로 공부하다 이해되지 않는 부분이 있으면 저자에게 문의하기 바란다. 성실하게 답변해드릴 것을 약속한다. 아울러 저자의 저서인 『주역육효 해설방법』을 곁들여 본다면 살을 이해하고 해석하는데 더욱더 효과가 있을 것이다.

원공선사

1. 육십갑자(六十甲子)

육십갑자는 암기하도록 한다.

1. 천간(天干)
갑(甲), 을(乙), 병(丙), 정(丁), 무(戊),
기(己), 경(庚), 신(辛), 임(壬), 계(癸),

2. 지지(地支)
자(子) 축(丑) 인(寅) 묘(卯) 진(辰) 사(巳)
오(午) 미(未) 신(申) 유(酉) 술(戌) 해(亥)

육십갑자와 공망살의 조견표

甲	乙	丙	丁	戊	己	庚	辛	壬	癸	空亡
子	丑	寅	卯	辰	巳	午	未	申	酉	戌亥
戌	亥	子	丑	寅	卯	辰	巳	午	未	辛酉
申	酉	戌	亥	子	丑	寅	卯	辰	巳	午未
午	未	申	酉	戌	亥	子	丑	寅	卯	辰巳
辰	巳	午	未	申	酉	戌	亥	子	丑	寅卯
寅	卯	辰	巳	午	未	申	酉	戌	亥	子丑

2. 월건 정하는 방법

월건조견표

+	정월	2월	3월	4월	5월	6월	7월	8월	9월	10월	11월	12월
甲己年	丙寅	丁卯	戊辰	己巳	庚午	辛未	壬申	癸酉	甲戌	乙亥	丙子	丁丑
乙庚年	戊寅	己卯	庚辰	辛巳	壬午	癸未	甲申	乙酉	丙戌	丁亥	戊子	己丑
丙辛年	庚寅	辛卯	壬辰	癸巳	甲午	乙未	丙申	丁酉	戊戌	己亥	庚子	辛丑
丁壬年	壬寅	癸卯	甲辰	乙巳	丙午	丁未	戊申	己酉	庚戌	辛亥	壬子	癸丑
戊癸年	甲寅	乙卯	丙辰	丁巳	戊午	己未	庚申	辛酉	壬戌	癸亥	甲子	乙丑

월건은 음력으로 계산하되 계절을 알아야 한다.

■ 立春日부터 正月이요, 驚蟄日부터 2월이다.
■ 淸明日부터 3월이요, 立夏日부터 4월이다.
■ 芒種日부터 5월이요, 小暑日부터 6월이다.
■ 立秋日부터 7월이요, 白露日부터 8월이다.
■ 寒露日부터 9월이요, 立冬日부터 10월이다.
■ 大雪日부터 11월이요, 小寒日부터 12월이다.

예 1) 甲이나 己가 들어가는 해는

　　　1월의 月建이 丙寅이요, 2월의 月建이 丁卯요,
　　　3월의 月建이 戊辰이요, 4월의 月建이 己巳이다.

예 2) 乙이나 庚이 들어가는 해는

　　　5월의 月建이 壬午요, 6월의 月建이 癸未요,

7월의 月建이 甲申이요, 8월의 月建이 乙酉이다.

예 3) 丁이나 壬이 들어가는 해는

9월의 月建이 庚戌이요, 10월의 月建이 辛亥요,

11월의 月建이 壬子요, 12월의 月建이 癸丑이다.

다른 것들도 이와 같이 보면 된다.

3. 시간 정하는 방법

예 1) 갑(甲)이나 기(己)가 있는 일진(日辰)은

자시(子時)가 갑자시(甲子時)요,

축시(丑時)가 을축시(乙丑時)요,

신시(申時)는 임신시(壬申時)이며,

술시(戌時)는 갑술시(甲戌時)요,

해시(亥時)는 을해시(乙亥時)라고 힌다.

예 2) 병(丙)이나 신(辛)이 있는 일진(日辰)은

자시(子時)가 무자시(戊子時)요,

묘시(卯時)는 신묘시(辛卯時)이며,

미시(未時)는 을미시(乙未時)요,

술시(戌時)는 무술시(戊戌時)이다.

예 3) 무(戊)나 계(癸)가 있는 일진(日辰)은

자시(子時)가 임자시(壬子時)이며.

묘시(卯時)가 을묘시(乙卯時)요,

오시(午時)가 무오시(戊午時)라고 한다.

1. 하루의 시간 조견표

자시(子時) : 밤 11시부터 익일 12시 말까지

축시(丑時) : 오전 1시부터 2시 말까지

인시(寅時) : 오전 3시부터 4시 말까지

묘시(卯時) : 오전 5시부터 6시 말까지

진시(辰時) : 오전 7시부터 8시 말까지

사시(巳時) : 오전 9시부터 10시 말까지

오시(午時) : 오전 11시부터 낮12시 말까지

미시(未時) : 오후 1시부터 2시 말까지

신시(申時) : 오후 3시부터 4시 말까지

유시(酉時) : 오후 5시부터 6시 말까지

술시(戌時) : 오후 7시부터 8시 말까지

해시(亥時) : 오후 9시부터 10시 말까지

+	子時	丑時	寅時	卯時	辰時	巳時	午時	未時	申時	酉時	戌時	亥時
甲己	甲子	乙丑	丙寅	丁卯	戊辰	己巳	庚午	辛未	壬申	癸酉	甲戌	乙亥
乙庚	丙子	丁丑	戊寅	己卯	庚辰	辛巳	壬午	癸未	甲申	乙酉	丙戌	丁亥
丙辛	戊子	己丑	庚寅	辛卯	壬辰	癸巳	甲午	乙未	丙申	丁酉	戊戌	己亥
丁壬	庚子	辛丑	壬寅	癸卯	甲辰	乙巳	丙午	丁未	戊申	己酉	庚戌	辛亥
戊癸	壬子	癸丑	甲寅	乙卯	丙辰	丁巳	戊午	己未	庚申	辛酉	壬戌	癸亥

4. 손에 지지(地支)를 넣는 방법

 지금 시중의 모든 역학책을 보면 자(子)가 무명지에서부터 시작을 하고 있으나 그 방법이 바르지 않아서 본인은 엄지에서부터 시작하라고 말하고 있다. 이유는 우리가 살고 있는 지구가 중심점에서 우측으로 기울어져 있기 때문이다. 지금 시중에서와 같이 무명지에서 자(子)를 잡는다면 반대의 위치로 되기 때문이다. 또한 엄지에서 자(子)를 잡으면 여러모로 편리한 점이 많으니 사방의 면이 동서남북이며, 금목수화(金木水火)가 되는 것이요, 사각의 귀는 토(土)가 되는 것이다. 암기에서도 편리한 점이 많다.

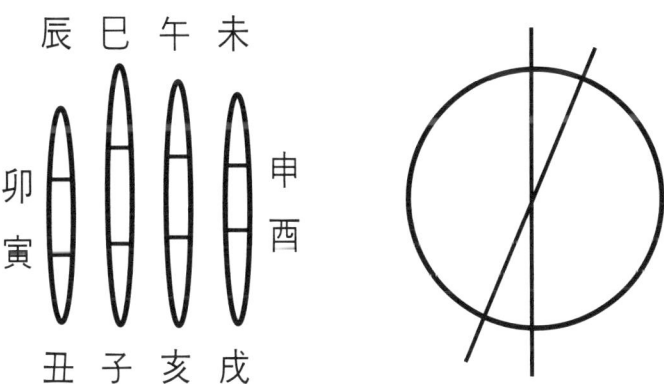

5. 오행(五行)의 상생(相生)과 상극(相剋)

五行: 금(金), 목(木), 수(水), 화(火), 토(土).

1. 상생(相生) : 金生水, 水生木, 木生火, 火生土, 土生金.

　상생(相生) 관계를 모든 사람들이 좋은 것으로만 알고 있으나, 좋지 않은 점이 있으니 주의를 요한다.
　예를 들어　살과 살이 상생관계(相生關係)를 하고 있으면 더욱 강력한 살이 되어 더욱 흉폭할 것이고, 복덕(福德)과 녹(祿) 등이 같이 있으면 더욱 좋은 복(福)이 될 것이다.

2. 상극(相剋) : 金克木, 木克土, 土克水, 水克火, 火克金.

　상극관계(相剋關係)는 좋지 않은 살이라고 하나, 때로는 좋은 경우가 많이 있으니 상대방을 견제하는 역할을 하기 때문이다.
　예로 상대방이 좋지 않은 살이 있으면 그 살을 강하게 하는 것 보다 극(剋)으로 상대를 다스릴 수 있고, 상대의 살을 소멸할 수도 있다.

6. 오행(五行)의 다소관계(多少關係)

土多則 : 財錦旺盛 : 재물이 부귀하게 된다.
金多則 : 人物特殊 : 사람이 똑똑한 편이다(영리한 것과는 다름).

水多則 : 可知淫亂 : 바람끼가 많다.

木多則 : 女子運氣 : 여자와 같이 온순하다.

火多則 : 身病多有 : 신상에 병이 떠날 날이 없다.

不見土則 : 賃房離免 : 셋방살이를 면하기 어렵다.

不見金則 : 對人不成 : 대인관계가 원만하지 못하여 실패가 많다.

不見水則 : 妻家離別 : 고향 부모 형제와 부부간에 이별수가 있다.

不見木則 : 床破之象 : 의식에 구애를 받아 항상 곤란하고 초년에 학
업중단수가 있다.

不見火則 : 累次聚妻 : 결혼을 여러 차례 할 수 있다.

7. 합(合)과 살

1. 지지상합(地支相合)

자축합(子丑合), 인해합(寅亥合), 묘술합(卯戌合),
진유합(辰酉合), 사신합(巳申合), 오미합(午未合)

2. 지지삼합(地支三合)

신자진(申子辰), 인오술(寅午戌), 해묘미(亥卯未), 사유축(巳酉丑),

삼합(三合)이 만나면 좋다고 하나 주의해야 할 점이 있다. 예로 합

(合)은 합(合)이나 서로 살을 갖고 있다면 서로 살을 도와주는 것이기 때문이다.

3. 지지상충(地支相沖)

자오상충(子午相沖), 축미상충(丑未相沖),
인신상충(寅申相沖), 묘유상충(卯酉相沖),
진술상충(辰戌相沖), 사해상충(巳亥相沖).

 상충(相沖)은 서로 만나면 나쁘다고, 하나 나쁘기 전에 서로 견제하는 기능이 있다고 보아야 한다.
 예로 사주에 녹(祿)이나 복덕(福德)이나 용덕(龍德)에 상충살(相沖殺)이 있으면, 상대를 해하기 전에 격려하고 힘을 실어주는 살로 덕이 되기 때문이다.

년월충(年月沖) : 조상의 유업을 유지하지 못하고 고향을 떠나는 운이다. 그러나 녹(祿)이나 복덕(福德)이나 용덕(龍德)이 있으면 부모의 어떤 충고에 의하여 좋은 일로 떠날 수 있다.
년일충(年日沖) : 부부간에 의견 차이가 많아 화합하기 어렵다.
월일충(月日沖) : 은혜를 모르는 사람이거나 대인관계에서 인내심이 적은 편이요, 부모나 부부가 이별수가 있다.
일시충(日時沖) : 자손과 불화하고 처자를 극(剋)한다.
자오충(子午沖) : 일신이 불안하고 객지에서 생활할 운이다.

축미충(丑未沖) : 형제간에 대화가 없고 재물에 대한 욕심이 많다.

인신충(寅申沖) : 정은 많으나 구설수가 많이 따른다.

묘유충(卯酉沖) : 가까운 사람을 배신하며 직계가족을 상해하고, 부부간에 불화할 수 있다.

진술충(辰戌沖) : 고독하며 풍파가 많이 따른다.

사해충(巳亥沖) : 쓸데없이 타인의 걱정을 잘하며 반복되는 일을 잘한다.

4. 삼형살(三形殺) · 형살(刑殺)

양형(陽刑) : 인형사(寅刑巳), 사형신(巳刑申), 신형인(申刑寅).

음형(陰刑) : 축형술(丑刑戌), 술형미(戌刑未), 미형축(未刑丑).

상형(相刑) : 자묘상형(子卯相刑)

자형(自刑) : 진진자형(辰辰自刑), 오오자형(午午自刑), 유유자형(酉酉自刑), 해해자형(亥亥自刑).

삼형살(三刑殺)은 상대를 가두는 살로 상대를 억압하는 힘이 있다. 그러나 주인과 종업원의 관계를 볼 때는, 주인이 종업원을 형(刑)하면 종업원이 주인의 말에 순종하나 종업원이 주인을 형(刑)하면 주인의 말을 따르지 않고 불복한다. 상형살(相刑殺)은 서로가 서로를 견제하는 살로 불편한 관계이다.

* 사주에 삼형살(三刑殺)이 있으면 타인의 말을 듣지 않고, 자기의 세력만 믿고 돌진하다 낭패를 많이 본다.

* 여자 사주에 삼형살(三刑殺)이 있으면 고독하거나, 임신을 해도 유산될 확률이 많다.
* 자묘상형살(子卯相刑殺)은 성격이 난폭하여 상하의 사람과 불화가 많을 수 있고, 예의범절이 부족하며 타인을 적대시 하는 경우가 많다.
* 명궁에 상형살(刑殺)이 들면 고집이 강하며 독불장군격이다. 형살(刑殺)은 자신의 성격을 이기지 못하여 난폭하거나 오히려 자포자기할 수 있는 운으로, 심하면 생명을 위협하는 경우도 있다.
* 부모궁이요 인덕궁에 형살(刑殺)이 들면 상대에게 지지않으려는 성격이다. 삼형살(三刑殺)이 들면 수단과 방법을 가리지 않고 상대를 억압하려고 한다. 그러나 녹(祿)이나 관운(官運)이 있으면 출세도 할 수 있고, 사회지도자가 되거나 종교지도자가 될 수 있는 운이다
* 부부궁이요 재물궁에 삼형살(三刑殺)이 들면 재물에 대한 욕심이 많다. 복(福)이나 녹(祿) 등이 있으면 출세욕이 많거나, 사업가로 출세할 수 있는 운이다. 부부간에 자기 마음대로 살아가려는 성격이라 부부간의 갈등도 많이 발생할 수 있는 살이다.
* 총운이요 말년궁에서 삼형살(三刑殺)이 들면 매사를 자기위주로 생활하는 운이다.

5. 파살(破殺)

자＝유(子와 酉), 묘＝오(卯와 午), 사＝신(巳와 申),
인＝해(寅과 亥), 축＝진(丑과 辰), 술＝미(戌과 未).

* 파살(破殺)은 모든 것을 유지하지 못하고 흐트러버리는 살이다.
* 파살(破殺)이 공방살(空亡殺)과 같이 있으면 쌍방 모두 소멸한다.
* 파살(破殺)이 명궁이요 초년궁이요 성격궁이요 조상궁에 들면 조상의 유업을 유지하지 못하는 운이고 성격이 변화가 많을 수 있는 사람이고 배신행위를 잘할 수 있는 사람으로 믿을 수 없는 성격을 가진 사람이다.
* 파살(破殺)이 부모궁이요 인덕궁에 들면 부모의 정이나 덕이 없는 운이다. 심하면 부모와 이별수가 있고 인덕이 없는 운으로 사람을 오래 사귀지 못하고 자주 헤어지는 편이다.
* 파살(破殺)이 부부궁이요 재물궁에서 들면 부부의 인연이 없고 부부간에 이별수가 있는 운이요, 재물을 모으면서 살아가지 못하는 운이요, 생활에 어려움이 많을 운으로 외롭고 쓸쓸한 운이다.
* 파살(破殺)이 말년궁이요 총운이요 자손궁에서 들면 말년이 불길하니 자손과 이별수가 있고, 한평생 어렵게 생활할 운이다.
* 주의할 것은 파살(破殺)에 녹(祿)이나 복덕(福德)이나 용덕(龍德) 등의 길운이 같이 동주(同住)하면 전화위복의 운으로 오히려 대길한 운이 된다. 예를 들면 재물궁에 파살(破殺)에 녹(祿)이 들면 사방에 사업을 확장하고 살 수 있는 운이 있기 때문이다.

6. 해살(害殺)

자＝미(子와 未), 축＝오(丑과 午), 인＝사(寅과 巳),
묘＝진(卯와 辰), 신＝해(申과 亥), 유＝술(酉와 戌).

* 해살(害殺)은 상대를 해롭게 하는 살로 다른 운에 피해를 주는 살이다.
* 해살(害殺)이 명궁이요 초년궁이요 조상궁에 들면 건강에 어려움이 따르는 운이요, 성격이 활달하지 못하고 마음이 음침하며 뒤에서 모사하는 일을 잘할 수 있는 성격이다.
* 해살(害殺)이 부모궁이요 인덕궁에 들면 대인관계가 어렵고 사람을 상대하기가 두려울 운이요, 인덕이 없어 다른 사람들의 모함이나 오해를 받아 손해를 볼 수 있는 운이요, 부모의 정이나 덕이 없을 운으로 어려움이 많이 발생할 수 있는 운이다.
* 해살(害殺)이 부부궁이요 재물궁에 들면 부부의 인연이 없고, 부부 이별수가 있는 운이요, 부부의 해를 받을 수도 있는 운이요, 재물에 어려움도 많이 있는 수 있는 운이다.
* 해살(害殺)이 말년궁이요 총운이요 자손궁에 들면 말년에 어려움이 있는 운이고, 말년에 자손으로부터 해를 받거나 자손과 이별수가 있고 정없이 지낼 운이다.

7. 원진살(怨嗔殺)

자＝미(子와 未), 축＝오(丑과 午), 인＝유(寅과 酉),
묘＝신(卯와 申), 진＝해(辰과 亥), 사＝술(巳와 戌).

* 원진살(怨嗔殺)은 다른 사람과 유대관계가 어렵고 원한을 사는 살이다.
* 원진살(怨嗔殺)이 년(年)에 들면 생명에 위험이 있을 수 있고, 조

상과 멀어지고, 조상의 업을 지키기 어렵다.

* 원진살(怨嗔殺)이 월(月)에 들면 무고한 구설을 들을 일이 생길 수 있고, 믿은 사람에게 배신을 당하고 멀어지는 운이며, 타인과 원한을 살 수 있는 운이다.

* 원진살(怨嗔殺)이 일(日)에 들면 재물이 멀어지고 재물에 손재수 있을 수 있고, 부부사이에 문제가 발생한다.

* 원진살(怨嗔殺)이 시(時)에 들면 자손이 불효하고, 또는 자손에 인연이 적을 운이요, 또는 아랫사람으로부터 멀어질 운이 있다.

8. 귀(貴)·녹(祿) 정리하는 방법

* 갑무경(甲戊庚)은 축미(丑未)가 귀(貴)요, 갑록(甲祿)은 재인(在寅)이다.

* 을기(乙己)는 자신(子申)이 귀(貴)요, 을록(乙祿)은 재묘(在卯)다.

* 병정(丙丁)은 해유(亥酉)가 귀(貴). 병무록(丙戊祿)은 재사(在巳)이다.

* 육신(六辛)은 오인(午寅)이 귀(貴)요, 임계(壬癸)는 사묘(巳卯)가 귀(貴)이다.

* 정기록(丁己祿)은 재오(在午)요, 경록(庚祿)은 재신(在申)이요, 신록(申祿)은 재유(在酉)요, 임록(壬祿)은 재해(在亥)요, 계록(癸祿)은 재자(在子)로다.

귀와 녹의 조견표

+	子	丑	寅	卯	辰	巳	午	未	申	酉	戌	亥
甲		貴	祿	刃				貴				
乙	貴			祿	刃				貴			
丙						祿	刃			貴		貴
丁							祿	刃		貴		貴
戊		貴				祿	刃	貴				
己	貴						祿	刃	貴			
庚		貴						貴	祿	刃		
辛			貴				貴			祿	刃	
壬	刃			貴		貴						祿
癸	祿	刃		貴		貴						

당사주에 나오는 귀와 양인살과 복덕운은 차별이 있으니 주의하라.

1. 귀(貴)

귀(貴)는 사람이 의젓하고 선비다운 풍이 있으며 실없는 말을 하지 않고 실없는 행위도 싫어하는 성격이요, 사람 됨됨이 진실성이 있는 운이다. 또한 귀(貴)는 귀(貴)하다고 하는 뜻이 있으니 귀(貴)하다고 하는 것은 지위가 높아 상대가 없어 귀한 것을 말하기도 한다.

사주에 관운(官運)에 귀(貴)에 녹(祿) 등이 있으면 고귀한 귀(貴)

가 될 것이다.

또한 귀(貴)는 없어서 귀(貴)한 것도 귀(貴)라고 하는 것이니 금전이 없으면 돈이 귀한 것이요, 사람이 없으면 사람이 귀한 것이요, 물건이 없으면 물건이 귀하다고 할 수 있다.

재물궁에서 귀(貴)에 해살(害殺)이나 파살(破殺)이나 칠살(七殺)등이 동주(同住)하면 없어서 귀(貴)한 것으로 어려움을 말하고 있는 것이다.

귀(貴)한 것과 많다 흔하다고 하는 것을 잘 이해를 해야 할 것이다. 흔하다 많다고 하는 것은 헤프다. 또는 모으지 못하고 흩어버리는 것을 말하고 있으니 잘 이해하시라.

2. 녹(祿)

녹(祿)은 복(福)이나 용덕(龍德)과 같은 것으로 대길한 것을 말하고 있다.

칠살(七殺)에 녹(祿)이 있으면 칠살(七殺)이 풍부하다고 할 수가 있는 것이요, 녹(祿)에 살은 없고 녹(祿)만 있거나 용덕(龍德)이나 복덕(福德)이 같이 동주(同住)하면 금상첨화와 같은 운으로 대길한 운이다.

3. 양인살(羊刃殺)

사주에서 녹(祿)이 있는 경우에만 앞 글자를 양인살(羊刃殺)으로 본다. 예를 들면 인(寅)에 녹(祿)이 있으면 묘(卯)가 양인살(羊刃

殺)이요, 오(午)에 녹(祿)이 있으면 미(未)가 양인살(羊刃殺)이 되는 것이다. 그러나 인(寅)이나 오(午)는 없고 묘(卯)나 미(未)가 있으면 양인살(羊刃殺)로 보지 않으니 주의하시라.

* 사주에 양인살(羊刃殺)이 있으면 냉정한 살로 사리가 분명하고 맺고 끊는 것이 확실하며 매사에 있어서 정확성을 말하고 있다.
* 양인살(羊刃殺)에 관(官)과 녹(祿)이 있으면 무관으로 출세를 할 수 있는 운이요, 또는 생사지권을 잡고 살아가는 운이다.
* 양인살(羊刃殺)에 관(官)은 없고 복(福)이나 용덕(龍德)이나 녹(祿)이 있으면 의사생활을 할 수 있는 운이요, 또는 활인공덕을 쌓을 운이요, 또는 종교지도자 운이라고 할 수가 있다.
* 양인살(羊刃殺)에 녹(祿)은 없으면서 복이 있고 다른 칠살(七殺)이 동주(同住)하면 도축업이나 정육점을 하면 성공할 수 있다.
* 양인살(羊刃殺)이 명궁에 있으면 신병이 있거나 몸에 흠이 있을 운이요, 또는 몸에 흉터나 점이 있는 운이며, 또는 조상의 업을 파하고 불효할 운이다.
* 양인살(羊刃殺)이 인덕궁에 있으면 대인관계가 분명하거나 냉정한 편이요, 성격이 괴팍하며 형제간에 덕이 없다.
* 양인살(羊刃殺)이 재물궁에 있으면 재물관리가 분명하나 중도에 실패가 있는 운이요, 또한 부부이별을 면하기 어려운 운이며, 또는 아내에게 산액이 있을 수 있는 운이다.
* 시(時)에 양인살(羊刃殺)이 있으면 자손이 귀하거나 자손과 같이 지내지 못하고 헤어져서 살아야 하는 운이 있다. 또한 인정이 없는 운이다.

4. 고진살(孤辰殺) · 과숙살(寡宿殺)

해자축(亥子丑) 인(寅)이 고신살(孤辰殺)이요, 술(戌)이 과숙살(寡宿殺)이다.
인묘진(寅卯辰) 사(巳)가 고진살(孤辰殺)이요, 축(丑)이 과숙살(寡宿殺)이다.
사오미(巳午未) 신(申)이 고진살(孤辰殺)이요, 진(辰)이 과숙살(寡宿殺)이다.
신유술(申酉戌) 해(亥)가 고진살(孤辰殺)이요, 미(未)가 과숙살(寡宿殺)이다.

* 고진살(孤辰殺)은 홀아비가 되는 살이요, 과숙살(寡宿殺)은 과부가 되는 살로 외롭고 쓸쓸하게 지낼 수 있는 살이다.
* 부부가 같이 살아도 없는 것과 같이 외롭게 살아가는 살이다.
* 명궁에 고진살(孤辰殺)이나 과숙살(寡宿殺)이 들면 마음이 항상 허전하고 외로움이 있는 운으로 옆에서 다른 사람들이 아무리 잘해주어도 마음은 허전함이 많다고 할 수 있다.
* 인덕궁에 고진살(孤辰殺)이나 과숙살(寡宿殺)이 들면 인덕이 없고 대인관계상 주위에 사람이 없어 외로울 운이다.
* 재물궁에서 고진살(孤辰殺)이니 과숙살(寡宿殺)들면 설령 재물이 많아도 항상 재물에 허전한 마음이 들어서 재물욕심이 많을 수 있고, 또는 많은 재물을 가지고 살면서도 내 마음대로 재물을 사용할 수 없는 운으로 땅많은 거지같다고 할 수 있는 운이요, 또는 부부의 정과 덕이 없을 운이다.

* 총운에서 고진살(孤辰殺)이나 과숙살(寡宿殺)이 들면 자손의 정
   이 없고 말년이 외롭고 허전할 운이다.

5. 도화살(桃花殺)

 인오술(寅午戌) 묘(卯), 사유축(巳酉丑) 오(午), 신자진(申子辰)
유(酉), 해묘미(亥卯未) 자(子)를 도화살이라고 한다.
 도화살(桃花殺)은 본인은 별로 관심이 없는데도 다른 사람들이 좋
아하는 살이 되는 것으로 타인의 유혹에 빠지기 쉽고 구설수에 오르
기 쉽다.

9. 명인재로 보는 부부운

 보는 방법은 생년(生年)에서 생월(生月)로 본다. 순서대로 암기하
되 앞 글자만 외우면 편리하다.

1. 상협(相狹) 2. 격산(隔山) 3. 구자(求子) 4. 화합(和合)
5. 상량(商量) 6. 오역(惡逆) 7. 보수(保守) 8. 입사(入舍)
9. 이처(離妻) 10. 중부(重夫) 11. 중처(重妻) 12. 극자(克子)

■ 사유축(巳酉丑)생은 子에서 정월부터 시작하여 丑이 2월 寅이 3
                    월의 순서대로 세어나간다.
■ 신자진(申子辰)생은 子에서 4월부터 시작하여 丑이 5월 寅이 6

월의 순서대로 세어나간다.

- 해묘미(亥卯未)생은 子에서 7월부터 시작하여 丑이 8월 寅이 9월의 순서대로 세어나간다.

- 인오술(寅午戌)생은 子에서 10월부터 시작하여 丑이 11월 寅이 12월의 순서로 세어나간다.

1. 상협(相狹)

사주에 상협(相狹)이 있으면 남녀간에 끼가 많은 운이다. 다른 사람들의 연인관계 중간에 끼어들기를 좋아하는 운이요, 또는 유부녀 유부남을 좋아하는 경우가 많다.

이 살이 있으면 부인은 남편을 의심하고 남편은 부인을 의심하니 서로가 불신을 하게 되어 집안이 편안하지 못하리라. 오귀가 가득하니 실패가 많다.

2. 격산(隔山)

사주에 격산(隔山)이 있으면 부부사이에 산이 가로막고 있는 형국이요 등을 돌리고 앉아 있는 상이다. 이 살이 있으면 약간 가지고 있는 재산을 하루아침에 날리고 실패한다. 금전거래를 하면 믿은 도끼에 발등을 찍는 격이 된다. 집에 있으면 이롭지 못하니 타향으로 떠나게 될 것이다. 인력으로 어찌할 수 없는 운이다.

3. 구자(求子)

사주에 구자(求子)가 있으면 타인의 자식이나 타인의 가족을 내 가족처럼 돌보면서 살아가야 좋은 운이다. 마귀가 해를 끼치고 있으니 일찍 실패수가 있으리라. 본래 자식운이 없으니 낳더라도 실패가 많으니 산제를 드리고 지성을 드려 자식을 얻으라.

4. 화합(和合)

사주에 화합이 있으면 부부가 서로 화목하게 지내는 운이다. 부부가 화합하니 가정이 태평하다. 자손들은 창성하다. 중년에 잠시 풍파 있으나 다시 화기가 돌아와 늙어갈수록 편안하다.

5. 상량(商量)

사주에 상량(商量)이 있으면 바람끼가 많다. 부부가 생각하는 것이 각각 다르니 의사가 서로 맞지 않아 때로는 다투게 된다. 살림이 잘 되어가지 않으니 이별을 생각하게 된다.

6. 오역(惡逆)

사주에 오역(惡逆)이 있으면 부부 또는 다른 상대를 좋지 않게 보고 꺼리는 운이다. 남편의 말을 믿지 않으니 모든 일이 어긋남이 많다.매사가 불합함이 많아 가정이 불안하고 구설이 분분하다. 옳은 말이 귀에 거슬리니 부부가 불화한다.

7. 보수(保守)

사주에 보수(保守)가 있으면 내 것은 지키고 타인의 것을 탐내는 운으로 의처증이 있을 수도 있다. 의리로서 동거하니 재미없는 세월만 보내게 된다. 부부가 좋지도 나쁘지도 않으니 담담하게 살아가리라. 집안 살림은 족하니 의식은 충족하고 물 흘러가듯 세월을 보내니 제미없는 세월을 보내리라.

8. 입사(入舍)

사주에 입사(入舍)가 있으면 기생처럼 한들거리고 신선같이 한량같이 살아가는 운이다. 역마운(驛馬運)으로 동서사방을 돌아다니면서 허다한 난관을 보낸다. 밖으로 나가 이리저리 사방으로 돌아다니다가 노년에야 성공하여 비단옷으로 고향에 돌아오리라.

9. 이처(離妻)

사주에 이처(離妻)가 있으면 부부간에 이별수가 있다. 이 살은 성격은 매양 한적한 곳을 좋아한다. 중년을 당하여 부처 이별하고 입산하여 화상이 되리라. 세상이 돌아가는 것은 상관하지 않고 공산에서 수도하고 있으리라.

10. 중부(重夫)

사주에 중부(重夫)가 들면 여자의 운으로 남편 사망 후에 재가 할 수 있는 운이다. 넘고 넘어도 험한 산이 가로놓여 있는 상으로 일생을 슬픔으로 보내리라. 또는 첩살이나 첩꼴을 보게 된다. 사회활동을 하면 이 액은 면할 수 있다.

11. 중처(重妻)

사주에 중처(重妻)가 들면 남자의 운으로 부인 사별 후에 재취할 수 있는 운이다. 홍염살(紅艶殺)과 같으니 풍류를 좋아하는 남자라 할 것이다. 술과 여자를 좋아하니 만나고 헤어짐이 많다. 이 사람은 술과 여자로 실패한다.

12. 극자(克子)

사주에 극자(克子)가 있으면 자손의 실패가 많고, 또한 자손이 있으면 부부간 정이 적고 자식이 없으면 부부간 정이 많다.

10. 제1의 십이지신살(十二之神殺)

이 살은 순서대로 암기하시라. 편의상 앞 글자만을 기록하였으니 참작하시라. 암기에 도움이 될 것이다

겁(劫), 재(災), 천(天), 지(地), 연(年), 월(月),
망(亡), 장(將), 반(攀), 역(驛), 육(肉), 화(華).

- 인오술(寅午戌): 亥에서부터 劫 災 天 地 順으로 適用한다.
- 사유축(巳酉丑): 寅에서부터 劫 災 天 地 順으로 適用한다.
- 신자진(申子辰): 巳에서부터 劫 災 天 地 順으로 適用한다.
- 해묘미(亥卯未): 申에서부터 劫 災 天 地 順으로 適用한다.

1. 겁살(劫殺)

 이 살은 중성적인 살로 같이 동행하는 살이 귀(貴) 녹(祿) 복(福) 등과 같이 있으면 더욱더 길하고, 같이 동행하는 살이 칠살(七殺)이 같이 있으면 더욱 좋지 않은 살이다.

* 예로 겁살(劫殺)은 놀랠 수 있는 살로 너무 기뻐도 놀랠 수 있고 너무 큰 일이나 충격을 받아도 놀렐 수 있기 때문이다.
* 겁살(劫殺)이 귀(貴)나 녹(祿)이 동주(同住)하면 모사에 능하고 총명하고 민첩하며 재주와 지혜가 뛰어난다.
* 겁살(劫殺)이 칠살(七殺)과 동주(同住)하면 불시에 재화와 사상을 당할 수 있다.
* 겁살(劫殺)이 녹(祿)과 지살(地殺)이 동주(同住)하면 술을 좋아하는 주정뱅이이다.
* 겁살(劫殺)이 일시(日時)에서 합(合)이 되면 주색을 탐하고 수치를 모르는 사람이다.

* 겁살(劫殺)이 쌍으로 있고 칠살(七殺)이 동주(同住)하면 성격이 포악하고, 또는 도적의 무리요, 또는 형액을 받지 않으면 요사할 수이다.
* 겁살(劫殺)이 금(金)과 같이 동주(同住)하면 무관이나 주물을 조각하는 사람이며, 화(火)와 동주(同住)하면 대장장이나 도살업으로 나가면 길하다.

2. 재살(災殺)

재살(災殺)은 극적인 살로 손재를 볼 수 있는 좋지 않은 살이다.

* 재살(災殺)이 명궁에서 들면 형액을 조심해야 한다. 높은 곳에서 낙상수도 있으니 병신이 될까 두렵다.
* 재살(災殺)이 인덕궁에서 있으면 나를 배신하는 사람이 많다.
* 재살(災殺)이 재물궁에서 있으면 노력은 많이 하나 공이 없다. 또는 일시에 액운이 있고, 또는 부부의 갈등이나 재물의 손재가 있는 운이다.
* 재살(災殺)이 총운에서 있으면 자식에 실패를 보거나 매사에 어려움이 발생한다.
* 재살(災殺)이 수화(水火)에 해당하면 불에 타거나 물에 빠지는 액을 당하고, 금목(金木)에 해당하면 몽둥이나 총검에 의한 액을 당하고, 토(土)에 해당하면 추락하거나 전염병에 걸릴 수도 있다.
* 여자가 재살(災殺)이 재물궁에 있으면 남편운이 불길하고 재물을 실패한다.

3. 천살(天殺)

* 천살(天殺)이 주중(柱中)에 들면 천재지변이나 조난을 당한다. 혹은 선천적인 불구가 될 수도 있다.
* 천살(天殺)이 주중(柱中)에 있는 사람이 주색을 멀리하지 않으면 단명수(短命數)를 면하기 어렵다.
* 천살(天殺)은 손재를 볼 수 있는 살로 사기를 당할 수 있다.
* 천살(天殺)이 명궁에 있으면 건강에 문제가 있다.
* 천살(天殺)이 인덕궁에 있으면 주위에 믿을 사람이 없다.
* 천살(天殺)이 재물궁에 있으면 재물을 모으지 못하고 재물에 손재수가 많이 발생할 수 있는 운이다.
* 천살(天殺)이 총운에 있으면 자손과 정이 없거나 말년이 외로울 운이다.

4. 지살(地殺)

지살(地殺)은 중성적인 살로 대지와 같은 것이다. 땅은 모든 것을 생산도 하여 주지만 모든 것을 감추고 저장하는 것도 또한 땅이다.

* 지살(地殺)이 귀(貴), 녹(祿), 복(福) 등과 동주(同住)하면 생활의 기반이 되는 근거를 마련하지만 칠살(七殺)과 동주(同住)하면 생활의 기반이 무너지는 운이다. 또 고향을 떠나 타향에서 떠돌이 생활도 할 수 있는 살이다.
* 지살(地殺)이 명궁에서 있으면 성격이 조용하고 안정되며 다른 사

람들의 어려운 이야기를 잘 들어줄 수 있는 성격이요, 독하지 못하고 순한 성격이다.

* 지살(地殺)이 인덕궁에서 있으면 대인관계가 원만하여 주위에 많은 사람이 따른다.
* 지살(地殺)이 재물궁에 있으면 평생 생활에 어려움 없이 지낼 수 있는 운이요, 부부의 인연도 평범한 운이라고 할 수 있는 운이다.
* 지살(地殺)이 총운에 있으면 말년운이 평탄하다.

5. 년살(年殺)

년살(年殺)은 바람이 드는 살로 이성간에 눈을 뜰 수도 있고, 마음을 잡지 못하며 몸이 안정되지 않아 갈피를 잡지 못하고 방황하는 운이다.

* 년살(年殺)이 인덕궁에 들면 역술가로 이름을 얻는다. 만일 몸을 조심하지 않으면 화류계팔자가 된다. 처신이 안정되지 않으면 몸을 맡기고 의지할 곳이 없으니 슬픈 일이 오래간다. 또한 타인으로부터 바람을 맞거나 사기를 당할 수 있는 운이다.
* 년살(年殺)이 천살(天殺)과 동주(同住)하면 주색으로 망하고 가업을 돌보지 않아 재물을 파한다.
* 년살(年殺)이 일주(日柱)에 들고 역마살(驛馬殺)과 형살(刑殺)이 동주(同住)하면 수치를 모를 정도로 음란하고, 또한 음행으로 인하여 멀리 도주한다.
* 년살(年殺)이 양인살(羊刃殺)과 동주(同住)하면 재능은 많으나

신체가 허약하여 질병이 따른다.

* 년살(年殺)이 있는 사주는 주색으로 손형하기도 한다.

* 년살(年殺)이 칠살(七殺)과 동주(同住)하면 창녀나 배우가 아니면 도예(陶藝)로 세상을 산다.

* 년살(年殺)에 귀(貴), 녹(祿), 복(福)이 있으면 유흥업이나 여자로 인하여 재물을 얻는다.

* 년살(年殺)이 명궁에서 있으면 마음이 안정되지 않아 항상 불안한 운으로 차분하지를 못할 운이나 녹(祿)이나 복(福)이 동주(同住)하면 좋은 일로 마음이 산란할 운이다.

* 년살(年殺)이 재물궁에서 있으면 금전관계로 항상 마음이 불안하고 재물에 변화가 많다. 또는 부부갈등이 있는 운이요, 이성문제로 마음을 잡지 못하고 마음이 산란할 운이다.

6. 월살(月殺)

월살(月殺)은 혈육간에 이별되는 수가 있다. 또한 깨지고 무너지고 고갈되고 위축되어 정상적인 능력을 발휘하지 못하는 것을 말한다.

* 월살(月殺)이 명궁에 들면 집안이 불안하고 고독한 재난이 생기므로 고독이 오래간다. 만일 담병이나 해수증이 있으니 약을 써서 치료하라.

* 년살(年殺)이 주중(柱中)에 있으면 건강문제로 가족과 떨어져 지낼 일이 있는 운이다.

* 월살(月殺)이 인덕궁에 있으면 직장이나 학업이나, 또는 다른 문

제로 가족들과 해어질 운이다.

* 월살(月殺)이 재물궁에 있으면 부부간에 이별을 면하기 어려운 운이다.
* 월살(月殺)이 총운에 들면 자손과의 이별이 있는 운이요, 또는 말년에 자손덕이 없을 운이다.

7. 망신살(亡身殺)

망신살(亡身殺)은 말 그대로 망신을 당하는 살로 구설수가 따르는 운이다. 망신살(亡身殺)은 비록 노력은 많이 해도 뜻을 펼 수가 없어 뜻을 성취하기 어렵다. 또한 피부병이나 치질 등에 주의하라.

* 망신살(亡身殺)이 명궁에 있으면 나의 성격 때문에 다른 사람들로부터 구설을 들을 일이 있고, 또는 건강문제로 망신수에 오를 운으로 예를 들면 자해행위 등을 들 수 있다.
* 망신살(亡身殺)이 인덕궁에 있으면 다른 사람과의 관계에서 말이나 행위로 인하여 구설수가 있다.
* 망신살(亡身殺)이 재물궁에 있으면 금전으로 구설을 듣거나 부부문제로 망신을 당할 수 있다.
* 망신살(亡身殺)이 인덕궁이나 재물궁에 있으면 이성상대를 조심해야 한다.
* 망신살(亡身殺)이 주중(柱中)에 있으면 사업의 실패나 형옥, 악질 등으로 대흉한 살이다.

8. 장성(將星)

장성살(將星殺)은 출세도 나타내기도 하나 자기 주장이 너무 많고 고집 욕망 의지력 등이 지나치게 강하고 남에게 지는 것을 싫어한다. 또한 마음 씀씀이 크고 오기도 많아 아집이 강한 운이다. 괴강살과 작용이 비슷하다.

* 장성살(將星殺)이 인덕궁에 들면 남자라면 크게 출세할 운이나 여자는 과부가 되거나 뜻밖의 재액을 당하거나 돌발사고를 당한다. 또는 폐와 뇌에 병이 걸릴 수도 있다.
* 장성살(將星殺)이 명궁에서 공망살(空亡殺)을 만나면 입산수도하거나 항상 속세를 떠나고자 하는 마음이 생긴다.
* 장성살(將星殺)이 녹(祿)이나 복(福)이 동주(同住)하면 크게 출세를 할 운이다.
* 장성살(將星殺)이 칠살(匕殺)과 동주(同住)하면 자기자신을 망치게 된다.

9. 반안(攀安)

반안살(攀安殺)은 비명횡사를 나타낸다. 모든 일이 반감되는 것도 뜻한다. 또한 할일 없이 나태한 사람이 되기도 한다. 또는 편안한 운이라고 하는 것이다. 편안하다고 하는 것은 모든 것이 풍부하여 편안할 수도 있고, 죽음으로 모든 것을 잃어 편안한 것도 있다.

* 반안살(攀安殺)이 주중(柱中)에 있으면 허세를 부리다 손해를 보
  게 된다.
* 반안살(攀安殺)이 재물궁에 들면 자존심과 탐욕심, 고집을 버리고
  타인의 의견에 따르는 운이다.
* 반안살(攀安殺)이 명궁에 들면 지조가 강한 성격이 지조를 버리고
  안일한 생각으로 돌아가는 운이다.
* 반안살(攀安殺)이 명궁에 있으면서 칠살(七殺)과 같이 동주(同
  住)하면 생명에 지장이 있다.
* 반안살(攀安殺)이 주중(柱中)에서 복덕(福德), 용덕(龍德), 녹
  (祿) 등과 같이 있으면 안일무사주의할 운이다.
* 반안살(攀安殺)이 인덕궁에서 칠살(七殺)과 같이 동주(同住)하면
  주위에 가까운 사람이 없고 인덕이 없을 운이다.
* 반안살(攀安殺)이 인덕궁에서 녹(祿), 용덕(龍德), 복덕(福德)이
  있으면 주위에 동료가 많이 있어 매사가 편안할 운이다.
* 반안살(攀安殺)이 재물궁에서 칠살(七殺)과 동주(同住)하면 모든
  재물을 날리고 어렵게 생활할 운이다.
* 반안살(攀安殺)이 재물궁에 용덕(龍德), 녹(祿), 복덕(福德)이 있
  으면 많은 재물을 쌓아 놓고 편안하게 생활할 수 있는 운이다.

10. 역마(驛馬)

역마살(驛馬殺)은 활동적(活動的)인 살로 돌아다니는 것을 좋아하
는 살이다.

* 역마살(驛馬殺)이 주중(柱中)에서 복(福) 녹(祿) 권(權) 등이 같이 있으면 활동 중에 큰 재물을 얻는다.
* 역마살(驛馬殺)이 주중(柱中)에서 들면 외국출입이 많고 여행길이 많다. 또한 인생이 흐르는 물과 같아 성공도 많고 실패도 많다.
* 역마살(驛馬殺)이 주중(柱中)에서 다른 칠살(七殺)과 같이 동주(同住)하면 큰 손해를 본다.
* 역마살(驛馬殺)이 인덕궁에 있으면 이사를 자주 한다.
* 역마살(驛馬殺)이 명궁에서 들어 있고 충(沖)을 만나면 유랑인의 명이며 노고가 많다. 또한 객사하는 경우가 많다.
* 역마살(驛馬殺)이 재물궁에서 들면서 복(福) 용덕(龍德) 녹(祿) 등이 동주(同住)하면 현처를 만나 가정을 이룬다.
* 역마살(驛馬殺)이 명궁에 있으면 반드시 고향을 떠난다. 또는 가만히 있지 못하고 활동을 많이 하는 성격이다.
* 역마살(驛馬殺)이 인덕궁에 있으면 많은 사람들과 어울리는 것을 좋아하는 운이다.
* 역마살(驛馬殺)이 재물궁에 있으면서 칠살(七殺)이 동주(同住)하면 타관객지로 활동하면서 재물을 탕진할 수 있는 운이다.
* 역마살(驛馬殺)이 재물궁에 들고 복덕(福 德), 용덕(龍德), 녹(祿) 등이 있으면 타관객지로 활동하면서 많은 재물을 모으고 생활하는 운이다.
* 역마살(驛馬殺)이 주중(柱中)에서 들고 도화살(桃花殺)과 같이 있으면 색정으로 인하여 망신을 당하고 멀리 도주한다.
* 역마살(驛馬殺)이 고진살(孤辰殺)이나 과숙살(寡宿殺)이 동주(同住)하면 타향에서 방탕한다.

* 역마살(驛馬殺)이 공망살(空亡殺)을 만나면 이사를 자주한다.

11. 육해(肉害)

육해살(肉害殺)은 육친이나 혈육간의 이별을 뜻한다. 인내심이 부족하고 심하면 불구자가 되거나 고질병이 따르기도 한다.

* 육해살(肉害殺)이 인덕궁에 들면 불의의 재액을 당한다. 위장병이나 빈혈증이 있고, 동자귀신이 해를 하니 모든 일이 막히고 어렵다. 이 사람은 패질이 두렵다.
* 육해살(肉害殺)은 월살(月殺)과 같이 혈육간의 이별을 말하고 있는 운이다.
* 육해살(肉害殺)이 월(月)과 일(日)이 들면 고독하고 박명하다. 여자는 더욱더 작용이 심하다.
* 육해살(肉害殺)이 신(申)과 해(亥)에 들면 노년기에 질병이 많다.
* 육해살(肉害殺)이 인(寅)과 사(巳)에 들면 불구나 난치병이 있다.
* 육해살(肉害殺)이 자(子)와 미(未)에 들면 골육상쟁으로 육친이 떨어져 산다.
* 육해살(肉害殺)이 축(丑)과 오(午)이 들면 부부간에 이별하거나, 화상을 당할 수 있다.
* 육해살(肉害殺)이 묘(卯)와 진(辰)에 들면 가산을 탕진하고 고독하며 몸이 약하다.
* 육해살(肉害殺)이 유(酉)와 술(戌)이 들면 부부간에 변심이 생긴다. 또는 무고가 많아 살아가기가 힘들다. 또는 멍어리나 얼굴에

악창이 나기도 한다.

* 관직에 있는 사람이 년운(年運)에서 육해살(肉害殺)을 만나면 직
  책을 박탈당하거나 좌천된다.

12. 화개살(花蓋殺)

화개살(華蓋殺)은 중간의 살로 화려한 것을 뜻하고, 여러 사람 앞
에 나타나는 것을 좋아하는 살이다. 명확하고 장식이나 사치를 좋아
하고 개성이 뚜렷하다. 또는 여러 사람 앞에 나타난다는 것이 좋은
일로 나타날 수 도 있고 좋지 않은 일로 나타날 수도 있기 때문이다.

* 화개살(華蓋殺)이 양(陽) 진술(辰戌)이면 성격이 화끈하다. 그러
  나 마음에 맞지 않으면 상대와 따져서 가부를 확실하게 정리하는
  성격이 있다.
* 화개살(華蓋殺)이 음(陰) 축미(丑未)이면 마음의 중심만 가지고
  상대와 상대를 하지 않고 고집이 강하며 말이 없는 싱격이다.
* 화개살(華蓋殺)이 인덕궁에 들면 지혜와 꾀가 많은 편이다. 또는
  화상이 되지 않으면 기술자나 예술가로 나간다. 몸에 습진이나 피
  부병이 있을까 두렵다. 또한 노년에는 신경통이 있으니 건강에 주
  의하라.
* 화개살(華蓋殺)이 인덕궁에 들고 칠살(七殺)이 동주(同住)하면
  고독하니 형제가 적고 인덕이 적다.
* 화개살(華蓋殺)이 재물궁에 들고 칠살(七殺)이 동주(同住)하면
  여자는 과부요 남자는 홀아비를 면하기 어렵다.

* 화개살(華蓋殺)이 말년궁이요 총운에서 들고 칠살(七殺)이 동주 (同住)하면 자식을 잃고 자식덕이 없다.

11. 제2의 십이지신살(十二之 神殺)과 그 외의 살

순서대로 암기하도록 한다.

1. 태세(太歲)   2. 태양(太陽)   3. 상문(喪門)   4. 태음(太陰)
5. 관부(官府)   6. 사부(死府)   7. 세파(歲破)   8. 용덕(龍德)
9. 음부(陰府)   1O. 복덕(福德) 11. 조객(弔客) 12. 병부(病府)

* 지지(地支)의 자(子)부터 시작하여 순서대로 돌려가면서 해당하 는 지지(地支)에 붙인다.
* 지지(地支)가 인(寅)이면 인(寅)부터 시작하여 태세(太歲) 태양 (太陽) 상문(喪門)의 순서대로 붙인다.
* 지지(地支)가 미(未)이면 미(未)부터 시작하여 태세(太歲) 태양 (太陽) 상문(喪門)의 순서대로 붙인다.
* 지지(地支)가 해(亥)이면 해(亥)부터 시작하여 태세(太歲) 태양 (太陽) 상문(喪門)의 순서대로 붙여나간다.

1. 태세(太歲)
평범한 운이라 해설의 의미가 없다.

2. 태양(太陽)

평범한 운이라 해설의 의미가 없다.

3. 상문(喪門)

* 상문살(喪門殺)은 상가(喪家)를 조심하라
* 상문살(喪門殺)이 명궁에 들면 건강에 문제가 발생할 운이다.
* 상문살(喪門殺)이 인덕궁에 들면 가까운 사람을 잃을 운이다.
* 상문살(喪門殺)이 재물궁에 들면 재물을 잃거나 부부의 이별수나 근심이 있는 운이다.
* 상문살(喪門殺)이 총운에서 들면 자식의 근심이 있다.

4. 태음(太陰)

태음살(太陰殺)은 누구에게 말하지 못할 일이나 아무도 모르게 모함 등을 당할 수 있는 운이다.

* 태음살(太陰殺)이 주중(柱中)에서 들고 칠살(七殺)이 동주(同住)하면 비밀이 있을 수 있는 운이다.
* 태음살(太陰殺)이 주중(柱中)에 들고 복덕(福德) 녹(祿) 용덕(龍德)이 동주(同住)하면 나도 모르게 누군가의 도움이 있는 운이다.
* 태음살(太陰殺)이 명궁에 있으면 말못할 고민이 있는 운이요, 혼자 신경쓸 일이 생길 수 있다.
* 태음살(太陰殺)이 인덕궁에 있으면 대인관세에서 비밀이 발생할

운이다. 또는 나도 모르는 음해를 당할 수 있는 운이요, 또는 비밀을 유지하는 일도 할 수 있다.

* 태음살(太陰殺)이 재물궁에 있으면 말못할재물이 생기거나 애인이나 말하기 어려운 관계를 갖을 수 있는 운이다.

5. 관부(官府)

관부살(官府殺)은 출세, 의욕, 욕망, 취업이나 마음먹은 일을 이루고자 하는 생각 등을 말하는 살이다.

* 관부살(官府殺)이 명궁에 있으면 출세욕이 강한 사람이다.
* 관부살(官府殺)이 주중(柱中)에 들고 칠살(七殺)이 동주(同住)하면 평생 관재(官災)를 면하기 어렵고, 구설풍파가 많다.
* 관부살(官府殺)이 인덕궁에 있으면서 녹(祿)이 있으면 인덕이 좋은 운이다. 그러나 칠살(七殺)이 동주(同住)하면 한평생 다른 사람으로부터 모함이나 구설을 들을 일이 발생하는 운이다.
* 관부살(官府殺)이 재물궁에 있으면서 녹(祿) 용덕(龍德) 복덕(福德) 등이 동주(同住)하면 한평생 생활에 어려움이 없을 운이다. 그러나 칠살(七殺)이 동주(同住)하면 재물에 풍파가 많이 발생하는 운이요, 부부간에 갈등이 많고 이별수도 있는 운이다.

6. 사부(死府)
사부살(死府殺)은 죽음을 의미한다

* 주역의 명궁에서 사부살(死府殺)이 들면 살기 어려운 운이요, 일반 사주에서 사부살(死府殺)이 들면 신병이 많을 운이다. 또는 허약하거나 조상과 이별을 뜻하기도 한다.
* 사부살(死府殺)이 인덕궁에 있으면 인덕이 죽어 나가는 격으로 인덕이 없어 외롭고 쓸쓸할 운이다.
* 사부살(死府殺)이 재물궁에 있으면 재물이 죽어 나가는 운이라 재물에 손실이 많이 발생하는 운이다. 그래서 한평생 생활에 어려움이 많고 풍파가 많을 운이요, 부부간에도 정이나 덕이 없고 이별을 면하기 어려울 운이다.

7. 세파(歲破)
평범한 운이라 해설에는 큰 의미가 없는 살이다

8. 용덕(龍德)
용덕(龍德)은 복덕(福德)과 함께 길운으로 좋은 운이다.

9. 음부(陰府)

음부살(陰府殺)은 태음(太陰)과 같은 작용으로 숨어서 하는 활동이나 내색하지 못할 일들을 말한다.

* 음부살(陰府殺)이 명궁에 있으면 혼자 신경쓰고 고민이 있는 우환이 발생할 우려가 많다.
* 음부살(陰府殺)이 인덕궁에 있으면 대인관게에서 말못하고 어려

운 일이 있을 운이다.

* 음부살(陰府殺)이 재물궁에 있으면 내 것을 잃고도 말하지 못할 일이 발생하거나 남모르게 애인이나 첩 등이 생기는 경우도 있다.

* 음부살(陰府殺)에 녹(祿), 복덕(福德), 용덕(龍德) 등이 동주(同 住)하면 좋은 일이면서도 다른 사람에게 말하기 어려운 일이 있 다. 그러나 칠살(七殺)이 동주 (同住)하면 다른 사람이 뒤에서 모 함하거나 혼자 어려운 일이 있을 운이다.

10. 복덕(福德)

용덕(龍德)과 함께 길한 운이다.

11. 조객(弔客)

조객살(弔客殺)은 죽음을 의미하는 살이다. 상문살(喪門殺)은 내 가 상가(喪家)를 다녀와서 얻는 우환이라면 조객살(弔客殺)은 상가 (喪家)를 다녀온 사람이 내 집에 들려 내 집안에 우환이 발생하는 것을 말한다.

* 조객살(弔客殺)이 명궁에 있으면 우환이 발병되어 근심할 일이 있 을 운이다.

* 조객살(弔客殺)이 인덕궁에 있으면 가정에 풍파가 오고 구설수가 발생하는 운이요, 친구나 동료 등 주위사람으로부터 근심이 있을 운이다.

* 조객살(弔客殺)이 재물궁에 있으면 부부의 우환이나 근심이 있을

운이요, 재물에 어려움이 따르는 운으로 풀어내야 하는 살이다.

12. 병부(病府)

병부살(病府殺)은 우환이 있을 운이다.

* 병부살(病府殺)이 명궁에 있으면 신병을 얻을 가능성이 많다.
* 병부살(病府殺)이 인덕궁에 있으면 대인관계에서 근심할 일이 있
  을 운이다.
* 병부살(病府殺)이 재물궁에 있으면 재물을 잃고 손재수가 있거나
  부부의 근심이 있다.

13. 백호살(白虎殺)

을축(乙丑), 정축(丁丑), 계축(癸丑), 을미(乙未), 계미(癸未),
갑진(甲辰), 갑술(甲戌).

* 백호살(白虎殺)이 명궁에 있으면 조상이 비명횡사를 당하거나 본
  인의 건강에 어려움이 있다.
* 백호살(白虎殺)이 인덕궁에 있으면 부모가 비명횡사를 당하거나
  인덕이 없을 운이다.
* 백호살(白虎殺)이 재물궁에 있으면 부부간에 이별수가 있을 운이
  요, 재물에 풍파가 많이 발생할 수 있는 운이다.
* 백호살(白虎殺)이 총운에 있으면 자손이 요절할 운이요, 말년이

불길한 운이다.

14. 괴강살

임진(壬辰), 임술(壬戌), 경진(庚辰), 경술(庚戌).

괴강살은 고집이 강하고 매사를 자기 마음대로 하려고 하는 성격으로 다른 사람의 말을 듣지 않는다.

15. 홍염살(紅艶殺)

갑 – 오(甲 – 午), 을 – 신(乙 – 申), 병 – 인(丙 – 寅),
정 – 미(丁 – 未), 무기 – 진(戊己 – 辰), 경 – 술(庚 – 戌),
신 – 유(辛 – 酉), 임 – 자(壬 – 子), 계 – 신(癸 – 申).

허영심과 사치를 좋아하는 살이다. 남자는 작첩하고 여자는 창기도 된다. 남녀 모두 색정으로 망신수가 있다.

16. 음욕살(淫慾殺)

갑인(甲寅), 을미(乙卯), 을미(己未), 정미(丁未),
경신(庚申), 신묘(辛卯), 무술(戊戌), 계축(癸丑).

음욕살(淫慾殺)은 원친(遠親)을 가리지 않고 음욕을 범한다.

17. 자액살(自縊殺)

자-유(子-酉), 축-오(丑-午), 인-미(寅-未),
묘-신(卯-申), 진-술(辰-戌), 사-해(巳-亥).

 자액살(自縊殺)이 공망살(空亡殺)이나 원진살(元嗔殺)이나 관부살(官府殺)이 동주(同住)하면 목매 죽는 액을 면하기 어렵다.

18. 귀문살(鬼門殺)

자-유(子-酉), 축-오(丑-午), 인-미(寅-未), 묘-신(卯-申),
진-해(辰-亥), 사-술(巳-戌), 오-축(午-丑), 미-인(未-寅),
신-묘(申-卯), 유-자(酉-子), 술-사(戌-巳), 해-진(亥-辰),

 귀문살(鬼門殺)이 수중(柱中)있으면 정신이상에 걸릴 가능성이 있거나 신과 관계있는 일을 할 수 있는 사람이다.

19. 공망살(空亡殺)

- 甲子순중은 戌亥가 空亡이요, 甲戌순중은 辛酉가 空亡이다.
- 甲申순중은 午未가 空亡이요, 甲午순중은 辰巳가 空亡이다.
- 甲辰순중은 寅卯가 空亡이요, 甲寅순중은 子丑이 空亡이다.

* 공망살(空亡殺)이란 물(水)은 구멍이 생기면 쏟아지는 성질이 있

어 보관이 어려운 것이다.

* 흙(土)은 구멍이 나면 무너지는 성격이 있어 매사에 자신감이 없어지고, 의지가 약해지며 마음먹은 일들이 성취되기 어렵다.

* 나무(木)가 구멍이 나면 평생 상처가 생기는 것으로 한 번 저질러진 일로 인하여 한평생 후회할 일이 있을 운이요, 마음에 상처가 평생을 갈 수 있는 운이다.

* 또한 공(空)이라고 하는 것은 칠공(七攻)으로 불(火)이 공망살(空亡殺)을 맞으면 불은 치고 때리면 사방으로 번지는 성격이 있으니 작은 일도 확대하는 성격이 있고, 조용히 끝날 일도 사방에 나팔을 부는 격이라 구설과 풍파가 많고 안정감이 없다.

* 금(金)이 공망살(空亡殺)을 맞으면 쇠는 치면 시끄럽고 요란한 것으로 건드리면 건드릴수록 시끄러운 일이 생긴다.

* 신유(申酉)가 공망살(空亡殺)이면 매사가 조용하지 못하고 시끄러운 일들이 많이 있다.

* 인묘(寅卯)가 공망살(空亡殺)이면 마음에 상처를 안고 한평생 지낼 운이다.

* 해자(亥子)가 공망살(空亡殺)이면 매사를 오래 지탱하지 못하고 중도에 소실하는 운이다.

* 사오(巳午)가 공망살(空亡殺)이면 매사를 사방에 널려놓기를 좋아하여 정신이 산란하다.

* 진술축미(辰戌丑未)가 공망살(空亡殺)이면 매사에 자신을 잃고 중도에 포기하는 경우가 많을 운이다

12. 사주 보는 방법

아래의 내용은 항상 기억하고 있어야 해설하는데 유리하다.

- 년주(年柱) : 초년운, 조상과의 관계, 명궁, 성격운을 본다.
- 월주(月柱) : 장년운, 부모와의 관계, 인덕운을 본다
- 일주(日柱) : 노년운, 본인운, 부부운, 재물운을 본다.
- 시주(時柱) : 말년운, 자식운, 총운을 본다.

13. 사주 작성하는 방법

예 1) 1924년 3월 24일 축시생(丑時生)이면

　　年 甲子

　　月 戊辰

　　日 丙子

　　時 己丑時가 성립된다.

예 2) 1947년 9월 5일 유시생(酉時生)이면

　　年 丁亥

　　月 庚戌

　　日 庚午

　　時 乙酉時가 성립된다.

예 3)1971년 6월 15일 진시생(辰時生)이면

  年 辛亥

  月 乙未

  日 壬戌

  時 甲辰時가 성립된다.

예 4)1928년 1월 10일 오시생(午時生)이면

  年 丁卯(戊辰)

  月 癸丑(甲寅)

  日 辛未

  時 甲午時가 성립된다.

 무진년(戊辰年)인데 왜 정묘년(丁卯年)의 태세(太歲)와 월건(月建)을 전년도 12월 월건(月建)을 잡는지 알아야 한다. 이 해의 입춘일이 음력 1월 14일에 들어 있기 때문이다. 입춘 전은 전년도 12월이 되기 때문에 태세(太歲)는 전년도 정묘(丁卯)를 기재하고, 월건(月建)은 전년도 12월 절후이기 때문에 전년도 12월 월건(月建)을 사용하니 주의하기 바란다.

예 5)1960년 1월 8일 신시생(申時生)이면

  年 己亥(庚子)

  月 丁丑(戊寅)

  日 壬戌

  時 戊申生이 성립된다.

이 운도 위와 마찬가지로 경자년(庚子年) 입춘일이 1월 9일이기 때문이다. 8일은 입춘 전이라 태세(太歲)나 월건(月建)을 전년도로 잡는 것이다.

예 6) 1966년 1월 5일 술시생(戌時生)이면
    年 乙巳(丙午)
    月 己丑(庚寅)
    日 乙酉
    時 丙戌時가 성립된다.

자세한 설명은 앞의 1과 2를 참고하기 바란다.

예 7) 1930년 12월 20일 사시생(巳時生)이면
    年 辛未(庚午)
    月 庚寅(己丑)
    日 癸巳
    時 丁巳時가 성립된다.

이 사주는 앞의 예와는 반대로 12월 20일은 신미년(辛未年) 입춘 절후가 18일이기 때문에 입춘이 지난 이후의 일이라 다음 년도로 본다. 그래서 경오년(庚午年) 다음 년도인 신미년(辛未年)이 되는 것이다. 월건(月建)도 입춘절후 이후의 일이라 전년도 12월의 월건(月建)을 사용하는 것이 아니라 새해년 1월의 월건(月建)을 사용하니 기축(己丑)을 사용하지 않고 경인(庚寅) 월건(月建)을 사용하는 것이다. 착오없기 바란다.

예 8) 1949년 12월 25일 인시생(寅時生)이면
    年　庚寅(己丑)
    月　戊寅(丁丑)
    日　丁丑
    時　壬寅時가 성립된다.

이 사주도 위와 마찬가지로 25일이 입춘절후 이후에 있기 때문에 태세(太歲)를 전년도 기축(己丑)을 사용하지 않고 새해의 경인(庚寅)을 사용한다. 월건(月建)도 전년도 12월의 정축(丁丑)을 사용하지 않고 새해 1월의 월건(月建)을 사용하여 무인(戊寅)이 된다.

예 9) 1952년 12월 30일 해시생(亥時生)이면
    年　癸巳(壬辰)
    月　甲寅(癸丑)
    日　乙未
    時　丁亥時가 성립된다.

자세한 설명은 위를 참고하라.

예 10) 1933년 5월 10일 묘시생(卯時生)이면

    年　癸酉

    月　丁巳(戊午)

    日　己亥

    時　丁卯時가 성립된다.

　이 사주에서 5월의 월건(月建)인 무오(戊午)를 사용하지 않고 4월의 월건(月建) 정사(丁巳)를 사용하는 것은 5월이 되는 망종절후가 14일에 있으나 망종 전인 10일생이니 4월의 월건(月建)을 사용하는 것이다

예 11) 1949년 7월 13일 신시생(申時生)이면

    年　己丑

    月　辛未(壬申)

    日　己巳

    時　壬申時가 성립된다.

　이 사주도 7월을 말하는 입추가 14일부터이나 13일생이니 7월의 월건(月建)인 임신(壬申)을 사용하지 않고 6월의 월건(月建)인 신미(辛未)를 사용하는 것이다.

예 12) 1963년 4월 6일 묘시생(卯時生)이면

    年　癸卯

    月　丙辰(丁巳)

    日　壬寅

    時　癸卯時가 성립된다.

설명은 위의 예를 참고하기 바란다.

예 13) 1968년 윤 7월 23일 진시생(辰時生)이면

    年　戊申

    月　辛酉(庚申)

    日　戊子

    時　丙辰時가 성립된다.

이 사주는 일주(日柱)가 8월을 나타내는 백로가 지난 이후에 들어 있으니 7월의 월건(月建)인 경신(庚申)을 사용하지 않고 8월의 월건(月建)인 신유(辛酉)를 사용한다

예 14) 1976년 윤 8월 16일 해시생(亥時生)이면

    年　丙辰

    月　戊戌(丁酉)

    日　甲午

    時　乙亥時가 성립된다.

이 사주도 일주(日柱)가 9월을 말하는 백로가 지난 후에 들어 있으니 8월의 월건(月建)인 정유(丁酉)를 사용하지 않고 9월의 월건(月建)인 무술(戊戌)을 사용한다.

예 15) 1993년 윤 3월 25일 인시생(寅時生)이면
　　　年　癸酉
　　　月　丁巳(丙辰)
　　　日　丁酉
　　　時　壬寅時가 성립된다.

설명은 앞의 예를 참고하기 바란다.

예 16) 1928년 7월 25일 오시생(午時生)이면
　　　年　戊辰
　　　月　辛酉(庚申)
　　　日　辛亥
　　　時　甲午가 성립된다.

이 사주는 잘 보아야 한다. 8월을 말하는 계절이 25일이나 월건(月建)을 7월로 볼 것인지 8월로 볼 것인지가 매우 어려운 일진(日辰)이다. 그래서 이 날의 시간을 보니 8월을 말하는 백로 시간은 진시(辰時)인데 이 사주는 오시(午時)이니 8월의 월건(月建)인 신유(辛酉)를 사용한다. 숙달이 되기 전에는 조금 어려우니 확실하게 익혀두기 바란다.

예 17) 1954년 3월 3일 미시생(未時生)이면

      年 甲午

      月 丁卯(戊辰)

      日 辛卯

      時 乙未時가 성립된다.

이 사주도 3월을 말하는 청명이 3월 3일 유시(酉時)에 들어 있으나 청명시간 이전인 미시생(未時生)이니 3월의 월건(月建)을 사용하지 않고 2월의 월건(月建)인 정묘(丁卯)를 사용한다.

예 18) 1983년 10월 4일 인시생(寅時生)이면

      年 癸亥

      月 壬戌(癸亥)

      日 庚子

      時 戊寅時가 성립된다.

이 사주도 10월을 말하는 입동절후가 10월 4일 진시(辰時)인데 10월 절후인 입동 전 시간이니 10월의 월건(月建)을 사용하지 못하고 9월의 월건(月建)을 사용하여 임술(壬戌) 월건(月建)을 쓴다.

지금까지 여러 유형을 들어 사주를 설정하는 방법을 설명했다. 앞 장의 예보다 더욱 어려운 것으로 년(年)과 월건(月建)이 모두 변하는 운이니 신경써서 익히기 바란다.

예 19) 1927년 1월 4일 축시생(丑時生)이면

     年 丙寅(丁卯)

     月 辛丑(壬寅)

     日 庚午

     時 丁丑時가 성립된다.

 이 사주는 정묘년(丁卯年) 1월 4일생이나 절후를 보면 정월을 말하는 입춘시가 아직은 아니니 태세(太歲)는 전년도인 병인(丙寅)을 사용하고, 월건(月建)도 입춘 전 시이니 전년도 12월의 월건(月建)인 신축(辛丑)을 사용하는 것이다. 어려움이 있더라도 많은 노력과 숙달이 있다면 어렵지 않게 해결되리라 생각한다.

예 20) 1943년 1월 1일 자시생(子時生)이면

     年 壬午(癸未)

     月 癸丑(甲寅)

     日 甲午

     時 甲子時가 성립된다.

 이 사주도 정월을 말하는 입춘시가 축시(丑時)인데 자시생(子時生)이니 태세(太歲)를 계미(癸未)를 사용하지 않고 임오(壬午)를 사용한다. 월건(月建)도 갑인(甲寅)을 사용하지 않고 전년도 12월의 월건(月建)인 계축(癸丑)을 사용한다. 불과 1~2시간 사이로 태세(太歲)와 월건(月建)이 변하는 운이니 주의하기 바란다.

예 21) 1971년 1월 9일 신시생(申時生)이면

       年　庚戌(辛亥)

       月　己丑(庚寅)

       日　庚申

       時　甲申時가 성립된다.

이 사주도 새해를 말하는 입춘시가 1월 9일 술시(戌時)인데 입춘 시간 전인 신시(申時)에 태어났으니 전년도 태세(太歲)인 경술(庚戌)을 사용해야 하고, 월건(月建)도 정월의 월건(月建)을 사용하지 못하고 전년도 12월의 월건(月建)인 기축(己丑)을 사용한다.

14. 귀(貴) · 녹(祿) 붙이는 방법

년주(年柱) 월주(月柱) 일주(日柱) 시주(時柱)앞에 1. 2. 3. 4.를 붙여서 기억하는 것이 숙달하는데 유리할 뿐 아니라 사주를 정리한 후 해설할 때도 편리하다.

예 1) 1946년 8월 19일 진시생(辰時生)이면

       1. 丙戌 :

       2. 丁酉 : 1.貴 2.貴 3.祿

       3. 辛卯 :

       4. 壬辰 :

이 사주에서는 월건(月建)에 1번과 2번에서 귀(貴)가 들어오고 있고, 3번의 일진(日辰)이 2번의 월건(月建)에 녹(祿)이 들어오고 있는 운이다.

예 2) 1953년 10월 6일 사시생(巳時生)이면
　　　1. 癸巳 : 1.貴
　　　2. 癸亥 : 3.貴
　　　3. 丁卯 : 4.祿
　　　4. 乙巳 : 1.貴

이 사주에서 태세(太歲)의 귀(貴)는 1번 자체에서 들어오고, 2번의 월건(月建)에는 3번의 일진(日辰)에서 귀(貴)가 들어오고, 4번의 시(時)에는 1번의 태세(太歲)에서 귀(貴)가 들어오고, 3번의 일진(日辰)에는 4번의 총운에서 녹(祿)이 들어오고 있는 운이다.

예 3) 1971년 5월 17일 자시생(子時生)이면
　　　1. 辛亥 : 4.貴
　　　2. 甲午 : 1.貴
　　　3. 乙丑 :
　　　4. 丙子 : 3.貴

이 사주는 1번은 4번 총운에서 귀(貴)가 들어오고, 2번의 인덕궁에는 1번의 조상궁에서 귀(貴)가 들어오고, 4번의 총운에는 3번의 재물궁에서 귀(貴)가 들어오나 3번의 재물궁에는 이디서도 귀(貴)가 들어오지 않는 운이다.

예 4) 1957년 7월 22일 묘시생(卯時生)이면

    1. 丁酉 : 3.4.祿

    2. 戊申 :

    3. 辛酉 : 3.4.祿

    4. 辛卯 :

이 사주는 귀(貴)는 없으나 1번의 명궁과 3번 재물궁에 3. 4번에서 녹(祿)이 들어오고 있는 운이다.

예 5) 1945년 2월 19일 축시생(丑時生)이면

    1. 乙酉 : 4.貴

    2. 己卯 : 1.祿

    3. 庚子 : 1.3.貴

    4. 丁丑 :

이 사주는 1번의 명궁에는 총운에서 귀(貴)가 들어오고, 2번의 인덕궁에는 1번의 조상궁에서 녹(祿)이 들어오고, 3번의 재물궁에는 1번과 3번에서 귀(貴)가 들어오는 운이다.

15. 양인살(羊刃殺) 정리하는 방법

양인살(羊刃殺)은 녹전일위(祿前一爲) 양인(羊刃)이라 하여 녹(祿)이 있으면 그 앞 글자가 양인(羊刃)이 된다. 예를 들면 인(寅)에 녹(祿)이 있으면 묘(卯)가 양인(羊刃)이 되고, 해(亥)에 녹(祿)이 있으면 자(子)가 양인살(羊刃殺)이 되는데, 해(亥)는 없고 자(子)만 있으면 양인살(羊刃殺)로 보지 않으니 주의하기 바란다.

예 1) 1924년 7월 12일 축시생(丑時生)이면

    1. 甲子 : 3.4.祿 2.羊刃

    2. 壬申 :

    3. 癸亥 : 2.祿

    4. 癸丑 : 3.4.羊刃

1번 명궁의 자(子)에 3번 재물궁과 4번 총운에서 녹(祿)이 들어오니 축(丑)이 양인살(羊刃殺)이 된다. 축(丑)은 4번 총운에 들어오니 4번 총운이 양인살(羊刃殺)이 된다. 3번 재물궁의 해(亥)에 2번 인덕궁에서 녹(祿)이 들어오니 1번 자(子)가 양인살(羊刃殺)이다.

예 2) 1937년 5월 17일 자시생(子時生)이면

    1. 丁丑 : 3.羊刃

    2. 丙午 : 1.祿

    3. 癸未 : 1.羊刃

    4. 壬子 : 3.祿

이 사주는 2번 인덕궁 오(午)에 1번 명궁에서 녹(祿)을 주고 있으니 3번 재물궁의 미(未)가 양인살(羊刃殺)이 되고, 3번 재물궁에서 4번 총운의 자(子)에 녹(祿)을 주고 있으니 녹전일위(祿前一爲) 양인(羊刃)에 의하여 1번 축(丑)이 양인살(羊刃殺)이 된다.

예 3) 1985년 2월 10일 사시생(巳時生)이면

　　1. 乙丑 :
　　2. 己卯 : 1.祿
　　3. 戊辰 : 1.羊刃
　　4. 丁巳 : 3.祿

이 사주는 2번 인덕궁의 묘(卯)에 1번인 조상궁에서 녹(祿)을 주고 있고, 묘(卯)가 녹(祿)을 받으니 3번 재물궁인 진(辰)이 양인살(羊刃殺)이 된다.

예 4) 1978년 4월 7일 진시생(辰時生)이면

　　1. 戊午 : 1.羊刃
　　2. 丁巳 : 1.祿
　　3. 乙亥 :
　　4. 庚辰 :

이 사주는 2번 인덕궁의 사(巳)가 1번 명궁에서 녹(祿)을 받고 있고, 녹전일위(祿前一爲) 양인(羊刃)으로 1번 오(午)가 양인살(羊刃殺)을 받는다. 그러나 3번 을(乙)은 묘(卯)가 녹(祿)이 되고 진(辰)

이 양인살(羊刃殺)이 되는데 여기서는 진(辰)은 있으나 묘(卯)가 없기 때문에 진(辰)을 양인살(羊刃殺)로 보지 않는다.

예 5) 1957년 9월 14일 미시생(未時生)이면
    1. 丁酉 : 3.祿
    2. 庚戌 : 3.羊刃
    3. 辛巳 :
    4. 乙未 :

 이 사주는 1번 명궁의 유(酉)에 3번 재물궁에서 녹(祿)이 들어오고 있으니 녹전일위(祿前一爲) 양인(羊刃)의 원칙에 의하여 2번 인덕궁에 있는 술(戌)이 양인살(羊刃殺)이 된다. 그러나 4번 미(未)는 1번에서 주는 녹(祿)이 없으나 미(未)라고 해서 양인살(羊刃殺)이 있다고 보면 안된다. 1번 명궁의 유(酉)도 2번 인덕궁에서 주는 녹(祿)이 없으니 양인살(羊刃殺)로 보지 않으니 주의하기 바란다.

16. 제1의 십이지신살(十二支神殺) 정리하는 방법

예 1) 1974년 10월 5일 묘시생(卯時生)이면
    1. 甲寅 : 1.祿
    2. 乙亥 : 1.劫 2.3.地
    3. 癸亥 : 1.劫 2.3.地
    4. 乙卯 : 1.年 2.3.將星

살이 들어오는 번호는 정확하게 기록해야 하고, 같이 들어오는 살들을 이해하고 숙달해야 한다.

겁살(劫殺)이란 놀랜다는 살이다. 놀라는 것은 나쁜 일에만 해당하는 것이 아니다. 너무 기쁘고 즐거운 일을 당해도 크게 놀랠 수 있다. 겁살(劫殺)을 판단할 때는 같이 동주(同住)하는 살이 칠살(七殺)과 같이 동주(同住)하면 좋지 못한 일로 놀라는 일이 발생할 수 있고, 복덕(福德)이나 용덕(龍德)이나 녹(祿) 등이 같이 동주(同住)하면 좋은 일로 크게 놀랠 수 있기 때문이다.

1번의 명궁이요 성격궁이요 초년궁에 들어오는 살을 보면 1번 자체에서 녹(祿)이 들어오고 있으니 초년운이 좋을 운이다. 따라서 초년에는 조상의 은덕으로 어려움 없이 지낼 운이요, 성격이 원만하고 좋아 사람들이 따르고 총애를 받을 운이다.
2번의 부모궁이요 인덕궁에 들어오는 살을 보면 1번의 성격궁이요 명궁에서 겁살(劫殺)이 들어오고 있으니 초년에 인덕이 큰 변화가 있을 운이다. 2번은 부모운이니 초년에 부모와의 관계에 큰 변화가 발생할 수 있는 운이다.
2번에 들어오는 살을 보면 3번의 부부궁이요 재물궁에서 지살(地殺)이 들어오고 있으니 초년에는 의식주가 안정되어 편안할 운이요, 3번은 부부궁이니 부부덕이 있고 좋은 배우자를 만나 안정된 생활을 할 수 있는 운이요, 주위에 많은 사람들이 따를 수 있는 운이요, 대인관계가 원만하다.
3번의 부부궁이요 재물궁에 들어오는 살을 보면 1번의 명궁이요 성격궁에서 겁살(劫殺)이 들어오고 있으니 재물에 큰 변화가 있거나 출세에 큰 변화가 있을 운이요, 사업에도 큰 변화가 발생할 수 있는 운이다.

3번에 들어오는 살을 보면 2번에서 지살(地殺)이 들어오고 있으니 부부의 정이 있고 대인관계에서도 많은 사람들이 따르는 운으로 덕이 있을 운이요, 인덕이 있어 사업이나 금전에 주위에서 협력하는 사람이 많아 어려움이 없을 운이요, 학업도 협조하는 사람들이 많아 어려움이 없을 운으로 안정된 생활을 할 수 있다.

3번에 들어오는 살을 보면 3번 자체에서 지살(地殺)이 들어오고 있으니 의식주가 안정되는 운이요, 부부간에도 큰 어려움 없이 조용하게 지낼 수 있는 운이요, 많은 재물을 치부하면서 살아갈 운이다.

4번의 말년궁이요 총운이요 자손궁에 들어오는 살을 보면 1번에서 년살(年殺)이 들어오고 있으니 말년에는 자손들로 인하여 마음이 들뜰 수 있는 운이요, 자손의 경사가 많이 생길 수 있는 운이요, 주색으로 몸을 망칠 수 있는 운이다.

4번에 들어오는 살을 보면 2번의 인덕궁에서 장성살(將星殺)이 들어오고 있으니 대인관계에서 한평생 욕심이 많고 고집이 강하고 마음 씀씀이가 크고 타인에게 지는 것을 싫어하거나 오기도 많을 수 있는 운이요, 말년에 자식들의 출세와 영화를 볼 수 있는 운이요, 말년에 자손들에게 인덕을 받아 복이 좋을 운이요, 말년에도 대인관계가 활발하며 의지가 강하고 출세욕이 있을 운이다.

4번에 들어오는 살을 보면 3번에서 장성살(將星殺)이 들어오고 있으니 말년에 재물복이 좋을 운으로 재물에 대한 욕심이 많을 수 있는 운이다. 말년에도 부부의 정이 좋고 자손들에게 많은 도움이 있

을 운이요, 말년에도 사업 등에서 자신의 주관이 뚜렷하여 타인의
의견을 듣지 않고 본인의 주관대로 처리할 수 있는 운이다.

예 2) 1989년 7월11일 유시생(酉時生)이면
    1. 己巳 : 2.3.劫 3.孤
    2. 壬申 : 1.4.亡身 2.3.地
    3. 甲辰 : 1.4.天 2.3.華蓋
    4. 癸酉 : 1.4.將星 2.3.年

 1번의 초년궁이요 명궁이요 성격궁에 들어오는 살을 보면 2번의
부모궁이요 인덕궁에서 겁살(劫殺)이 들어오고 있으니 초년에 부모
와 이별수가 있을 운이요, 부모로 인하여 놀라거나 충격을 받을 수
있는 운이요, 초년에 대인관계가 원만하지 못하여 외로울 운이요,
성격이 쓸쓸할 수 있는 운이다.
 1번에 들어오는 살을 보면 3번의 부부궁이요 재물궁에서 겁살(劫
殺)에 고진살(孤辰殺)이 들어오고 있으나 초년에는 부모가 재물에
해당하니 초년에 부모를 잃고 외로울 운이요, 재물을 잃고 의지할
곳을 잃어 초년 고생이 많을 수 있는 운이다.
 2번의 부모궁이요 인덕궁에 들어오는 살을 보면 1번에서 망신살
(亡身殺)이 들어오고 있으니 부모로 인하여 마음이 상하고 망신을
살 수 있는 일이 있을 운이요, 부모로 인하여 구설을 들을 일이 발생
할 수 있는 운이요, 인덕이 부족하여 대인관계가 어렵고 사람들의
지탄을 받을 수 있는 운이다.
 2번에 들어오는 살을 보면 2번 자체에서 지살(地殺)이 들어오고

있으니 성격이 활달하지 못하고, 모든 일을 참아 넘기면서 속마음을 나타내지 않고 살아갈 운이다.

2번에 들어오는 살을 보면 3번의 부부궁이요 재물궁에서 지살(地殺)이 들어오고 있으니 말없는 가운데 대인관계에서 자기의 실속을 챙기려고 할 수 있는 운이요, 3번은 부부궁으로 부부간에도 말없이 조용하게 지내는 운이요, 많은 이성을 알고 지낼 수 있는 운이요, 망신을 당할 수도 있을 수 있는 운이다.

2번에 들어오는 살을 보면 4번 총운이요 말년운이요 자손궁에서 망신살(亡身殺)이 들어오고 있으나 4번의 운은 앞에서 들어오는 살을 강하게 밀어주는 살로 1번에서 들어오는 망신살(亡身殺)을 강하게 하는 운이다. 따라서 부모문제나 이성문제로 구설을 들을 일을 강하게 만드는 작용을 한다.

3번의 부부궁이요 재물궁에 들어오는 살을 보면 1번의 명궁이요 성격궁에서 천살(天殺)이 들어오고 있으니 부부를 잃을 수 있는 운이요, 새물을 잃을 수 있는 운이요, 지장이나 마음을 잃을 수 있는 운으로 마음을 잡지 못하고 어려운 곤경에 처할 수 있는 운이다.

3번에 들어오는 살을 보면 2번의 인덕궁이요 부모궁에서 화개살(華蓋殺)이 들어오고 있으니 부부문제나 재물문제로 여러 사람 앞에 나설 수 있는 운으로 같이 동주(同住)하는 살에 따라 좋은 일인지 나쁜 일인지 변화가 있을 운이요, 대인관계에서 재물관리가 분명하고 사리가 분명하며 의리와 신용이 있을 운이요, 화끈한 성격으로 숨기거나 어영부영하는 것을 싫어할 수 있는 운이다.

3번에 들어오는 살을 보면 3번 자체에서 화개살(華蓋殺)이 들어오고 있다. 이 사주에서 화개살(華蓋殺)은 양(陽)으로 여러 사람 앞에 나서기를 좋아할 수 있는 운이요, 사치하고 장식하고 꾸미기를 즐기는 운으로 재물에 대한 욕심이 많을 수 있는 운이요, 이성교제가 많을 수 있는 운이다.

3번에 들어오는 살을 보면 4번 총운에서 천살(天殺)이 들어오고 있으나 4번 총운은 앞에서 들어오는 살을 더욱 강하게 작용시키는 살로 여기서는 내 것을 잃고 여러 사람 앞에 나서는 운으로 재물을 잃고 여러 사람 앞에 나설 수도 있는 운이요, 부부를 잃고 여러 사람 앞에 나설 수 있는 운이다

4번 총운이요 말년운이요 자손궁에 들어오는 살을 보면 1번의 명궁이요 성격궁에서 장성살(將星殺)이 들어오고 있으니 평생 출세욕이 많아 다른 사람에게 지는 것을 싫어할 수 있는 성격이요, 말년에도 욕심이 많아 다른 사람에게 양보하지 않고 매사를 자신의 주관대로 처리하려고 할 수 있는 운이요, 고집이 강한 성격이다.

4번에 들어오는 살을 보면 2번의 부모궁이요 인덕궁에서 년살(年殺)이 들어오고 있으니 말년에 마음을 잃고 정처없을 수 있는 운이요, 대인관계가 복잡하거나 화려할 수 있는 운이다. 4번은 자손궁이니 말년에 자손덕을 잃거나 자손의 일로 마음을 잡지 못하고 방황할 수 있는 운이다

4번에 들어오는 살을 보면 3번의 재물궁이요 부부궁에서 년살(年殺)이 들어오고 있는 운이나 여기서는 3번의 운을 부부보다는 자손의 재물 쪽에 비중을 두어야 한다. 이유는 2번의 인덕이 자손의 인덕이요 4번이 자손궁이기 때문이요 말년에 재물을 잃고 마음을 잡지 못하고 방황할 운이기 때문이요, 자손을 잃고 마음을 잡지 못하고 지낼 수 있는 운으로 말년운이 외롭고 쓸쓸한 운이다.

4번에 들어오는 살을 보면 4번 자체에서 장성살(將星殺)이 들어오고 있다. 4번 총운은 앞에서 들어오는 살을 강하게 작용하는 살로 이 운에서는 1번에서 들어오는 장성살(將星殺)을 더욱 강하게 작용하는 운이라고 할 수 있다.

예 3) 1958년 2월 13일 해시생(亥時生)이면
    1. 戊戌 : 1.華蓋 2.4.天 3.月
    2. 乙卯 : 1.年 2.4.將星 3.肉害
    3. 戊申 : 2.4.劫 1.驛馬 3.地
    4. 癸亥 : 1.劫 2.4.地 3. 亡身

1번의 명궁이요 초년궁이요 성격궁에 들어오는 살을 보면 1번 자체에서 화개살(華蓋殺)이 들어오고 있으니 성격이 화끈하고 거짓이 없는 성격으로 진실성이 있다. 매사 자존심이 강하여 다른 사람을 모방하기 보다는 개성이 확실한 성격이다. 한 번 마음에 들지 않으면 다시 돌리기 어려우나 마음에 들면 손해를 보면서도 상대를 믿고 협력할 수 있는 운이다.

1번에 들어오는 살을 보면 2번의 인덕궁이요 부모궁에서 천살(天殺)이 들어오고 있으니 초년에 부모와 떨어져 지내거나 이별수가 있는 운이요, 초년에 사람들과 어울리지 못하고 인덕이 부족하여 외로울 운이다.

여기서 주의할 것은 인덕은 모든 사람을 나타내는 말로 부모도 포함된다. 초년의 재물은 부모나 금전만을 지칭하는 말이니 2번의 인덕궁에 살이 들면 모든 사람을 뜻하는 것인지, 아니면 부모를 뜻하는 것인지가 불분명할 때는 3번에서 들어오는 살을 본다. 3번에서 녹(祿)이나 용덕운(龍德運)이 들면서 2번에 살이 있으면 부모의 살이 아닌 대인관계의 살로 본다. 3번도 칠살(七殺) 등이 동주(同住)하면 부모로부터 오는 인덕으로 본다.

이 사주도 3번에서 들어오는 살이 월살(月殺)인데, 월살(月殺)은 혈육만을 보는 살이고, 3번은 재물로 초년운이니 3번은 부모를 말하는 것이다.

1번에 들어오는 살을 보면 3번의 부부궁이요 재물궁에서 월살(月殺)이 들어오고 있으니 초년에 부모와 이별수가 있는 운이다.

1번에 들어오는 살을 보면 4번 총운에서 천살(天殺)이 들어오고 있는 운이나 천살(天殺)은 손실을 의미하는 살이요, 4번은 앞에서 들어오는 살을 강하게 작용시키는 살이다. 이 운에서는 3번에서 들어오는 부모와의 이별을 강하게 작용시키는 살이다.

2번의 부모궁이요 인덕궁에 들어오는 살을 보면 2번 자체에서 장성살(將星殺)이 들어오고 있으니 대인관계에서 지는 것을 싫어하는 운이요, 다른 사람을 누루고 자신의 의지대로 모든 일을 처리하려고 하는 운이다. 이러한 일을 나쁘게 표현하면 우김질이 많은 사람이요, 잘난체를 잘하는 사람이요, 다른 사람을 업신여기기를 잘하는 사람이다. 그러나 녹(祿)이나 관운(官運)이 동주(同住)하면 출세할 수 있는 사람이요, 많은 사람을 리더하고 지도하며 호령할 수 있는 사람이다.

2번에 들어오는 살을 보면 1번의 명궁이요 성격궁에서 년살(年殺)이 들어오고 있으니 대인관계에서 마음이 약한 편으로 마음이 항상 불안하고 긴장이 잘되어 여러 사람 앞에 나서는 것을 두려워할 수 있는 운이요, 년살(年殺)은 바람을 나타내는 살로 이성교제가 문란할 수 있다고 하는 살이요, 대인관계에서 안정감이 적을 수 있는 운이다. 2번은 인덕궁이요 1번은 성격궁이니 많은 이성교제를 의미할 수 있는 운이다. 이 문제는 다른 부부운이나 홍염살(紅艶殺)이나 음욕살(淫慾殺)이 동주(同住)할 때 설명할 수 있다

2번에 들어오는 살을 보면 3번의 부부궁이요·재물궁에서 육해살(肉害殺)이 들어오고 있다. 육해살(肉害殺)은 육친관계만 보는 살로 여기서는 부부의 인연만을 말할 수 있으니 부부 생리사별의 운이 있을 수 있는 운이요, 이성관계가 많을 운이라고 할 수 있다.

2번에 들어오는 살을 보면 4번 총운에서 장성살(將星殺)이 들어오고 있다. 4번 총운은 앞에서 들어오고 있는 살을 강하게 하는 살로 이 운에서는 2번에서 들어오는 고집을 더욱 강하게 하는 운이요, 1번의 이성관계에 대하여 욕심이 많을 수 있는 것을 더욱 강화하는 운이다.

3번의 부부궁이요 재물궁에 들어오는 살을 보면 3번 자체에서 지살(地殺)이 들어오고 있으니 의식주가 안정될 운이요, 부부궁에서도 좋은 인연을 만날 수 있는 운이니 편안하게 가정생활을 할 수 있는 운이다.

3번에 들어오는 살을 보면 1번의 성격궁에서 역마살(驛馬殺)이 들어오고 있으니 재물로 인하여 분주할 수 있는 운이다. 사방에 사업을 벌리고 많은 활동을 하면서 지낼 수 있는 운으로 많은 재물을 갖고 편안하고 안정된 생활을 하면서 지낼 수 있는 운이다.

3번에 들어오는 살을 보면 2번의 인덕궁이요 부모궁에서 겁살(劫殺)이 들어오고 있으니 주위에서 많은 사람들이 내기 하는 사업을

따르는 운이요, 협력하는 사람이 많을 수 있는 운이요, 이성문제가 많이 발생할 운이다.

3번에 들어오는 살을 보면 4번 총운에서 겁살(劫殺)이 들어오고 있다. 4번의 총운은 앞에서 들어오는 살을 더욱 강하게 밀어주는 살로 여기서는 1번의 성격궁이요 명궁을 더욱 강하게 작용하는 운으로 마음이 분주한 가운데 더욱 분주하게 할 수 있는 운이요, 2번에서 들어오는 대인관계를 더욱 강하게 할 운으로 보아야 한다.

4번 총운이요 말년운이요 자손궁에 들어오는 살을 보면 1번의 명궁이요 성격궁에서 겁살(劫殺)이 들어오고 있으니 말년에는 주색이 과도할 수 있는 운이요, 자기위주로 생활하려고 할 수 있는 운이다.

4번에 들어오는 살을 보면 2번의 인덕궁이요 부모궁에서 지살(地殺)이 들어오고 있으니 말년에 많은 사람들과 어울릴 수 있는 운이다. 말년은 자손궁이니 말년에 자손덕이 있어 자손들의 보살핌이 좋을 운으로 편안할 수 있는 운이다.

4번에 들어오는 살을 보면 3번의 부부궁이요 재물궁에서 망신살(亡身殺)이 들어오고 있으니 말년에 주색으로 구설을 들을 일이 있을 운이요, 말년에 재물에 풍파가 발생할 수 있는 운이다.

4번에 들어오는 살을 보면 4번 자체에서 지살(地殺)이 들어오고 있으니 말년에는 큰 어려움 없이 의식주를 해결하며 살아갈 운이요, 초년에 부모와 이별수로 고생할 수 있으나 대체적으로 안정되고 편안할 운이다.

예 4)1947년 9월 7일 사시생(巳時生)이면

　　1. 丁亥 : 2.劫 1.地 3.亡身 4.馬

　　2. 庚戌 : 1.天 2.華蓋 3.月 4.攀安

　　3. 壬申 : 1.劫 2.馬 3.地 4.亡身

　　4. 乙巳 : 3.劫 1.馬 2.亡身 4.地

　1번의 초년궁이요 성격궁이요 명궁이요 조상궁에 들어오는 살을 보면 1번 자체에서 지살(地殺)이 들어오고 있으니 편안하고 조용한 성격이다. 초년시절의 생활은 별 어려움 없이 편안하고 조용하게 지낼 수 있는 운이라고 할 수 있으나 다른 번호에서 들어오는 살들이 있어 풍파는 따를 수 있는 운이다.

　1번에 들어오는 살을 보면 2번의 부모궁이요 인덕궁에서 겁살(劫殺)이 들어오고 있으나 겁살(劫殺)이 좋은 겁살(劫殺)인지 불행의 겁살(劫殺)인지는 알 수 없는 운이다. 그래서 이 운에서는 부모궁에서 좋지 못한 것인지 아니면 인덕궁에서 좋지 못한 것인지 알 수 없다. 이런 경우에는 3번을 보면 확실하게 구분된다. 3번은 초년시절에 부모를 말하기 때문이다. 따라서 2번과 3번에서 들어오는 살을 보면 2번에서 들어오는 살은 겁살(劫殺)만 있는 운이나 3번에서 들어오는 살을 보면 망신살(亡身殺)이 들어오고 있는 운이다. 그래서 이 운에서는 부모로 인하여 놀랠 일이 발생할 수 있는 운이요, 부모로 인하여 구설을 들을 일이 있을 수 있는 운이요, 부모로 인하여 초년에 어려움이 따를 수 있는 운이다.

　1번에 들어오는 살을 보면 3번의 부부궁이요 재물궁에서 망신살(亡身殺)이 들어오고 있으니 초년에 부모로 인하여 구설을 들을 수 있는 운이요, 어려움이 있을 수 있는 운이요, 초년에 학업이 중단되거나 학업에 풍파가 있을 수 있는 운이다.

1번에 들어오는 살을 보면 4번 총운에서 역마살(驛馬殺)이 들어오고 있으니 초년에 부모와 이별하고 타관으로 전전긍긍하면서 지낼 운이요, 초년에 사방으로 활동하면서 지낼 운으로 안정되지 않고 방황하면서 지낼 수 있는 운이다.

2번의 인덕궁이요 부모궁에 들어오는 살을 보면 1번의 명궁이요 성격궁에서 천살(天殺)이 들어오고 있는 운이다. 천살(天殺)은 잃는다, 사기당한다는 뜻으로 부모의 정을 잃고 부모의 정이 없거나 덕이 없다고 할 수 있는 운이요, 부모를 잃고 외롭게 지낼 수 있는 운이라고 할 수 있다. 2번은 인덕궁이니 다른 사람에게 억압당하고 매사를 뜻대로 하지 못할 수 있는 운으로 자신의 의지대로 활동하지 못할 운이다. 다시 말해서 마음을 사기당하거나 의지를 잃는다고 할 수 있다.

2번에 들어오는 살을 보면 2번은 인덕궁이요 부모궁으로 자체에서 화개살(華蓋殺)이 들어오고 있으니 대인관계가 확실하고, 일찌기 부부의 인연을 만날 수 있는 운이요, 인덕을 잃거나 인덕을 사기당하는 운으로 인덕이 없을 운이다.

2번에 들어오는 살을 보면 3번의 부부궁이요 재물궁에서 월살(月殺)에 들어오고 있다. 월살(月殺)은 혈육의 이별을 말하는 살이다. 그래서 이 운에서는 부부간에 정이 없고, 인격적으로 대우를 받지 못하고, 상대로부터 따돌림을 당할 수 있는 운이거나 정없이 지낼 수 있는 운이다.

2번에 들어오는 살을 보면 4번 총운에서 반안살(攀安殺)이 들어오고 있다. 4번은 총운으로 앞에서 들어오는 살을 강하게 작용하는 성격으로 이 운에서는 3번에서 들어오는 혈육간의 이별을 강하게 작용하는 반안살(攀安殺)이요, 1번의 성격궁에서 들어오는 천살(天殺)을 강하게 하는 성격으로 인덕을 잃는 운을 강하게 밀어주는 반안살(攀安殺)이라고 할 수 있다.

3번의 부부궁이요 재물궁에 들어오는 살을 보면 3번 자체에서 지살(地殺)이 들어오고 있으니 의식주에는 별 어려움 없이 지낼 수 있는 운이요, 안정된 생활을 할 수 있는 운이다.

3번에 들어오는 살을 보면 1번의 명궁이요 성격궁에서 겁살(劫殺)이 들어오고 있으니 부부간에 놀랠 일이 발생할 운이요, 사업이나 어떤 재물에 큰 변화가 발생할 수 있는 운으로 같이 동주(同住)하는 살에 의하여 변화가 많다.

3번에 들어오는 살을 보면 2번의 부모궁이요 인덕궁에서 역마살(驛馬殺)이 들어오고 있으니 부모와 이별이 있을 수 있는 운이요, 많은 사람들과 어울릴 수 있는 운이요, 생활과 사업을 위하여 사방으로 분주하게 많은 활동을 할 수 있는 운이다.

3번에 들어오는 살을 보면 4번 총운이요, 말년운에서 망신살(亡身殺)이 들어오고 있으니 부부간의 문제로 구설을 듣거나 어려운 일이 있을 운이요, 사업이나 금전문제나 이성문제로 망신을 당할 수 있는 운이 있다.

4번의 총운이요 말년운이요 자손궁에 들어오는 살을 보면 1번의 명궁이요 성격궁에서 역마살(驛馬殺)이 들어오고 있으니 말년에도 가만히 있지 못하고 사방을 분주하게 활동할 수 있는 성격이요, 말년에도 정처없이 지낼 수 있는 운이다.

4번에 들어오는 살을 보면 2번의 부모궁이요 인덕궁에서 망신살(亡身殺)이 들어오고 있으니 말년에도 대인관계에서 망신을 살 수 있는 운이요, 인덕이 없을 운이다. 4번은 자손궁으로 말년에 자식의 문제로 구설을 듣고 망신을 당할 수 있는 운이다.

4번에 들어오는 살을 보면 3번의 부부궁이요 재물궁에서 겁살(劫殺)이 들어오고 있으니 부부문제로 놀라는 일이 발생할 운이요, 재물로 인하여 큰 변화가 발생할 수 있는 운이다. 같이 동주(同住)하는 운에 녹(祿)이나 복덕(福德)이나 용덕(龍德) 등이 동주(同住)하면 길한 일로 놀라고, 칠살(七殺)이 동주(同住)하면 흉한 일로 놀랜다.

4번에 들어오는 살을 보면 4번 자체에서 지살(地殺)이 들어오고 있으니 말년운은 말없는 가운데 조용히 지낼 수 있는 운이요, 자신의 의견이나 주장이나 생각을 말하지 못하고 지낼 수 있는 운으로 자신의 주장을 펴지 못하는 운이다.

예 5) 1931년 7월 5일 술시생(戌時生)이면
　　　1. 辛未 : 1.華 2.天 3.月 4.攀
　　　2. 丙申 : 1.劫 4.馬
　　　3. 乙巳 : 1.馬 2.劫 3.地 4.亡身
　　　4. 丙戌 : 1.天 2.月 3.攀 4.華

1번의 초년궁이요 명궁이요 성격궁에 들어오는 살을 보면 1번 자체에서 화개살(華蓋殺)이 들어오고 있다. 화개살(華蓋殺)은 꾸민다, 장식한다, 화려하다, 화끈하다, 사치를 좋아한다, 주관이 명확하다, 개성이 뚜렷하다 등으로 말 할 수 있는 운이나 여기서 미(未)는 음(陰)으로 말이 없고 고집이 강하며 참을성이 많다. 말없이 혼자 공상을 많이 할 수 있는 운이다.

1번에 들어오는 살을 보면 2번의 부모궁이요 인덕궁에서 천살(天殺)이 들어오고 있으니 초년에 부모의 정이나 덕을 잃고 외로울 운이요, 초년에 인덕이 없을 운이요, 가까운 사람에게 배신을 당할 수 있는 운이요, 혼자 외로울 운이다.

1번에 들어오는 살을 보면 3번의 부부궁이요 재물궁에서 월살(月殺)이 들어오고 있으니 초년에는 부모와 이별수가 있는 운이요, 부모와 정이나 덕이 없이 떨어져 지낼 수 있는 운이다.

1번에 들어오는 살을 보면 4번 총운에서 반안살(攀安殺)이 들어오고 있다. 여기서는 비명횡사할 운으로 보아야 하는데 초년에 부모와 이별수를 강하게 작용하는 성격이요, 인덕을 잃을 운을 강하게 작용하는 성격으로 보아야 한다.

2번의 부모궁이요 인덕궁에 들어오는 살을 보면 1번의 명궁이요 성격궁에서 겁살(劫殺)이 들어오고 있으니 내인관계나 부모로 인하여 놀랠 일이 발생할 수 있는 운이다. 같이 동주(同住)하는 살이 녹(祿)이나 복덕(福德) 등이 있으면 길한 운이 되고, 칠살(七殺)이 동주(同住)하면 불길한 일이 발생한다.

2번에 들어오는 살을 보면 4번 총운에서 역마살(驛馬殺)이 들어오고 있으니 대인관계에서 항상 분주할 운이요, 많은 사람들을 상대할 수 있는 운이다.

3번의 부부궁이요 재물궁에 들어오는 살을 보면 3번 자체에서 지살(地殺)이 들어오고 있으니 재물에 큰 변화없이 안정된 생활을 할 수 있는 운이요, 부동산 등으로 편안하게 지낼 수 있는 운이다.

 3번에 들어오는 살을 보면 1번의 명궁이요 성격궁에서 역마살(驛馬殺)이 들어오고 있으니 재물을 모으기 위해 사방으로 분주하게 활동할 수 있는 운이요, 이성문제로 분주할 운으로 사방에서 많은 이성들과 지낼 수 있는 운이다.

 3번에 들어오는 살을 보면 2번의 부모궁이요 인덕궁에서 겁살(劫殺)이 들어오고 있는 운이다. 겁살(劫殺)은 중성의 살로 같이 동주(同住)하는 살에 따라 변화가 발생한다. 이 운에서는 2번은 인덕으로 많은 사람들을 만날 수 있는 일을 강화하는 운이라고 할 수 있다.

 3번에 들어오는 살을 보면 4번 총운에서 망신살(亡身殺)이 들어오고 있는 운이다. 3번은 부부궁이요 재물궁이라 이성문제로 망신을 당할 수 있는 운이요, 부부간에 구설수가 발생할 수 있는 운이다.

 4번 총운이요 말년운이요 자손궁에 들어오는 살을 보면 1번의 명궁이요 성격궁에서 천살(天殺)이 들어오고 있으니 말년에는 본인의 의사나 주관을 잃고 다른 사람의 뜻에 따라 살아갈 수 있는 운이요, 말년에 마음을 잃고 자신의 뜻을 포기하고 살아갈 운이다.

 4번에 들어오는 살을 보면 2번의 인덕궁에서 겁살(劫殺)이 들어오고 있으니 말년에 다른 사람들로 인하여 충격을 받고 놀랠 일이 있을 운이다. 4번은 자손궁이라 말년에 자손덕으로 인하여 놀랠 일이 발생할 수 있는 운이다.

 4번에 들어오는 살을 보면 3번의 부부궁이요 재물궁에서 반안살(攀安殺)이 들어오고 있는 운이다. 반안살(攀安殺)은 안정되고 편안한 것을 뜻하거나 비명횡사를 뜻하기도 하는 살이다. 같이 동주(同住)하는 살이 칠살(七殺)이면 비명횡사의 운이 있고, 복덕(福德)

이나 용덕(龍德)이나 녹(祿) 등이 동주(同住)하면 생활의 안정으로 편안한 것을 뜻한다. 여기서는 판단하기 어려운 운으로 총운에서 같이 들어오는 살이 있을 경우에 설명을 하기로 한다.

　4번 총운이요 말년운이요 자손궁에 들어오는 살을 보면 4번 자체에서 지살(地殺)이 들어오고 있으니 말년운은 편안하고 조용하게 지낼 수 있는 운이다.

17. 제2의 십이지신살(十二支神殺) 적용하는 방법

　지지(干支)의 순서대로 짚어나가면 된다. 여기서는 순서대로 짚어나가되 태세(太歲), 태양(太陽), 태음(太陰), 세파(歲破)는 기록하지 않고 그 외의 살만 기록한다.

예 1) 1928년 윤 2월 25일 묘시생(卯時生)이면
　　　1. 戊辰 : 3.龍德
　　　2. 丙辰 : 3. 龍德
　　　3. 乙酉 : 1.2.死府
　　　4. 己卯 : 1.2.病府

　이 사주에서 이상과 같이 나타나는 원리를 숙달하고 이해하라.
　1번의 명궁이요 초년궁이요 성격궁에 들어오는 살을 보면 3번의 재물궁에서 용덕(龍德)이 들어오고 있으니 초년운이 대길하다. 초년에는 조상덕, 부모덕, 학업운이 좋을 수 있는 운이다.

2번의 부모궁이요 인덕궁에 들어오는 살을 보면 3번의 부부궁이요 재물궁에서 용덕(龍德)이 들어오고 있으니 부모의 덕과 정이 좋을 운이요, 좋은 배우자를 만날 수 있는 운이요, 주위에 많은 친구들이 따를 수 있는 운이다.

3번의 부부궁이요 재물궁에 들어오는 살을 보면 1번에서 사부살(死府殺)이 들어오고 있으니 재물에 대한 욕심이 없을 운이요, 허영심을 버리고 겸손하게 생활할 수 있는 운이다.

3번에 들어오는 살을 보면 2번에서 사부살(死府殺)이 들어오고 있으니 부부의 생리사별이 있을 운이요, 직장을 잃고 외로울 운이요, 가까운 사람에게 배신을 당할 운이다.

4번 총운이요 말년운이요 자손궁에 들어오는 살을 보면 1번의 명궁에서 병부살(病府殺)이 들어오니 말년에 의기소침하게 지낼 수 있을 운이요, 자신의 모든 의견을 죽이고 힘없이 살아갈 운이다.

4번이 들어오는 살을 보면 2번의 인덕궁에서 병부살(病府殺)이 들어오니 말년에는 주위에 사람이 없을 운이다. 4번은 자손궁이니 말년에 자손을 잃고 외로울 운이요, 자손덕이 없어 외로울 운이다.

예 2) 1937년 4월 25일 오시생(午時生)이면

    1. 丁丑 : 2.陰府 3.官府 4.龍德

    2. 乙巳 : 1.官府 3.陰府 4.病府

    3. 辛酉 : 1.陰府 2.官府

    4. 甲午 : 1.死府 3.福德

1번의 명궁이요 성격궁이요 초년궁에 들어오는 살을 보면 2번의 인덕궁이요 부모궁에서 음부살(陰府殺)이 들어오고 있으니 성격은 말이 없는 내성적인 성격이 될 수 있는 운이요, 부모의 일로 말못할 어려운 일이 있을 수 있는 운이다.

1번에 들어오는 살을 보면 3번의 부부궁이요 재물궁에서 관부살(官府殺)이 들어오고 있으니 초년에 출세운이 있는 운이요, 초년에 급제할 수 있는 운이다. 학업도 재물이라 초년에 학업운이 좋은 운으로 많은 학문을 익힐 수 있는 운이요, 초년에 재물운이 있어 생활은 안정되고 편안할 운이요, 조상이나 부모의 덕이 많을 운이다.

1번에 들어오는 살을 보면 4번 총운에서 용덕운(龍德運)이 들어오고 있다. 4번 총운은 앞에서 들어오는 살을 더욱 강하게 작용하는 운으로 3번에서 들어오는 관부운(官府運)을 더욱 강하게 밀어주는 운으로 초년의 대길한 운을 더욱 강하게 작용시키는 운이다.

2번의 부모궁이요 인덕궁에 들어오는 살을 보면 1번의 명궁에서 관부살(官府殺)이 들어오고 있으니 부모의 일로 관(官)에 나갈 일이 있을 수 있는 운이요, 부모로 인하여 말못할 구설이 있을 수 있는 운이요, 대인관계에서 다른 사람에게 지지않으려는 성격이요, 자신감이나 우월감이 많을 운이다.

2번에 들어오는 살을 보면 3번의 부부궁이요 재물궁에서 음부살(陰府殺)이 들어오고 있으니 부부간에 말없이 지낼 수 있는 운이요, 부부의 정이나 덕이 부족할 수 있을 운이요, 남모르는 연인이 있을 수 있는 운이다.

2번에 들어오는 살을 보면 4번 총운에서 병부살(病府殺)이 들어오고 있는 운이다. 4번 총운은 앞에서 들어오는 살을 강하게 자극하는 살인데 이 운에서는 부부의 인연에서 말없는 운으로 부부가 정없이 지낼 운을 강하게 자극하는 살이요, 이성으로 근심이 있을 수 있는 운을 강하게 작용하는 운이다.

3번의 부부궁이요 재물궁에 들어오는 살을 보면 1번의 성격궁이요 명궁에서 음부살(陰府殺)이 들어오고 있으니 부부간에 말못할 근심이 있을 수 있는 운이요, 떳떳하지 못한 재물을 관리할 수 있는 운이요, 첩이나 애인 등을 숨겨두고 살아야 하는 운이 있다.

3번에 들어오는 살을 보면 2번의 인덕궁에서 관부살(官府殺)이 들어오고 있으니 부부간의 문제로 구설수가 있을 운이요, 부부문제나 재물문제로 관(官)에 갈 일이 있다. 칠살(七殺)이 동주(同住)하면 흉한 일로 관(官)에 가고, 녹(祿)이나 복덕(福德) 등이 동주(同住)하면 길한 일로 간다.

4번 총운이요 말년운이요 자손궁에 들어오는 살을 보면 1번의 성격궁이요 명궁에서 사부살(死府殺)이 들어오고 있으니 말년의 성격이 내성적이라 말없이 지낼 수 있는 운이다.

4번에 들어오는 살을 보면 3번의 부부궁이요 재물궁에서 복덕(福德)이 들어오고 있으니 말년에도 부부의 인연이 좋아 부부덕이 있을 운이요, 말년에 자손들에게 재물의 도움을 받아 편안하게 지낼 수 있는 운이요, 말년에도 많은 재물을 갖고 생활할 수 있는 운이다.

예 3) 1955년 6월 25일 축시생(丑時生)이면

    1. 乙未 : 3.喪門

    2. 甲申 : 4.龍德

    3. 乙巳 : 1.弔客 2.福德 4.官府

    4. 丁丑 : 2.死府 3.陰府

1번의 성격궁이요 명궁이요 조상궁이요 초년궁에 들어오는 살을 보면 3번의 재물궁에서 사부살(死府殺)이 들어오고 있는 운이나 초년에는 부모가 재물로 이 운에서는 초년에 부모와 이별수가 있을 운이요, 또는 부모의 정이나 덕이 없을 운이다. 또한 학업도 재물이라 초년에 학업이 중단될 수 있는 운이다.

　2번의 인덕궁이요 부모궁에 들어오는 살을 보면 4번 총운에서 용덕운(龍德運)이 들어오고 있으니 인덕이 좋을 운이요, 많은 사람들과 어울리며 지낼 수 있는 운으로 주위에 많은 친구가 있을 수 있는 운이다.

　3번의 부부궁이요 재물궁에 들어오는 살을 보면 1번의 성격궁이요 명궁에서 조객살(弔客殺)이 들어오고 있으니 부부의 정이 없다. 부부의 근심이 있을 수 있는 운이요, 부부에게 관심이 적을 운이다. 재물에 대한 욕심이 없고 재물관리가 허술할 수 있는 운이요, 재물로 인하여 신병을 얻거나 근심할 일이 있을 수 있는 운이다.

　3번에 들어오는 살을 보면 2번의 인덕궁이요 부모궁에서 복덕운(福德運)이 들어오고 있으니 좋은 배우자를 만날 수 있는 운이요, 부부덕을 받을 수 있는 운이다. 나는 관심이 없는데 상대로부터 받는 정을 말한다. 그래서 앞에 있는 3번에 1의 설명과는 다르니 주의하시라. 또한 주위 사람들에게 많은 도움을 받아 많은 재물을 얻을 수 있는 운이다.

　3번에 들어오는 살을 보면 4번 총운에서 관부운(官府運)이 들어온다. 4번 총운은 앞에서 들어오는 살을 더욱 강하게 밀어주는 운인데 이 운에서는 2번의 인덕에서 오는 살을 더욱 강하게 작용하는 운으로 인덕이 더욱 좋은 운이다.

4번 총운이요 말년운이요 자손궁에 들어오는 살을 보면 2번의 인덕궁에서 사부살(死府殺)이 들어오고 있으니 말년에 가까운 사람들을 잃고 외로울 수 있는 운이요, 말년에 자손의 정이나 덕이 없이 외롭게 지낼 수 있는 운이다.

4번에 들어오는 살을 보면 3번의 부부궁이요 재물궁에서 음부살(陰府殺)이 들어오고 있으니 말년에 부부간에 말못할 근심이 있을 수 있는 운이요, 재물에 말못할 변화가 발생할 수 있는 운이다.

예 4) 1974년 윤 4월 18일 유시생(酉時生)이면
    1. 甲寅 : 2.陰府 3.弔客 4.死府
    2. 庚午 : 1.官府 3.喪門 4.福德
    3. 庚辰 : 1.喪門 2.弔客 4.龍德
    4. 乙酉 : 1.龍德 3.死府

1번의 명궁이요 성격궁이요 초년궁이요 조상궁에 들어오는 살을 보면 2번의 인덕궁이요 부모궁에서 음부살(陰府殺)이 들어온다. 2번 의 인덕은 부모의 인덕인지 대인관계의 인덕인지 구분하기 어렵다. 이런 경우에는 3번 재물궁을 보는데 초년에는 부모가 재물이기 때문이다. 이 운에서 2번의 음부살(陰府殺)은 부모의 정과 덕이 없을 운이요, 부모의 근심이 있을 수 있는 운이다.

1번에 들어오는 살을 보면 3번의 부부궁이요 재물궁에서 조객살(弔客殺)이 들어오고 있으니 초년에 부모의 정이나 덕이 없을 운이요, 재물에 어려움이 있을 수 있는 운이니 초년운이 어려운 운이다.

1번에 들어오는 살을 보면 4번 총운에서 사부살(死府殺)이 들어오

고 있다. 4번 총운은 앞에서 들어오는 살을 더욱 강하게 작용하는 살로 이 운에서는 초년에 부모를 잃고 어려운 운을 더욱 강하게 밀어주는 운으로 초년 고생을 말하고 있는 운이다.

2번의 부부궁이요 인덕궁에 들어오는 살을 보면 1번의 명궁이요 성격궁에서 관부살(官府殺)이 들어오고 있으니 대인관계에서 자신의 주관이 명확하고 의지가 강한 운이요, 대인관계에서 지는 것을 싫어하고 출세욕이 강한 운이다.

2번에 들어오는 살을 보면 3번의 부부궁이요 재물궁에서 상문살(喪門殺)이 들어오고 있으니 부부의 인연이 적을 운이요, 부부의 덕이나 정이 없을 운이요, 부부의 근심이 있을 수 있는 운이다.

2번에 들어오는 살을 보면 4번 총운에서 복덕운(福德運)이 들어오는 운이다. 이 운은 1번에서 들어오는 명궁이요 성격궁을 강하게 작용하는 운이라고 할 수 있다

3번의 부부궁이요 재물궁에 들어오는 살을 보면 1번의 명궁이요 성격궁에서 상문살(喪門殺)이 들어오고 있으니 부부의 근심이나 이별수가 있을 운이요, 부부간에 마음이 상할 일이 많을 수 있는 운이요, 재물을 잃는 운으로 많은 재물을 모을 수 없어 어려움이 있다.

3번에 들어오는 살을 보면 2번의 인덕궁에서 조객살(弔客殺)이 들어오고 있으니 부부간에 대한 인덕이 없을 운이요, 부부가 멀어질 운으로 떨어져 살거나 정없이 지낼 수 있는 운이요, 재물에서도 협조해주는 사람이 없어 재물을 모으기 어려운 운으로 생활에 어려움이 있을 수 있는 운이다.

3번에 들어오는 살을 보면 4번 총운에서 용덕운(龍德運)이 들어오고 있는 운이다. 여기서 용덕(龍德)은 길운이 아니라 1번과 3번에

서 들어오는 살을 협력하는 용덕(龍德)인데 살이 더욱 강화되는 살이니 주의하기 바란다.

4번 총운이요 말년운이요 자손궁에 들어오는 살을 보면 1번의 명궁에서 용덕운(龍德運)이 들어오고 있으니 말년에는 성격이 모나지 않고 무난할 수 있는 성격이다

4번에 들어오는 살을 보면 3번의 부부궁이요 재물궁에서 사부살(死府殺)이 들어오고 있으니 말년에 부부간에 이별로 외로울 운이요, 말년에 재물을 잃고 어렵게 생활할 수 있는 운이요, 4번은 자손궁이니 말년에 자손을 잃고 혼자 외로울 운이라고 할 수 있다.

예 5) 1989년 11월 5일 인시생(寅時生)이면
　　　1. 己巳 : 3.福德
　　　2. 乙亥 : 4.福德
　　　3. 丙申 : 2.福德
　　　4. 庚寅 : 1.福德

이 사주는 초년부터 말년까지 어려움 없이 순탄할 수 있는 운이요, 덕이 많고 복이 많을 운이다

18. 파살(破殺) 잡는 방법

파살(破殺)이란 모든 것을 유지하지 못하고 흩어지게 하는 살이다. 명궁에 파살(破殺)이 들면 건강이 약해질 수 있는 운으로 잔병이 많

이 발생할 수 있는 운이요, 성격궁이라 마음을 잡지 못하여 정신이 산란할 수 있을 운이요, 끈기가 부족한 경우가 많이 있을 수 있는 운이요, 조상의 업을 유지하지 못하거나 조상과 이별이 발생할 수 있는 운이다.

인덕궁과 부모궁에서 파살(破殺)이 들면 대인관계가 원만하지 못하여 사람을 꾸준하게 사귀지 못할 운이라 인덕이 박하고, 주위에 많은 변화가 있을 운이다. 그러나 파살(破殺)에 녹(祿)이 같이 동주(同住) 하면 많은 사람들과 어울리나 사방에 친구를 두고 살아갈 수 있다고 할 수 있는 운이다. 부모와 정이 없거나 이별수가 있거나 다른 부모가 있을 운이다.

부부궁이요 재물궁에서 파살(破殺)이 들면 재물을 한 곳에 모아두고 사는 성격이 아니라 재물을 사방에 벌려놓고 살아가는 운이다. 또는 많은 사업을 사방에다 벌리고 살아갈 수 있는 운이라고 할 수 있을 운이다. 또한 부부간에 이별수가 있을 운이요, 한 사람과 오래 사귀지 못하는 운이라 이성관계가 복잡할 수 있을 운이요, 학업도 재물이라 한 가지 학업을 꾸준하게 하지 못하고 이 학문 저 학문 많이 할 수 있는 운이다. 복(福)·녹(祿) 등이 동주(同住)하면 많은 학문을 할 수 있는 운이라 길한 운이요, 칠살(七殺)이 동주(同住)하면 한 가지도 끝을 보지 못하고 이것 저것 맛보기로 조금씩 할 수 있는 사람이다. 또는 약간씩 많은 것을 알고 있는 사람이라 아는 소리를 잘할 수 있는 운이다.

말년궁이요 자손궁이요 총운에서 파살(破殺)이 들면 말년의 생활이 어렵고, 말년에 자손들과 함께 지내지 못하고 헤어져서 살아갈 운이요, 말년생활이 안정되지 못할 운이다. 그러나 같이 동주(同住)

하는 살의 변화에 따라 많은 변화가 있을 수 있는 살이다.

　주의할 것은 명궁에서 들어오고 있는 파살(破殺)이라도 어느 궁에서 들어오냐에 따라 성격이나 인격이나 재물에 변화가 있을 수 있다. 예를 들면 명궁에 인덕궁에서 파살(破殺)이 들어오면 다른 사람의 피해로 생명이나 건강에 위험한 일을 당할 수 있는 운이요, 부모의 소홀로 건강에 위험이 있을 수 있는 운이요, 사람들과 어울리지 못하고 성격의 변화로 안정감을 잃고 방황할 수 있는 운이다.

　명궁에 재물궁에서 파살(破殺)이 들어오고 있으면 부부간에 성격의 변화가 많아 부부가 상대를 색다르게 볼 수 있는 운이다. 예를 들면 의처증이나 의부증같은 증세가 있을 수 있다. 또는 재물에 대해서 안정되지 않는 운이다. 예를 들면 마작이나 화투나 카드나 경마나 이외에 재물과 관련되는 일로 손재가 발생하면 그 순간을 참지 못하고 어찌할 바를 모르는 것 등과 같은 것을 말하고 있으니 파살(破殺)이라도 어느 궁에서 들어오는지를 정확하게 파악해야 한다.

　또한 파살(破殺)이라고 하여 모두 좋지 않은 것이라고 말할 수 없다. 같이 동주(同住)하는 살에 녹(祿)이나 복덕(福德)이나 용덕(龍德) 등의 길운이 동주(同住)하면 일을 사방에 벌리고 지내는 운으로 인덕에 들면 사방에 많은 친구들 두고 지낼 수 있는 사람이다. 또한 재물에 들면 사업을 사방에다 벌리고 살아가는 사람이다. 또는 명궁에서 들면 많은 사람들과 어울리는 것을 즐기는 사람이라고 할 수가 있기 때문이다.

　살이라고 하여 무조건 나쁘고, 복(福)이나 녹(祿)이라고 하여 무조건 좋은 것은 아니다. 살을 살로만 보아서는 안된다고 하는 것이다. 상황에 따라 살이 더욱 좋은 경우도 종종 발생할 수 있기 때문이다.

예 1) 1943년 5월 19일 묘시생(卯時生)이면

    1. 癸未 : 3.破

    2. 戊午 : 4.破

    3. 庚戌 : 1.破

    4. 己卯 : 2.破

 1번의 명궁이요 성격궁이요 초년궁에 들어오는 살을 보면 3번의 부부궁이요 재물궁에서 파살(破殺)이 들어오고 있으니 초년에 부모와 이별수가 있을 운이요, 부모로 인하여 마음을 잡지 못하고 정신적 인 어려움이 있을 수 있는 운이다.

 2번의 인덕궁이요 부모궁에 들어오는 살을 보면 4번 총운에서 파살(破殺)이 들어오고 있으니 인덕이 없고 한 사람을 오래 사귀기 어려울 운이요, 많은 사람들과 어울리나 사방에 알고 지내는 사람이 있을 운이다.

 3번의 부부궁이요 재물궁에 들어오는 살을 보면 1번의 성격궁이요 명궁에서 파살(破殺)이 들어오고 있으니 재물에 대한 마음이 항상 불안할 수 있는 운이요, 많은 일을 벌리기 좋아할 수 있는 운으로 사방에 일이나 사업을 벌릴 수 있는 성격이다.

 4번의 말년궁이요 총운이요 자손궁에 들어오는 살을 보면 2번의 인덕궁에서 파살(破殺)이 들어오고 있으니 말년에 자손들이 사방으로 흩어져서 살아갈 운이요, 말년에 인덕이 없고 외로울 운이다.

예 2) 1935년 1월 4일 해시생(亥時生)이면

      1. 乙亥 : 2.3.破
      2. 戊寅 : 1.4.破
      3. 甲寅 : 1.4.破
      4. 乙亥 : 2.3.破

  1번의 초년궁이요 성격궁이요 명궁에 들어오는 살을 보면 2번의 인덕궁이요 부모궁에서 파살(破殺)이 들어오고 있으니 초년에 부모와 이별수가 있을 운이요, 부모의 정이나 덕없이 지낼 수 있는 운이다. 초년시절에 인덕이 없을 운이라 어려움이 많을 수 있을 운이요, 초년에 다른 부모를 만날 수 있을 운이다.

  1번에 들어오는 살을 보면 3번의 재물궁에서 파살(破殺)이 들어오고 있으니 초년에 생활의 어려움이 많을 수 있는 운으로 사방으로 활동하면서 생활할 수 있는 운이요, 초년에는 부모가 재물이라 부모의 정이나 덕이 없을 운이다.

  2번의 인덕궁이요 부모궁에 들어오는 살을 보면 1번의 명궁이요 성격궁에서 파살(破殺)이 들어오고 있으니 대인관계가 안정되지 못하고 산만할 수 있는 운이요, 많은 사람을 사귀나 오래가는 사람이 없을 운으로 변화가 많이 발생할 수 있을 운이다.

  2번에 들어오는 살을 보면 4번 총운에서 파살(破殺)이 들어오고 있는 운이다. 4번 총운은 앞에서 들어오는 살을 더욱 강하게 작용시키는 살이다. 이 운에서는 1번에서 들어오는 파살(破殺)을 더욱 강하게 작용시키는 운이라고 할 수 있다.

  3번의 부부궁이요 재물궁에 들어오는 살을 보면 1번의 명궁이요 성격궁에서 파살(破殺)이 들어오고 있으니 재물에 대해 안정된 생활이 어렵고 재물로 인하여 마음이 항상 불안할 운이요, 사방에 일을 벌리기 좋아하나 뒷처리가 소홀할 수 있는 운이요, 부부생활이 어렵고 안정되지 못할 운이요, 이성관계가 많을 운으로 풍파가 염려된다.

3번에 들어오는 살을 보면 4번 총운에서 파살(破殺)이 들어온다. 4번 총운은 앞에서 들어오는 살을 더욱 강하게 작용시키는 살로 이운에서는 1번에서 들어오는 파살(破殺)을 강하게 작용시킨다.

4번의 말년궁이요 총운이요 자손궁에 들어오는 살을 보면 2번의 인덕궁에서 파살(破殺)이 들어오고 있으니 말년에 인덕이 없고, 말년에 대인관계가 어려울 운으로 외로울 운이다. 또한 말년에 자손덕이 없고 자손과 멀어질 운이 있다.

4번에 들어오는 살을 보면 3번의 부부궁이요 재물궁에서 파살(破殺)이 들어오고 있으니 말년에 재물의 어려움이 있을 운이요, 말년에도 사방에 재물을 두고 지낼 수 있을 운이나 재물을 관리하기 어려운 운이다. 또한 3번은 부부운이니 말년에 부부간에 풍파가 있을 운이요, 말년에 자손에게 재물에 어려움이 있고 덕이 없을 운이다.

예 3) 1985년 3월 4일 진시생(辰時生)이면

    1. 乙丑 : 2.3.4.破

    2. 庚辰 : 1.破

    3. 壬辰 : 1.破

    4. 甲辰 : 1.破

1번의 초년궁이요 명궁이요 성격궁에 들어오는 살을 보면 2번의 인덕궁이요 부모궁에서 파살(破殺)이 들어오고 있으니 초년에 부모의 정이나 덕이 없고 부모와 이별수가 있을 운이요, 다른 부모와 살아갈 수 있을 운이요, 초년에는 인덕이 없어 많은 사람들과 사귀어도 오래가지 못할 운이다.

1번에 들어오는 살을 보면 3번의 부부궁이요 재물궁에서 파살(破殺)이 들어오고 있으니 초년에 재물로 어려움이 있을 운이요, 부모와 풍파가 있을 운이요, 생활이 안정되지 않아 힘들게 지낼 운이요, 파살(破殺)은 매사를 벌리는 살로 재물에 욕심이 많은 운이다.

1번에 들어오는 살을 보면 4번 총운에서 파살(破殺)이 들어오고 있는 운이다. 4번 총운은 앞에서 들어오는 살을 강하게 밀어주는 작용을 하는 살로 이 운에서는 2번의 인덕운과 3번의 재물궁에서 들어오는 파살(破殺)을 더욱 강하게 작용시키는 운이다.

2번의 인덕궁이요 부모궁에 들어오는 살을 보면 1번의 명궁이요 조상궁이요 성격궁에서 파살(破殺)이 들어오고 있으니 조상덕이 없다. 조상으로 인하여 어려움이 있을 수 있는 운이요, 대인관계에서 성격이 맞지 않아 사람들과 어울릴 수 없어 외로울 수 있는 운이다.

3번의 부부궁이요 재물궁에 들어오는 살을 보면 1번의 조상궁이요 성격궁이요 명궁에서 파살(破殺)이 들어오고 있으니 부부관계가 원만하지 못하여 어려울 운이요, 이성관계가 복잡할 운이요, 재물에 대한 마음이 안정감이 없어 일을 잘 벌리나 뒤를 감당하지 못할 운이요, 재물을 사방에 늘어놓고 살아갈 수 있는 운이요, 학업도 재물이라 한 가지 학업에 전념하지 못하고 이 학문 저 학문 모든 학문에 관심이 많으나 제대로 하는 학업은 없을 운이다.

4번의 말년궁이요 총운이요 자손궁에 들어오는 살을 보면 1번의 명궁이요 성격궁에서 파살(破殺)이 들어오고 있으니 말년에 마음을 잡지 못하고 방황할 수 있는 운이요, 매사에 어려움이 따를 수 있는 운이다.

19. 해살(害殺) 정리하는 방법

해살(害殺)이란 모든 일에서 손해를 보는 살로 덕이 되는 것이 없는 살이다.

명궁에 해살(害殺)이 들면 잔병이 많거나 건강을 해칠 수 있는 살이다. 해살(害殺)은 본인 스스로 건강을 해칠 수 있는 운이요, 심하면 자살도 할 수 있는 운이다. 또다른 사람으로 인하여 건강에 해를 입을 수 있는 살이다. 일년 신수에서 해살(害殺)이 들면 그 해는 건강을 조심하는 것이 좋을 운이다.

인덕궁에서 해살(害殺)이 들면 다른 사람들과의 관계에서 덕이 되는 일이 없고 해를 많이 볼 수 있는 운이요, 나는 가만히 있는데 사람들로 인하여 고통이 있고 손해를 볼일이 발생하는 운이요, 부모와의 관계에서도 덕이 없고 정이 없을 수 있는 운이다.

재물궁에서 해살이 들면 금전과 재물을 모으는데 어려움이 있을 운으로 방해되는 일이 많을 수 있는 운이요, 부부궁에서도 덕이 없고 정이 없을 운이다.

총운에서 해살이 들면 말년이 외롭고 마가 많아 되는 일이 없을 운이다.

예 1) 1927년 5월 16일 축시생(丑時生)이면

     1. 丁卯 : 3.害

     2. 丙午 : 4.害

     3. 庚辰 : 1.害

     4. 丁丑 : 2.害

 1번의 명궁이요 성격궁이요 초년궁에 들어오는 살을 보면 3번의 부부궁이요 재물궁에서 해살(害殺)이 들어오고 있는 운이다. 초년에는 부모가 재물로 초년에 부모의 정이나 덕이 없을 운이요, 초년에 생활에 어려움이 따를 수 있는 운이요, 학업도 재물이니 초년에 학업이 어려워 중도에 포기할 수 있는 운이다.

 2번의 인덕궁이요 부모궁에 들어오는 살을 보면 4번 총운에서 해살(害殺)이 들어오고 있으니 대인관계에서 덕이 되는 일이 없을 운으로 인덕이 없을 운이요, 부모의 정이나 덕이 없을 운이요, 매사 다른 사람에게 방해를 많이 받을 수 있을 운이다.

 3번의 부부궁이요 재물궁에 들어오는 살을 보면 1번의 명궁이요 성격궁에서 해살(害殺)이 들어오고 있으니 재물관리에 마음이 바르지를 못할 운으로 손해보는 일이 많이 발생할 수 있는 운이요, 부부 간에도 올바르지 못한 생각으로 부부의 정이나 덕을 잃을 수 있을 운이요, 부부가 멀어질 운이 있다.

 4번 총운이요 말년궁이요 자손궁에 들어오는 살을 보면 2번의 인덕궁에서 해살(害殺)이 들어오고 있으니 평생 인덕이 없을 운이다. 따라서 다른 사람의 모함이나 손해를 볼 수 있을 운이요, 배신을 당할 수 있는 운으로 믿은 사람에게 배신을 당하는 운이요, 가까운 사람으로부터 멀어질 수 있는 운이다.

예 2) 1950년 4월 6일 사시생(巳時生)이면
    1. 庚寅 : 2.3.4.害
    2. 辛巳 : 1.害
    3. 丁巳 : 1.害
    4. 乙巳 : 1.害

  1번의 명궁이요 성격궁이요 초년궁에 들어오는 살을 보면 2번의 인덕궁이요 부모궁에서 해살(害殺)이 들어오고 있으니 부모의 정이나 덕이 없을 운이요, 대인관계에서도 손해를 볼 수 있는 운으로 초년에 인덕이 없고 외로울 운으로 다른 사람 때문에 건강에 해를 당할 수도 있을 운이다.

  1번에 들어오는 살을 보면 3번의 부부궁이요 재물궁에서 해살(害殺)이 들어오고 있으니 초년에 부모와 멀어지고 부모의 덕이나 정을 잃을 운이요, 초년에 생활의 어려움이 많을 수 있는 운이다.

  1번에 들어오는 살을 보면 4번 총운에서 해살(害殺)이 들어오고 있는 운이다. 4번 총운은 앞에서 들어오는 살을 강하게 작용하는 살로 이 운에서는 2번의 인덕궁과 3번의 재물궁에서 들어오는 해살(害殺)을 강하게 밀어대는 살이라고 할 수 있다.

  2번의 인덕궁이요 부모궁에 들어오는 살을 보면 1번의 조상궁이요 성격궁에서 해살(害殺)이 들어오고 있으니 조상의 정이나 덕이 없을 운이요, 조상으로 인하여 대인관계에서 덕이 되는 일이 없을 운이요, 대인관계가 원만하지 못하고 외로울 운이다.

3번의 부부궁이요 재물궁에 들어오는 살을 보면 1번의 조상궁이요 성격궁에서 해살(害殺)이 들어오고 있으니 재물에 있어서 성격탓으로 손해를 보는 일이 많이 발생할 수 있을 운이요, 부부간에 성격 때문에 갈등이 있고 부부가 서로 멀어질 운이다.

4번 총운이요 말년운이요 자손궁에 들어오는 살을 보면 1번의 성격궁이요 명궁에서 해살(害殺)이 들어오고 있으니 말년에 자손들의 정이나 덕을 잃을 운이요, 말년에 마음을 잡지 못하고 어렵게 지낼 수 있는 운이다.

예 3) 1988년 2월 8일 진시생(辰時生)이면

     1. 戊辰 : 2.3.害

     2. 乙卯 : 1.4.害

     3. 己卯 : 1.4.害

     4. 戊辰 : 2.3.害

1번의 명궁이요 조상궁이요 성격궁에 들어오는 살을 보면 2번의 인덕궁이요 부모궁에서 해살(害殺)이 들어오고 있으니 초년에 부모의 덕이나 정이 없을 운이요, 부모의 일로 인하여 건강이나 성격에 변화가 있을 운으로 피해가 발생할 수 있는 운이다. 2번은 인덕궁이라 초년에 대인관계에서 인덕이 적고, 다른 사람 때문에 정신적·육체적인 피해도 발생할 수 있는 운이다.

1번에 들어오는 살을 보면 3번의 재물궁에서 해살(害殺)이 들어오고 있으니 초년에 생활과 학업이 어려울 운이라 고생할 운이다.

2번의 인덕궁이요 부모궁에 들어오는 살을 보면 1번의 명궁이요 성격궁에서 해살(害殺)이 들어오고 있으니 조상의 정이나 덕이 없을 운이요, 대인관계에서 바르지 못한 생각이 있을 수 있는 성격이라 잘못하면 삐뚤어진 사고방식이 있을 수 있다.

2번에 들어오는 살을 보면 4번 총운에서 해살(害殺)이 들어오고 있는 운이다. 4번 총운은 앞에서 들어오는 살을 강하게 작용하는 살이라 1번에서 들어오는 해살(害殺)을 더욱 강하게 밀어주는 작용을 할 수 있는 운이다. 또 4번은 말년운이라 말년까지도 본성이 바르지 못하여 손해가 많이 발생할 수 있을 운이다.

3번의 부부궁이요 재물궁에 들어오는 살을 보면 1번의 명궁이요 성격궁이요 조상궁에서 해살(害殺)이 들어오고 있으니 조상의 해로 인하여 평생 재물이나 직장이나 학업에서 피해를 입을 수 있는 운이요, 재물이나 사업에서 평생 정신적인 피해가 있어 바른 일이나 사업을 이루기 어려울 운이요, 부부의 인연이 없고 부부의 정이나 덕이 없을 운이요, 성기능에 이상이 있을 수도 있을 운이다.

3번에 들어오는 살을 보면 4번 총운에서 해살(害殺)이 들어오고 있는 운이다. 4번 총운은 앞에서 들어오는 살을 강하게 작용시키는 운이다. 이 운에서는 1번에서 들어오는 해살(害殺)을 더욱 강하게 작용시키는 운이라고 할 수 있다.

4번의 말년운이요 자손궁이요 총운에 들어오는 살을 보면 2번의 인덕궁에서 해살(害殺)이 들어오고 있으니 말년에도 인덕이 없을 운이요, 자손의 인연이 없을 운이다.

4번에 들어오는 살을 보면 3번의 부부궁이요 재물궁에서 해살(害殺)이 들어오고 있으니 말년에도 부부와 재물의 인연이 없을 운으로 말년생활에 어려움이 많을 수 있을 운이다.

20. 원진살(怨嗔殺) 정리하는 방법

원진살이란 다른 사람과 원한을 살일이 발생할 수 있는 운이요, 원하는 것을 얻지 못하는 운이다. 가까운 사람이나 물건이 나(我)로부터 멀어질 수 있는 운이다. 경우에 따라서는 다른 사람과의 관계에서 오히려 자극제 역할을 할 수 있는 살이다. 그래서 명궁에서 복덕(福德)이나 용덕(龍德) 등과 동주(同住)하면 다른 사람이 나로 하여금 살려고 하는 의지가 강하게 만들어 줄 수 있다.

명궁에서 원진살이 들면 건강이 약하여 신병이 많을 수 있는 운이요, 마음에 항상 다른 사람을 미워하고 원망하는 습관이 있을 수 있는 운이요, 다른 사람들과 어울리지 못하고 멀어질 수 있는 운이요, 사람들이 하는 행위를 보지 못하고 원망을 하거나 시기나 질투를 할 수 있는 성격이라고 할 수 있는 운이요, 조상과의 관계가 좋지 못한 운이라 조상덕을 잃고 조상에게 피해를 받을 수 있는 운이라고 할 수 있다.

인덕궁에서 원진살이 있으면 부모와의 정이나 덕을 잃을 운이요, 대인관계에서도 원만하지 못하여 합을 이루기 어렵고, 다른 사람에게 배신을 당하든지 멀어질 수 있는 운이요, 다른 사람의 원한을 살 수 있는 운이요, 매사에 다른 사람을 많이 원망할 수 있는 운이라 모든 일을 남의 탓이라고 원망할 수 있는 사람이다.

재물궁에서 원진살(怨嗔殺)이 들면 부부의 정이나 덕이 없을 운이요, 부부가 멀어지고 이별수도 있을 운이다. 재물면에서도 어려움이 많고 학업도 어려움이 있을 운이요, 사업의 실패가 자주 있을 수 있는 운이다.

총운에서 원진살(怨嗔殺)이 들면 매사에 마가 많아 되는 일이 없으니 세상사를 원망하며 자탄하는 일이 많이 있을 수 있는 운이요, 자손과 인연이 적어 불효자를 둘 수 있을 운이요, 아랫사람에게 배신을 당할 수 있다.

예 1) 1995년 9월 5일 사시생(巳時生)이면
   1. 乙亥 : 3. 怨嗔
   2. 丙戌 : 4.怨嗔
   3. 壬辰 : 1.怨嗔
   4. 乙巳 : 2.怨嗔

1번의 명궁이요 성격궁이요 초년궁에 들어오는 살을 보면 3번의 재물궁에서 원진살(怨嗔殺)이 들어오고 있는 운이나 초년에는 부모가 재물로 이 운은 초년에 부모와 이별수가 있을 운이요, 부모와 멀어지고 정없이 지낼 수 있는 운이다.

2번의 부모궁이요 인덕궁에 들어오는 살을 보면 4번 총운에서 원진살(怨嗔殺)이 들어오고 있으니 부모의 정과 덕이 없을 운이요, 부모와 헤어져 살아가야 하는 운이요, 인덕이 없어 사람들과 어울리는 것을 싫어하여 혼자 조용하게 지내기를 잘할 수 있는 운이다.

3번의 부부궁이요 재물궁에 들어오는 살을 보면 1번의 명궁이요 성격궁이요 조상궁에서 원진살(怨嗔殺)이 들어오고 있으니 조상의 일로 인하여 재물에 어려움이 많을 수 있는 운이요, 학업에 어려움이 있어 학업이 중도에 좌절될 수 있는 운이요, 부부의 인연이 없고 정이나 덕이 없을 운이라 혼자 자탄하면서 세월을 보낼 운이다.

4번의 말년궁이요 총운이요 자손궁에 들어오는 살을 보면 2번의 인덕궁에서 원진살(怨嗔殺)이 들어오고 있으니 말년에도 인덕이 없다. 자손의 정이 적을 운이요, 주위에 사람이 적어 외롭고 허전하게 보낼 운이다.

예 2) 1938년 8월 15일 유시생(酉時生)이면

1. 戊寅 : 2.3.4.怨嗔

2. 辛酉 : 1.怨嗔

3. 癸酉 : 1.怨嗔

4. 辛酉 : 1.怨嗔

1번의 명궁이요 성격궁이요 조상궁에 들어오는 살을 보면 2번의 인덕궁이요 부모궁에서 원진살(怨嗔殺)이 들어오고 있으니 초년에 부모의 정이나 덕이 없을 운이요, 초년에 인덕이 없어 혼자 외로울 수 있는 운이라 초년 고생이 많을 수 있는 운이다.

1번에 들어오는 살을 보면 3번의 부부궁이요 재물궁에서 원진살(怨嗔殺)이 들어오고 있으니 초년에 의식주에 어려움이 많을 수 있는 운이요, 학업에 어려움이 많아 중도에 포기될 수 있는 운이요, 매사가 마음대로 되지 않고 마가 많이 따를 수 있는 운이다.

1번에 들어오는 살을 보면 4번 총운이요 자손궁에서 원진살(怨嗔殺)이 있는 운이라 자손과의 인연이 적을 운이다. 또 4번은 총운으로 앞에서 들어오는 살을 강하게 작용하는 살이라 이 운에서는 2번의 인덕운과 3번의 재물운에서 오는 어려움을 더욱 가중시키는 운이라고 할 수 있다.

2번의 부모궁이요 인덕궁에 들어오는 살을 보면 1번의 명궁이요 성격궁에서 원진살(怨嗔殺)이 들어오고 있으니 대인관계에서 사람들과 의견이 맞지 않아 어려움이 많을 수 있는 운이요, 사람들과 어울리지 못하는 성격이라 혼자 쓸쓸하게 보낼 수 있는 운이다.

3번의 부부궁이요 재물궁에 들어오는 살을 보면 1번의 조상궁이요 성격궁이요 명궁에서 원진살(怨嗔殺)이 들어오고 있으니 조상으로 인하여 재물에 어려움이 따를 수 있는 운이요, 조상의 업이나 덕이 없을 운이라 생활에 어려움이 많을 수 있는 운이요, 매사가 마음대로 되지 않아 어려움이 따를 수 있는 운이다.

4번의 말년궁이요 총운이요 자손궁에 들어오는 살을 보면 1번의 명궁이요 조상궁에서 원진살(怨嗔殺)이 들어오고 있으니 말년까지도 마음에 변화가 없이 대인관계가 어렵고 외로울 운이다.

예 3) 1958년 9월 19일 사시생(巳時生)이면
    1. 戊戌 : 3.4.怨嗔
    2. 壬戌 : 3.4.怨嗔
    3. 辛巳 : 1.2.怨嗔
    4. 癸巳 : 1.2.怨嗔

1번의 명궁이요 성격궁이요 조상궁에 들어오는 살을 보면 3번의 부부궁이요 재물궁에서 원진살(怨嗔殺)이 들어오고 있으니 초년에 부모와 이별수가 있거나 멀리 떨어져 지낼 수 있는 운이요, 초년에 의식주의 어려움이 있을 운이요, 학업이 끝을 보지 못하고 중도에 좌절이 될 수 있는 운이요, 재물 때문에 다른 사람과 원한을 맺을 수 있을 운이다.

1번에 들어오는 살을 보면 4번 총운에서 원진살(怨嗔殺)이 들어오고 있는 운이다. 4번 총운은 앞에서 들어오는 살을 더욱 강하게 작용시키는 살이다. 이 운에서는 3번의 재물궁에서 들어오는 살을 더욱 강하게 하는 운이라고 할 수 있다.

2번의 부모궁이요 인덕궁에 들어오는 살을 보면 3번의 부부궁이요 재물궁에서 원진살(怨嗔殺)이 들어오고 있으니 다른 사람과 재물관계로 원한을 살 수 있을 운이요, 부부의 인연이 적고 부부간에 갈등이 있을 운이요, 이성문제로 원한이 있을 수 있는 운이다.

2번에 들어오는 살을 보면 4번 총운에서 원진살(怨嗔殺)이 들어온다. 4번 총운은 앞에서 들어오는 살을 강하게 작용하는 살로 이 운에서는 3번의 부부궁이요 재물궁에서 들어오는 살을 더욱 강하게 작용시키는 운이라고 할 수 있다.

3번의 부부궁이요 재물궁에 들어오는 살을 보면 1번의 명궁이요 조상궁이요 성격궁에서 원진살(怨嗔殺)이 들어오고 있으니 조상의 일로 인하여 재물에 어려움이 있을 운이요, 조상의 영향으로 부부의 인연이 적고 부부간에 갈등이 있을 수 있는 운이요, 성(性)문제가 있을 수도 있는 운이요, 조상의 일로 학업이 좌절될 수 있는 운이다.

3번에 들어오는 살을 보면 2번의 인덕궁에서 원진살(怨嗔殺)이 들어오고 있으니 재물 때문에 원한을 사거나 어려움이 있을 운이요, 다른 사람의 덕이 없어 사람들에게 재물덕을 받지 못할 수 있는 운이요, 부부간에 인덕이 없어 정없이 지낼 수 있을 운이다.

4번 총운이요 말년운이요 자손궁에 들어오는 살을 보면 1번의 명궁이요 인덕궁에서 원진살(怨嗔殺)이 들어오고 있으니 말년에 마음이 바르지 못하여 매사에 불만이 많을 수 있는 성격이다.

 4번에 들어오는 살을 보면 2번의 인덕궁에서 원진살(怨嗔殺)이 들어오고 있으니 말년에도 사람들과 화합하지 못하여 대인관계에서 손해를 볼 수 있는 살로 다른 사람들의 원망을 살 수 있는 운이다.

21. 백호살(白虎殺) · 괴강살 보는 방법

 괴강살은 천간(天干)과 지지(地支)와의 관계로 보는데 자체적으로 있을 수 있는 살이다. 그러나 신수나 궁합을 볼 때는 설명이 다르다. 후장의 신수편과 궁합편에서 설명하기로 한다.

예 1) 1985년 2월 22일 축시생(丑時生)이면
　　　1. 乙丑 : 白虎
　　　2. 庚辰 : 魁
　　　3. 庚辰 : 魁
　　　4. 丁丑 : 白虎

 1번의 조상궁이요 명궁이요 성격궁에 들어오는 살을 보면 1번 자체에서 백호살(白虎殺)이 들어오고 있는 운이요, 1번의 지지(地支)에 4번의 천간(天干)에서 백호살(白虎殺)과 관계있는 운이라 초년에 조상이 세상을 떠날 수 있는 운이요, 본인이 초년에 죽을 고비를 넘길 수 있는 운이요, 성격궁이라 성격이 괴팍하여 변화가 많을 수 있는 사람이라고 할 수 있는 운이다. 또 4번 총운에서 가세를 하고 있으니 더욱 가중되는 운이라고 할 수 있다.

　2번의 부모궁이요 인덕궁에 들어오는 살을 보면 2번 자체에서 괴강살이 발생되는 운이요, 2번의 지지(地支)에 3번의 천간(天干)에서 괴강살을 이루고 있으니 대인관계에서 지지 않으려고 할 수 있는 운이요, 매사에 다른 사람에게 지는 것을 싫어하는 운이요, 질투심이 많을 수 있는 운이요, 다른 사람들을 이끌어 갈 수 있는 운이다. 재물면에서도 욕심이 많고 주관이 강한 사람으로 제잘난 맛에 살아갈 수 있는 사람이요, 개인플레이가 강할 수 있는 사람이다.

　3번과 4번의 괴강살과 백호살(白虎殺)은 앞의 1번과 2번의 설명을 참고하기 바란다.

예 2) 1972년 12월 10일 축시생(丑時生)이면
　　　1. 壬子 :
　　　2. 癸丑 : 白虎
　　　3. 庚戌 : 魁
　　　4. 丁丑 : 白虎

　2번의 인덕궁이요 부모궁에 들어오는 살을 보면 2번 자체에서 백호살(白虎殺)이 발생하는 운이요, 2번의 지지(地支)에 4번 총운의 천간(天干)에서 축(丑)으로 백호살(白虎殺)이 들어오고 있으니 부모가 비명횡사를 할 수 있을 운이요, 부모와 정이 없을 운이요, 부모를 잃고 어렵게 생활할 수 있는 운이다. 또 인덕이 비명횡사를 하는 운으로 인덕이 없고 알고 지내던 사람들이 어느날 갑자기 변하여 멀어지는 일이 많이 발생할 수 있는 운이다. 이 운에 4번 총운에서 백호살(白虎殺)을 주고 있는 운이라 2번의 운이 더욱 강화되는 운이라고 할 수 있을 운이다.

3번의 부부궁이요 재물궁에 들어오는 살을 보면 3번 자체에서 괴강살이 발생하는 운이라 재물에 대한 욕심이 많을 운이요, 재물에 관한 일이라면 양보심이 없을 운이요, 부부간에 자존심이 강하고 부부의 욕심이 많아 많은 사람들과 인연이 있을 수도 있는 운이다.

4번의 말년궁이요 총운이요 자손궁에 들어오는 살을 보면 4번 자체에서 백호살(白虎殺)이 발생하는 운이요, 2번의 인덕궁에서 백호살(白虎殺)이 들어오고 있으니 말년에 자손을 잃을 수 있는 운이요, 말년에 인덕을 잃고 혼자 외로울 수 있는 운이요, 말년에도 자존심만 강하게 지닐 수 있는 운이다.

예 3) 1940년 6월 26일 술시생(戌時生)이면
    1. 庚辰 : 魁
    2. 癸未 : 白虎
    3. 甲戌 : 白虎
    4. 甲戌 : 白虎

1번의 명궁이요 성격궁이요 조상궁에 들어오는 살을 보면 1번 자체에서 괴강살이 발생하는 운이라 성격과 고집이 강하고 자존심이 강할 수 있는 운이요, 다른 사람의 말을 들으려 하지 않으니 말없이 고집을 부리는 일도 괴강살이라 할 수 있는 운이다.

2번의 인덕궁이요 부모궁에 들어오는 살을 보면 2번 자체에서 백호살(白虎殺)이 발생하는 살이라 부모의 우환이나 또는 부모와의 관계가 어려움이 있을 운이요, 인덕을 잃고 믿는 사람이나 가까운 사람에게 배신을 당하는 일이 많이 있을 수 있는 운이다.

3번의 부부궁이요 재물궁에 들어오는 살을 보면 3번 자체에서 백호살(白虎殺)이 발생하는 운이요, 3번의 지지(地支)에 4번의 천간(天干)에서 백호살(白虎殺)이 드는 운이라 부부의 인연이 없고 부부간에 생리사별의 운이 있을 운이요, 사업이나 생활에 어려움이 많을 수 있는 운이다. 4번에서 백호살(白虎殺)이 밀어주는 운이라 3번의 운이 더욱 강하게 작용하는 운이라고 할 수 있다.

4번에 들어오는 살을 보면 4번 자체에서 백호살(白虎殺)이 발생하는 운이요, 4번의 지지(地支)에 3번의 천간(天干)에서 백호살(白虎殺)이 드는 운으로 말년에 자손을 잃을 운이요, 말년에 부부간에 이별수가 있어 어려울 수 있는 운이요, 말년에 재물에 어려움이 따를 수 있는 운이다.

22. 도화살(桃花殺) 잡는 방법

■ 인오술(寅午戌)은 묘(卯)가 桃花이다.
■ 사유축(巳酉丑)은 오(午)가 桃花이다.
■ 신자진(申子辰)은 유(酉)가 桃花이다.
■ 해묘미(亥卯未)는 자(子)가 도화살(桃花殺)이다.

예 1) 1930년 4월 12일 유시생(酉時生)이면

    1. 庚午 : 2.桃花

    2. 辛巳 :

    3. 庚申 :

    4. 乙酉 : 3.桃花

 1번의 명궁이요 성격궁에 들어오는 살을 보면 2번의 인덕이요 부모궁에서 도화살(桃花殺)이 들어오고 있으니 대인관계에서 화려하게 치장하려고 할 수 있는 성격이요, 조용하게 있고 싶어도 인덕이니 많은 사람들이 따르는 운이라고 할 수 있는 운이다.

 4번의 말년궁이요 총운에 들어오는 살을 보면 3번의 부부궁이요 재물궁에서 도화살(桃花殺)이 들어오고 있는 운으로 말년까지도 주위에 이성이 많이 따를 수 있는 운이요, 화려한 생활을 하려는 성격이요, 치장하고 꾸미는 사람이라고 할 수 있는 운이다.

예 2) 1939년 11월 10일 유시생(酉時生)이면

    1. 己卯 :

    2. 丙子 : 1.3.桃花

    3. 辛卯 :

    4. 丁酉 : 2.桃花

 2번의 부모궁이요 인덕궁에 들어오는 살을 보면 1번의 명궁이요 성격궁에서 도화살(桃花殺)이 들어오고 있으니 대인관계에서 화려한 생활을 즐길 수 있는 사람이요, 여러 사람 앞에 나서기를 잘하는 사람이다.

2번에 들어오는 살을 보면 3번의 부부궁이요 재물궁에서 도화살(桃花殺)이 들어오고 있으니 이성문제가 복잡할 수 있을 운이요, 가만이 있고 싶어도 이성이 많이 따르는 운이라고 할 수 있는 운이다.

4번의 말년궁이요 총운에 들어오는 살을 보면 2번의 인덕궁에서 도화살(桃花殺)이 들어오고 있는 운으로 말년까지도 많은 사람들이 따르며 인기가 좋을 운이요, 말년까지도 여러 사람 앞에 나서는 것을 좋아하는 운이다.

예 3) 1957년 5월 12일 묘시생(卯時生)이면

    1. 丁酉 : 3.桃花

    2. 丙午 : 1.桃花

    3. 壬子 : 4.桃花

    4. 癸卯 : 2.桃花

1번의 명궁이요 성격궁이요 초년궁에 들어오는 살을 보면 3번의 부부궁이요 재물궁에서 도화살(桃花殺)이 들어오고 있는 운으로 초년에 이성에 눈을 뜰 수 있는 운이요, 초년부터 많은 이성이 따를 수 있는 운이요, 초년부터 사치하고 치장을 잘할 수 있는 성격이다.

2번의 부모궁이요 인덕궁에 들어오는 살을 보면 2번의 명궁이요 성격궁에서 도화살(桃花殺)이 들어오고 있으니 대인관계에서 화려한 것을 좋아할 수 있는 성격이요, 여러 사람 앞에 나서기를 잘하는 성격이요, 치장과 사치를 잘할 운이다.

3번의 부부궁이요 재물궁에 들어오는 살(殺을) 보면 4번 총운에서 도화살(桃花殺)이 들어오고 있는 운으로 부부관계나 이성문제가 많고 화려할 수 있는 운이요, 사업이나 재물면에서 없어도 있는 것처럼 화려하게 꾸미는 일을 잘할 수 있는 운이요, 치장을 하는 사업을 할 수 있는 사람이요, 학업도 재물이라 학업으로 화려하게 출세할 수도 있는 운이다.

23. 홍염살(紅艶殺)·음욕살(淫慾殺) 보는 방법

홍염살(紅艶殺)은 일주(日柱)의 천간(天干)으로 본다. 음욕살(淫慾殺)은 허영심이 많거나 이성간에 교제가 문란한 경우가 많다. 음욕살(淫慾殺)은 신수에서 보는 방법이 다르니 후장 신수편에 다시 설명하기로 한다.

예 1) 1938년 3월 14일 인시생(寅時生)이면
    1. 戊寅 : 3.紅艶
    2. 丙辰 :
    3. 丙子 :
    4. 庚寅 : 2.3.紅艶

1번의 명궁이요 성격궁에 들어오는 살을 보면 3번의 부부궁이요 재물궁에서 홍염살(紅艶殺)이 들어오고 있는 운으로 초년에 일찍 이성을 알 수 있을 운이요, 또는 일찍 끼를 부릴 수 있을 운이요, 이성교제가 문란할 수 있는 운이요, 허영심이 많고 사치를 잘하는 사람이라고 할 수 있다.

4번의 말년궁이요 총운에 들어오는 살을 보면 2번의 인덕궁에서 홍염살(紅艶殺)이 들어오고 있다. 말년까지도 대인관계에서 끼를 부릴 수 있을 운이요, 많은 사람들과 함께 어울리면서 지낼 운이다.

4번에 들어오는 살을 보면 3번의 부부궁이요 재물궁에서 홍염살(紅艶殺)이 들어온다. 말년에도 이성교제가 많을 운이요, 마음에 끼에 대한 생각이 항상 있고 말년까지도 사치를 잘하는 사람이다.

예 2) 1954년 9월 25일 신시생(申時生)이면
　　　1. 甲午 :
　　　2. 甲戌 : 3.紅艶
　　　3. 庚戌 : 3.紅艶
　　　4. 丙申 : 3.淫慾

2번의 부모궁이요 인덕궁에 들어오는 살을 보면 3번의 부부궁이요 재물궁에서 홍염살(紅艶殺)이 들어오고 있으니 대인관계에서 이성교제가 문란할 수 있을 운이요, 여러 사람 앞에서 사치를 잘할 수 있는 사람이요, 허세를 부리는 사람이라고 할 수 있다.

3번의 부부궁에 들어오는 살을 보면 3번 자체에서 홍염살(紅艶殺)이 들어오고 있으니 이성교제가 문란하고 복잡해도 양심에 조금도 수치를 모르는 사람이요, 끼의 생활을 재미로 알고 살아갈 수 있을 운이요, 재물에 대한 허영심이 많을 수 있는 사람이다.

4번의 말년궁이요 총운에 들어오는 살을 보면 3번의 부부궁에서 음욕살(淫慾殺)이 들어오고 있으니 원근을 가리지 않고 성욕을 즐길 수 있는 사람으로 수치를 모르는 사람이라고 할 수 있다.

예 3) 1973년 4월 23일 묘시생(卯時生)이면
    1. 癸亥 :
    2. 丁巳 :
    3. 辛酉 : 3.紅艶
    4. 辛卯 : 3.淫慾

  3번의 부부궁이요 재물궁에 들어오는 살을 보면 3번 자체에서 홍염살(紅艶殺)이 들어오는 운으로 재물에 사치가 많을 수 있는 사람이요, 많은 이성과 교제를 즐기며 살아갈 수 있는 사람이다.

  4번의 말년궁이요 총운에 들어오는 살을 보면 3번의 부부궁에서 음욕살(淫慾殺)이 들어오고 있으니 말년까지도 이성교제가 문란할 수 있을 운으로 많은 사람들과 관계가 있을 운이요, 수치를 모르고 재미로 알며 살아갈 수 있는 사람이다.

예 4) 1995년 6월 30일 진시생(辰時生)이면
    1. 乙亥 :
    2. 癸未 : 3.淫慾
    3. 己未 : 3.淫慾
    4. 戊辰 : 3.紅艶

  2번의 부모궁이요 인덕궁에 들어오는 살을 보면 3번의 부부궁에서 음욕살(淫慾殺)이 들어오는 운으로 대인관계에서 끼가 많을 수 있는 사람이요, 성(性)을 즐기는 사람이라고 할 수 있다.

　3번의 부부궁이요 재물궁에 들어오는 살을 보면 3번 자체에서 음욕살(淫慾殺)이 들어오고 있으니 이성이라면 원근을 가리지 않고 즐기는 사람이요, 염치나 수치가 없는 사람이라고 할 수 있다.

　4번 총운이요 말년궁에 들어오는 살을 보면 3번의 부부궁에서 홍염살(紅艶殺)이 들어오니 말년까지도 사치를 즐길 수 있는 사람이요, 허영심이 강할 수 있는 사람이요, 말년까지도 이성의 즐거움을 알고 교제가 많을 사람이다.

예 5) 1950년 2월 2일 오시생(午時生)이면

　　　1. 庚寅 : 3.淫慾
　　　2. 己卯 :
　　　3. 甲寅 : 3.淫慾
　　　4. 庚午 : 3.紅艶

　1번의 명궁이요 성격궁이요 초년궁에 들어오는 살을 보면 3번의 부부궁이요 재물궁에서 음욕살(淫慾殺)이 들어오고 있으니 초년에 바람이 날 수 있는 운이요, 이성의 맛을 일찍 알 수 있는 사람으로 이성교제를 즐기는 사람이다.

　3번의 부부궁이요 재물궁에 들어오는 살을 보면 3번 자체에서 음욕살(淫慾殺)이 들어오고 있으니 이성관계의 일이라면 원근을 가리지 않고 즐길 수 있는 사람으로 염치나 수치를 모르는 사람이다.

　4번의 말년궁이요 총운에 들어오는 살을 보면 3번의 부부궁이요 재물궁에서 홍염살(紅艶殺)이 들어오고 있는 운으로 말년까지도 사치와 허영심이 많을 사람이요, 말년까지도 이성교제를 즐길 수 있는 사람이다.

24. 자액살(自縊殺)·귀문살(鬼門殺) 보는 방법

이 살은 지지(地支)끼리의 관계로 본다.

예 1) 1932년 2월 6일 신시생(申時生)이면

    1. 壬申 : 2.自縊, 鬼門

    2. 癸卯 :

    3. 壬申 : 2.自縊, 鬼門

    4. 戊申 : 2.自縊, 鬼門

 1번의 명궁이요 성격궁이요 초년궁에 들어오는 살을 보면 2번의 인덕궁이요 부모궁에서 자액살(自縊殺)과 귀문살(鬼門殺)이 들어오니 초년에 부모의 일이나 대인관계로 자살을 할 수 있는 운이요, 부모의 일이나 대인관계로 정신질환이 발병될 수도 있는 운이다.

 3번의 부부궁이요 재물궁에 들어오는 살을 보면 2번의 부모궁이요 인덕궁에서 자액살(自縊殺)에 귀문살(鬼門殺)이 들어오고 있는 운으로 사업이나 이성문제로 자살하거나 정신질환이 발병될 수 있는 운이다.

 4번의 말년궁이요 총운에 들어오는 살을 보면 2번의 인덕궁에서 자액살(自縊殺)과 귀문살(鬼門殺)이 들어오고 있으니 말년에 자손의 문제나 대인관계로 인하여 자살할 수도 있을 운이요, 정신질환에 걸릴 수 있을 운이다.

예 2) 1953년 9월 13일 술시생(戌時生)이면
    1. 癸巳 :
    2. 壬戌 : 3.自縊
    3. 甲辰 :
    4. 乙亥 : 3.鬼門

 2번의 부모궁이요 인덕궁에 들어오는 살을 보면 3번의 부부궁이요 재물궁에서 자액살(自縊殺)이 들어오니 이성이나 사업문제로 자살할 수도 있는 운이다.
 4번의 말년궁이요 총운에 들어오는 살을 보면 3번의 부부궁이요 재물궁에서 귀문살(鬼門殺)이 들어오고 있으니 말년에 부부문제나 재물로 인하여 자살할 수 있는 운이다.

예 3) 1969년 6월 17일 미시생(未時生)이면
    1. 己未 : 3.自縊
    2. 辛未 : 3.自縊
    3. 戊寅 :
    4. 己未 : 3.自縊

 1번의 초년궁이요 명궁이요 성격궁에 들어오는 살을 보면 3번의 부부궁이요 재물궁에서 자액살(自縊殺)이 들어오고 있으니 초년에 학업문제나 부모문제로 자살을 할 수 있는 운이다.

2번의 부모궁이요 인덕궁에 들어오는 살을 보면 3번의 부부궁이요 재물궁에서 자액살(自縊殺)이 들어오고 있는 운으로 부부문제나 대인관계나 사업문제로 자살할 수 있는 운이다.

4번의 말년궁이요 총운에 들어오는 살을 보면 3번의 부부궁이요 재물궁에서 자액살(自縊殺)이 들어오고 있는 운으로 말년에 부부의 일이나 사업문제로 자살할 수 있는 운이다.

예 4) 1965년 4월 20일 사시생(巳時生)이면
1. 乙巳 : 3.鬼門
2. 辛巳 : 3.鬼門
3. 甲戌 :
4. 己巳 : 3.鬼門

1번의 초년궁이요 명궁이요 성격궁에 들어오는 살을 보면 3번의 부부궁이요 재물궁에서 귀문살(鬼門殺)이 들어오고 있으니 초년에 부모나 재물이나 학업문제로 정신질환이 있을 수 있는 운이다.

2번의 부모궁이요 인덕궁에 들어오는 살을 보면 3번의 부부궁이요 재물궁에서 귀문살(鬼門殺)이 들어오고 있으니 이성이나 사업문제로 정신질환에 걸릴 수 있는 운이다.

4번의 말년궁이요 총운에 들어오는 살을 보면 3번의 부부궁이요 재물궁에서 귀문살(鬼門殺)이 들어오니 부부의 일이나 재물로 정신질환에 걸릴 수 있는 운이요, 말년에 늦바람이 나는 운이다.

예 5) 1957년 8월 20일 유시생(酉時生)이면

    1. 丁酉 : 3.自縊, 鬼門

    2. 己酉 : 3.自縊, 鬼門

    3. 戊子 :

    4. 辛酉 : 3.自縊, 鬼門

  1번의 초년궁이요 명궁이요 성격궁에 3번의 부부궁이요 재물궁에서 자액살(自縊殺)에 귀문살(鬼門殺)이 들어오니 초년에 부모나 재물이나 학업문제로 자살할 운이요, 정신질환에 걸릴 운이다.

  2번의 부모궁이요 재물궁에 들어오는 살을 보면 3번의 부부궁이요 재물궁에서 자액살(自縊殺)에 귀문살(鬼門殺)이 들어오니 이성이나 부부문제로 자살하거나 정신질환에 걸릴 수 있는 운이다.

  4번의 말년궁이요 총운에 들어오는 살을 보면 3번의 부부궁이요 재물궁에서 자액살(自縊殺)에 귀문살(鬼門殺)이 들어오니 말년에 이성이나 사업문제로 자살하거나 정신질환에 걸릴 수 있는 운이다.

25. 고진살(孤辰殺)· 과숙살(寡宿殺) 보는 방법

예 1) 1945년 10월 18일 미시생(未時生)이면

    1. 乙酉 :

    2. 丁亥 : 1.孤辰

    3. 乙未 : 1.寡宿

    4. 癸未 : 1.寡宿

2번의 부모궁이요 인덕궁에 들어오는 살을 보면 1번의 명궁이요 성격궁에서 고진살(孤辰殺)이 들어오니 대인관계가 허전하고 쓸쓸할 운이요, 인덕이 박할 수 있는 운이요, 부모와 멀어지는 운으로 떨어져 지낼 수 있을 운이다.

3번의 부부궁이요 재물궁에 들어오는 살을 보면 1번의 명궁이요 성격궁에서 과숙살(寡宿殺)이 들어오니 부부간에 멀어질 운이요, 부부간에 있어도 없는 것과 같이 지낼 수 있는 운이요, 부부간에 정이나 덕이 없을 운이요, 재물이 있어도 항상 부족하게 생각할 수 있을 운으로 욕심이 많을 운이다.

4번의 말년궁이요 총운이요 자손궁에 들어오는 살을 보면 1번의 명궁이요 성격궁에서 과숙살(寡宿殺)이 들어오고 있으니 말년에 자손의 덕이 없고 자손들과 떨어져 지낼 수 있을 운이다. 또 4번은 총운이니 평생 만족하지 못하고 부부간이나 재물이나 자식덕이나 정이 부족하여 허전하며 외롭고 쓸쓸할 수 있는 운이다.

예 2) 1937년 1월 13일 진시생(辰時生)이면

     1. 丁丑 : 2.4.寡宿
     2. 壬寅 : 1..孤辰
     3. 辛巳 : 4.孤辰
     4. 壬辰 : 3.寡宿

1번의 명궁이요 성격궁이요 초년궁이요 조상궁에 들어오는 살을 보면 2번의 부모궁이요 인덕궁에서 과숙살(寡宿殺)이 들어오니 초년에 부모의 정이나 덕이 부족할 수 있을 운이요, 또는 초년에 친구나 동료가 적을 운으로 인덕이 부족하다고 할 수 있는 운이다.

1번에 들어오는 살을 보면 4번 총운에서 과숙살(寡宿殺)이 들어온다. 4번 총운은 앞에서 들어오는 살을 강하게 작용시키는 운이다. 이 운은 2번의 부모궁이요 인덕궁에서 들어오는 과숙살(寡宿殺)을 더욱 강하게 작용시키는 운이라고 할 수 있다.

2번의 부모궁이요 인덕궁에 들어오는 살을 보면 1번의 명궁이요 성격궁에서 고진살(孤辰殺)이 들어오니 부모의 정이나 덕이 없을 운이요, 부모와 멀어질 수 있을 운이요, 부모와 이별수가 있어 떨어져 살아갈 운이다.

3번의 부부궁이요 재물궁에 들어오는 살을 보면 4번 총운에서 고진살(孤辰殺)이 들어오니 부부의 인연이 없거나 적을 운이요, 결혼이 더디고 힘이 들 운이요, 부부의 정이나 덕이 없을 운으로 부부생활이 허전하고 쓸쓸할 운이요, 재물이 있어도 항상 부족하다고 할 수 있는 운으로 재물에 대한 욕심이 많을 수 있는 운이다.

4번의 말년궁이요 총운에 들어오는 살을 보면 3번의 부부궁이요 재물궁에서 과숙살(寡宿殺)이 들어오니 부부의 인연이 없을 운이요, 부부의 정이나 덕이 없을 운이요, 재물 때문에 항상 어려움이 따를 수 있는 운이요, 말년에 자손을 잃고 혼자 외롭게 지낼 운이다.

예 3) 1978년 7월 22일 해시생(亥時生)이면

    1. 戊午 :
    2. 庚申 : 1.3.孤辰
    3. 己未 : 2.寡宿
    4. 乙亥 : 2.孤辰

2번의 부모궁이요 인덕궁에 들어오는 살을 보면 1번의 명궁이요 성격궁에서 고진살(孤辰殺)이 들어오니 성격이 고독을 즐기는 성격으로 사람들과 어울리기 어려울 운이요, 사람들에게 따돌림을 당할 수 있는 운으로 인덕이 부족한 운이요, 부모와 뜻이 맞지 않아 부모와 떨어져 지낼 운으로 외로운 성격이다.

2번에 들어오는 살을 보면 3번의 부부궁이요 재물궁에서 고진살(孤辰殺)이 들어오니 부부의 인연이 적고 부부가 있어도 없는 것 같이 살아갈 수 있는 운이요, 부부의 정이나 덕이 부족할 수 있는 운이요, 배우자에게 인격을 존중받지 못할 운이다.

3번의 부부궁이요 재물궁에 들어오는 살을 보면 2번의 인덕궁에서 과숙살(寡宿殺)이 들어오니 부부의 정이나 덕이 없을 운이요, 부부 간에 성(性)으로도 멀어질 수 있는 운으로 남처럼 지낼 수 있는 운이요, 재물도 인덕이 없어 모으기 어려울 운으로 생활이 힘들 수 있는 운이다.

4번의 말년궁이요 총운이요 자손궁에 들어오는 살을 보면 2번의 인덕궁이요 부모궁에서 고진살(孤辰殺)이 들어오고 있으니 말년까지도 인덕이 없을 운이요, 말년에도 자식덕이 없을 운으로 혼자 외로울 운이라고 할 수 있다.

26. 공망살(空亡殺) 보는 방법

예 1) 1934년 7월 21일 신시생(申時生)이면

    1. 甲戌 :

    2. 壬申 : 1.空亡

    3. 癸酉 : 1.空亡

    4. 庚申 : 1.空亡

  2번의 부모궁이요 인덕궁에 들어오는 살을 보면 1번의 명궁이요 성격궁에서 공망살(空亡殺)이 들어오니 인덕이 부족할 수 있는 운이요, 대인관계가 시끄럽고 풍파가 많이 발생할 운으로 주위가 항상 소란할 수 있는 운이요, 부모와 마찰이 많고 풍파가 많을 운이다.

  3번의 부부궁이요 재물궁에 들어오는 살을 보면 1번의 명궁이요 성격궁에서 공망살(空亡殺)이 들어오니 부부생활에 풍파가 따를 운이요, 사업이나 재물이나 이성문제로 항상 시끄러울 운이다.

  4번의 말년궁이요 총운에 들어오는 살을 보면 1번의 명궁이요 성격궁에서 공망살(空亡殺)이 들어오고 있으니 평생 마음이 안정되지 않고 시끄러운 세상을 보내면서 살아갈 수 있는 운이다.

예 2) 1977년 10월 30일 미시생(未時生)이면

    1. 丁巳 : 3.4.空亡

    2. 壬子 : 1.空亡

    3. 辛丑 : 1.空亡

    4. 乙未 :

1번의 초년궁이요 명궁이요 성격궁에 들어오는 살을 보면 3번의 부부궁이요 재물궁에서 공망살(空亡殺)이 들어오고 있으니 마음이 안정되지 않을 운이요, 금전문제로 복잡할 수 있는 운으로 재물을 사방에 늘어놓고 지내는 성격이요, 한 가지 학업에 전념하지 못하고 이 학문 저 학문을 조금씩 할 수 있는 사람이요, 직장을 다녀도 한 곳에 오래 있지 못하고 여기저기 떠돌면서 생활할 수 있는 사람이요, 기술도 이것 저것 못하는 것이 없지만 한 가지도 전문적인 기술은 없는 운이요, 애인이나 친구도 오래 사귀지 못하고 자주 바꾸려고 하는 운이다.

　1번에 들어오는 살을 보면 4번 총운에서 공망살(空亡殺)이 들어온다. 4번 총운은 앞에서 들어오는 살을 더욱 강하게 작용시키는 살이다. 이 운에서는 3번의 부부궁이요 재물궁에서 들어오는 살을 더욱 강하게 작용시키는 운이라고 할 수 있다.

　2번의 부부궁이요 인덕궁에 들어오는 살을 보면 1번의 명궁이요 성격궁에서 공망살(空亡殺)이 들어오니 수(水)에 있는 공망살(空亡殺)이라 인덕이 새나가는 격이요, 부모덕이 새나가는 격으로 주위에 나를 도와줄 사람이 없는 운이요, 혼자 외로울 수 있는 운이다.

　3번의 부부궁이요 재물궁에 들어오는 살을 보면 1번의 명궁이요 성격궁에서 들어오는 공망살(空亡殺)로 토(土)가 공망살(空亡殺)을 맞았으니 토(土)는 공(空)을 맞으면 무너지는 것으로 이 운에서는 부부운이 무너지는 격이라 부부의 인연이 없을 운이요, 부부의 정이나 덕이 무너지는 격이라 부부가 외로울 수 있는 운이요, 재물이 무너지는 격으로 재물을 모으지 못할 운이요, 재물에 어려움이 많을 수 있는 운이다.

예 3) 1987년 6월 28일 술시생(戌時生)이면

    1. 丁卯 : 2.空亡

    2. 丁未 :

    3. 癸酉 : 1.空亡

    4. 壬戌 : 3.空亡

  1번의 명궁이요 조상궁이요 성격궁에 들어오는 살을 보면 2번의 부모궁이요 인덕궁에서 공망살(空亡殺)이 들어오고 있으니 초년에 부모의 정이나 덕이 없을 운이요, 초년에 인덕이 없을 운으로 부모나 대인관계의 문제로 평생 마음에 상처를 입고 살아갈 수 있다.

  3번의 부부궁이요 재물궁에 들어오는 살을 보면 1번의 명궁이요 성격궁에서 공망살(空亡殺)이 들어오니 부부관계에 풍파가 있을 운이요, 이성문제로 방황할 수 있는 운이요, 재물이나 사업이 안정되지 않고 항상 불안하고 시끄러울 수 있는 운이다.

  4번 총운이요 말년궁이요 자손궁에 들어오는 살을 보면 3번의 부부궁이요 재물궁에서 공망살(空亡殺)이 들어오고 있으니 말년에 부부의 풍파가 있을 운이요, 말년에 배우자를 잃고 외로울 수 있는 운이요, 말년에 자손을 잃고 외로울 수 있을 운이요, 말년에 재물을 잃고 어렵게 생활할 수 있는 운으로 무너지는 형상이라고 할 수 있다.

27. 명인재(命人才)에서 보는 12진법

* 천간(天干) 지지(地支)로 보는 것이 아니라 생년월일 숫자를 그대

로 돌려가면서 짚어나간다.

* 이것은 살과 같이 기록하지 말고 옆에 따로 기록하면 편리하다.

* 여기서는 살을 정리하는 방법만 기록하기로 한다.

예 1) 1944년 5월 27일 사시생(巳時生)이면

    1. 甲申 : (苦)

    2. 辛未 : (貴)

    3. 壬午 : (權)

    4. 乙巳 : (馬)

 여기서 주의할 것은 당사주의 역마살(驛馬殺)과 십이지신살(十二支神殺)의 역마살(驛馬殺)과는 다르다는 것이다.

예 2) 1974년 9월 5일 술시생(戌時生)이면

    1. 甲寅 : (貴)

    2. 甲戌 : (藝)

    3. 癸巳 : (權)

    4. 壬戌 : (貴)

예 3) 1993년 11월 13일 인시생(寅時生)이면

    1. 癸酉 : (刃)

    2. 甲子 : (馬)

    3. 庚辰 : (馬)

    4. 戊寅 : (刃)

여기서의 양인살(羊刃殺)은 천간(天干)에서 보는 녹전일위(祿前一爲) 양인살(羊刃殺)과는 다르다.

28. 명인재로 보는 부부운

생년(生年)으로 생월(生月)로 본다

* 사유축생(巳酉丑生)은 자(子)부터 1월, 축(丑)이 2월, 인(寅)이 3월의 순서로 계산한다.
* 신자진생(申子辰生)은 자(子)부터 4월, 축(丑)이 5월, 인(寅)이 6월의 순서로 계산한다.
* 해묘미생(亥卯未生)은 자(子)부터 7월, 축(丑)이 8월, 인(寅)이 9월의 순서로 계산한다.
* 인오술생(寅午戌生)은 자(子)부터 10월, 축(丑)이 11월, 인(寅)이 12월의 순서로 계산하면 암기하기 편하다.

예 1) 1931년 8월 20일 인시생(寅時生)이면

　　1. 辛未 :

　　2. 丁酉 : (隔山)

　　3. 己丑 :

　　4. 丙寅 :

생년(生年)에서 생월(生月)로 보는 것으로 해묘미(亥卯未)는 자

(子)에서 7월부터 계산하는 것으로 축(丑)이면 부부궁에서 격산운(隔山運)이 된다

예 2) 1958년 5월 17일 신시생(申時生)이면

    1. 戊戌 :

    2. 戊午 : (入舍)

    3. 辛巳 :

    4. 丙申 :

이 사주에서 인오술(寅午戌)은 자(子)에서 10월부터 계산하니 5월은 입사운(入舍運)이 된다.

예 3) 1976년 1월 15일 유시생(酉時生)이면

    1. 丙辰 :

    2. 庚寅 : (重夫)

    3. 丙申 :

    4. 丁酉 :

이 사주의 신자진생(申子辰生)은 자(子)에서 4월부터 시작하니 1월이면 중부운(重夫運)이 된다

29. 오행(五行)의 다소관계(多少關係) 보는 방법

예 1) 1945년 8월 13일 인시생(寅時生)이면

    1. 乙酉 :

    2. 乙酉 :

    3. 庚寅 :

    4. 戊寅 :

 이 사주의 오행(五行)은 木4, 金3, 土1.로 구성되어 있다.

예 2) 1962년 8월 19일 진시생(辰時生)이면

    1. 壬寅 :

    2. 己酉 :

    3. 戊午 :

    4. 丙辰 :

 이 사주의 오행(五行)은 水1, 木1, 土3, 金1, 火2로 구성되어 있다.

예 3) 1975년 3월 19일 축시생(丑時生)이면

    1. 乙卯 :

    2. 庚辰 :

    3. 丙午 :

    4. 己丑 :

이 사주의 오행(五行) 분포는 木2, 金1, 土3, 火2, 水가 없다.

30. 살과 오행(五行)을 정리하는 방법

편의상 살의 앞 글자만을 기록하겠으니 혼동하지 않도록 주의하기 바란다.

예 1) 1957년 8월 26일 술시생(戌時生)이면
1. 丁酉 : 1.貴 4.病 1.2.將 3.4.肉 2.刑 4.O.
　　(刀)
2. 己酉 : 1.貴 4.病 1.2.將 3.4.肉 1.刑 4.O.
　　(奸)(入舍)
3. 甲午 : 1.2.祿 1.2.福 4.陰 1.2.年 3.4.將 1.2.桃花 3.紅艶
　　(文)
4. 甲戌 : 3.官 1.2.伴 3.4.華 4.白虎
　　(破)

■ 오행의 다소관계 : 火 : 2. 金 : 2. 土 : 2. 木 : 2. 水 : O

예 2) 1950년 7월 11일 유시생(酉時生)이면

1. 庚寅 : 2.祿, 2.馬, 3.亡, 4.劫, 3.病, 4.死, 2.沖, 4.怨
   (權)

2. 甲申 : 1.祿. 馬. 沖, 2.地, 3.劫. 自縊. 鬼門. 死. 怨, 4.病. 亡
   (苦)(重夫)

3. 辛卯 : 1年. 桃花, 2.肉. 自縊. 鬼門. 怨. 刃. 龍. 3.將. 淫慾,
   (福)   4.災. 沖. 紅艷

4. 丁酉 : 1.4.刃, 1.肉, 2.年, 3.災, 4.將, 1.龍, 1.怨, 3. 沖, 2.桃花
   (苦)

■ 오행의 다소관계 : 金 : 4 木 : 3 水 : 0 火 : 1 土 : 0

예 3) 1983년 6월 25일 유시생(酉時生)이면

1. 甲子 : 2.年. 死. 怨. 桃花, 3.災. 沖. O. 4.肉. 4.破
   (貴)   O. 自縊, 鬼門

2. 辛未 : 1.貴, 天, 龍. 怨, 2.華, 3.伴, 4.月, 4.弔 .寡宿
   (文)(求子)

3. 戊午 : 1.災 沖, 2.肉. 貴. 病, 3.將 4. 貴. 福. 桃花
   (文)

4. 辛酉 : 2.4.祿, 1.年. 福. 破, 桃花. 自縊. 鬼門. 2.災, 3.肉
   (權)   4.將 2喪

■ 오행의 다소관계 : 金 : 3 木 : 1 水 : 1 火 : 1 土 : 2

예 4) 1993년 9월 12일 축시생(丑時生)이면

1. 癸酉 : 2.病, 2.害, 3.死, 4.陰, 1.4.將, 2.肉, 3.年, 3.桃花,
   (刃)   3.4.O.

2. 壬戌 : 1.害, 4.福, 1.4伴, 3.月, 3.沖, 3.自縊, 4.寡 1.O.
   (文)(離妻)

3. 庚辰 : 1.龍 . 天, 2.月. 沖. 自縊. 紅艶, 3.華. 괴강 4.破 天,
   (奸)

4. 丁丑 : 1.官, 3.福, 1.4.華, 2.天, 3.伴, 3.破, 4.白虎, 3.寡宿
   (文)   2.O.

■ 오행의 다소관계 : 金 :2. 木 :O. 水 :2. 火 :1. 土 :3.

예 5) 1971년 9월 14일 사시생(巳時生)이면

1. 辛亥 : 1.地, 2.3.劫, 4.馬, 3.福, 3.破, 4.沖, 4.自縊, 2.苦
   (壽)

2. 戊戌 : 1.天, 病, 寡宿, 2.3.華, 3.陰, 4.死, 怨, 伴, 鬼門, 2.淫慾
   (苦)(求子)

3. 庚寅 : 1.亡.破.苦.O. 2.3.地, 2.官, 紅艶, 4.福, 劫
   (刃)

4. 辛巳 : 2.祿, 龍, 怨, 鬼門.O.1.馬, 自縊, 2.3.亡, 4.地, 3.刑, 苦害
   (權)

■ 오행의 다소관계 : 金 : 3, 木 : 1, 水 : 1, 火 : 1, 土: 2

예 6) 1942년 6월 17일 사시생(巳時生)이면

1.壬午 : 2.4.祿, 1.將, 2.3.肉, 4.年, 2.3.病, 4.桃花
　(福)

2.丁未 : 2.4.刃, 1.伴, 2.3.華, 4.月, 4.喪, 3.白虎, 2.3.淫慾
　(壽)(離妻)

3. 癸未 : 2.4.刃, 1.伴, 2.3.華, 4.月, 4.喪, 3.白虎, 2.3.淫慾
　(破)

4.丁巳 : 1.亡, 2.3.馬, 4.地, 1.病, 2.3.弔
　(苦)

■ 오행의 다소관계 : 金 : O. 木 : O. 水 : 2. 火 : 4. 土 : 2

예 7) 1927년 11월 21일 축시생(丑時生)이면

1.丁卯 : 4.災.喪.淫慾, 3.破.桃花, 2.刑.O. 1.白虎
　(破)

2.壬子 : 2.年.將, 1.福.刑.桃花, 4.病.肉, 3.沖.災.紅艶
　(厄)(商量)

3. 壬午 : 1.祿.肉.破, 2.災.紅艶.沖, 3.將,
　(刃)　　4.年, 死, 怨, 害, 桃花, 自縊, 鬼門

4. 辛丑 : 1.月, 弔, 淫慾, 寡宿, 2.伴, 3.天, 3.龍, 怨, 害, 自縊, 鬼門
　(藝)　　4.華,

■ 오행의 다소관계 : 金 : 1, 木 : 1, 水 : 3, 火 : 2, 土 : 1

예 8) 1935년 7월 21일 진시생(辰時生)이면

1. 乙亥 : 1.地, 2.4.亡, 3.陰.O.貴, 地, 4.龍, 怨, 鬼門, 2.害, 苦
   (壽)

2. 甲申 : 1貴.O.劫, 福, 害, 2.4.地, 3.死, 劫, 怨, 自縊, 鬼門, 4.官,
   (文)(相挾)

3. 丁卯 : 1.祿, 官, 1.3.將, 2.4.肉, 2.龍, 怨, 自縊, 鬼門
   (厄) 4.病.害.O

4. 甲辰 : 1.刃, 死, 鬼門, 1.3.伴, 2.4.華, 2.陰, 3.害, 4.白虎
   (文)

■ 오행의 다소관계 : 金 : 1, 木 : 4, 水 : 1, 火 : 1, 土 : 1

 이상과 같이 정리할 수 있으니 숙달되면 정리하는 것이 어렵지 않을 것이다. 사주는 있는 그대로 보아야지 없는 것을 만들어 넣거나 있는 것을 빼면 안된다. 시중의 다른 책들을 보면 정확한 방법의 설정기준이 없다 보니 책을 쓴 사람도 각각이요, 보는 사람도 각각이라 사주에 입문하는 사람들이 어려움을 많이 겪는다. 여기 기록하고 있는 명인재(命人財)의 사주방법은 판에 찍힌 것 처럼 모든 살이나 그 외의 것들까지도 정확하게 정리가 되어 있기 때문에 후장의 설명을 이해하면 누구나 쉽게 이해할 수 있을 것이다. 일반 사주책을 보면 차례에서 수없이 많은 살들은 기록하고 있으나 응용편에서 활용하지 않고 오행(五行)이나 식신, 편재, 관재 등을 갖고 나름대로 설명하고 있다. 그런 책을 보면 살은 도대체 무엇때문에 기록해놓았는지 의심스러울 따름이다. 이 명인재(命人財) 방법을 터득하면 적중률이 100% 성취할 수 있으니 많이 연습하기 바란다. 혼자 연습하기 어려운 분은 저자에게 연락하면 성실하게 지도할 것을 약속한다.

31. 사주를 정리하고 해설하는 방법

처음부터 많은 살을 기록하고 해설하면 이해하기 어려울 것 같아 분야별로 구분하여 설명하고 나중에 종합하여 설명하는 방법으로 한다. 귀(貴)·녹(祿)을 각각 설명하면서 부수적으로 발생하는 살도 같이 설명하는 방법으로 하되 명궁, 인덕궁, 재물궁, 총운에 의하여 설명한다.

예 1) 1921년 2월 10일 묘시생(卯時生)이면
     1. 辛酉 : 1.2.3.4.祿 2.4.沖
     2. 辛卯 : 1.沖
     3. 辛巳 :
     4. 辛卯 : 1.沖

이 사주는 1번의 명궁이요 초년궁이요 조상궁인 1번 자체에서 발생하는 살을 보면 녹(祿)이 들어오고 있으니 성격은 원만할 것이요, 조상의 정과 사랑을 받으면서 성장할 운이다. 초년시절에는 생활에 어려움이 없고 편안하게 지낼 수 있는 운이다.

1번에 2번의 부모궁이요 인덕궁에서 들어오는 살을 보면 녹(祿)이 들어오니 초년에 부모의 정과 덕이 풍부하며 길할 운이요, 초년에 인덕이 있어 많은 사람들에게 정을 받으면서 성장할 운이 있다.

 1번에 3번의 부부궁이요 재물궁에서 들어오는 살을 보면 녹(祿)이 들어오고 있으니 초년에 재물복이 좋을 운으로 생활에 어려움이 없으며 편안하고 안정된 생활을 할 수 있는 운이요, 초년에 등과할 수 있는 운이요, 출세할 수 있는 운이 있다.

 1번에 4번 총운에서 들어오는 살을 보면 녹(祿)이 들어오나 앞의 1, 2, 3번에서 들어오는 녹(祿)을 더욱 강하게 작용시키는 운이다.

 1번에 2번의 인덕궁과 4번 총운에서 충살(沖殺)이 들어 오고 있는 운이나 충살(沖殺)은 살이 아니라 자극을 주는 살로 좋은 것은 더욱 좋게, 좋지 않은 것은 더욱 나쁘게 하는 역할이 충살(沖殺)이다. 여기서는 명궁이 녹(祿)으로 길한 운이니 충살(沖殺)은 더욱 좋게 더욱 길하게 하는 운이다. 따라서 초년시절에 조상덕이 아주 좋은 운이요, 부모의 정도 많이 있을 운이요, 형제간에 우애도 있으며 형제의 정이 많이 있을 운이다. 또 1번은 성격궁이라 어려서부터 무난한 성격이라 많은 사람들에게 호감이 있고 정이 가는 성격을 가진 운이요, 형제나 동료와 무난하게 지내며 인덕이 좋을 운이다.

예 2) 1929년 5월 17일 오시생(午時生)이면
    1. 己巳 :
    2. 庚午 : 1.3.祿 4.刑
    3. 己亥 :
    4. 庚午 : 2.刑

 이 사주는 1번의 명궁이요 조상궁이요 성격궁에는 어디에서도 들어오는 살이 없으니 평범한 운이라고 할 수 있다.

2번의 부모궁이요 인덕궁에 1번의 명궁에서 들어오는 살을 보면 녹(祿)이 들어오고 있으니 조상덕이 좋을 운이요, 초년시절에 어려움 없이 많은 사람들에게 도움과 사랑을 받으면서 성장할 수 있다.

2번에 3번의 재물궁에서 들어오는 살을 보면 녹(祿)이 들어오고 있는 운이다. 재물에는 두 가지 뜻이 있는데 하나는 금전이나 재물을 말하고, 다른 하나는 부부운이다. 여기서는 대인관계상 금전의 어려움이 없고, 많은 사람들의 도움 속에서 재물에 대한 걱정없이 지낼 운이요, 부부인연도 마음에 드는 좋은 사람을 만날 운이다.

2번에 4번 총운에서 들어오는 살을 보면 자형살(自刑殺)이 들어오니 조상덕과 부모덕이 좋을 운이요, 주위의 많은 사람들이 협조하여 인덕이 좋고 생활에 어려움 없이 지낼 수 있는 운이다. 그러나 자신이 그 많은 덕을 받아들이지 못하고 거부하여 손해를 보는 일이 많을 수 있는 운이다. 따라서 조상이나 부모의 뜻을 바르게 받아들이지 못하는 성격이 있을 수 있고, 주위에서 도와주는 사람의 마음을 오해하여 손해를 볼 수 있는 운이다. 부부운도 덕과 복이 있는 배우자를 만날 운이나 상대를 거부하며 좋게 받아들이지 못하여 부부의 정을 잃고 사랑을 잃을 운이 있다.

예 3) 1964년 9월 22일 신시생(申時生)이면

    1. 甲辰 :

    2. 甲戌 : (惡逆)

    3. 戊寅 : 1.2.祿 4.刑 2.(淫慾) 1.(紅艷)

    4. 庚申 :

이 사주는 1번의 명궁이요 조상궁이요 성격궁에 살이 하나도 없으니 평범하게 지낼 운이요, 무난한 성격이라고 할 수 있다.

2번의 인덕궁이요 부모궁에도 어디에서도 들어오는 살이 없으니 대인관계가 무난하며 부모와의 관계도 좋다. 나쁜 것 없이 평범한 운으로 보통의 운이라고 할 수 있을 운이다.

3번에 재물궁에 1번의 조상궁에서 들어오는 살을 보면 녹(祿)이 들어오니 조상의 덕과 정이 있을 운이요, 재물덕이 있고 복을 받을 수 있는 마음을 쓰는 운이다. 또 3번은 부부궁이니 부부간에도 마음이 안정되고 정이 있는 배우자를 만나 편안하게 지낼 수 있는 운이요, 덕이 있고 좋은 사람과 인연을 맺을 수 있는 운이다.

3번에 2번의 부모궁이요 인덕궁에서 들어오는 살을 보면 2번의 인덕궁에서 녹(祿)이 들어오고 있으니 대인관계에서 인덕이 있고 주위에서 나를 도와줄 사람이 많을 수 있는 운이요, 부모의 정과 덕이 있을 운이요, 부부의 사랑과 정을 많이 받으면서 살아갈 운이라고 할 수 있다.

3번에 4번 총운에서 들어오는 살을 보면 삼형살(三刑殺)이 들어오고 있다. 삼형살(三刑殺)은 누군가에게 억압을 받고 나의 뜻을 활발하게 전개하지 못하는 운이요, 자신의 의지나 욕망이나 자존심 등을 억압당할 수 있는 운이다. 여기서 재물궁에 4번 총운이요 자손궁에서 들어오는 삼형살(三刑殺)에 녹(祿)이 있으면 재물을 벌기 위해 자존심도 버릴 수 있는 성격이요, 삼형살(三刑殺)에 해살(害殺)이나 파살(破殺)이 같이 동주(同住)하면 재물에 대한 욕심이 없으며 미련을 갖지 않고 안일무사주의로 생활할 수 있는 운이다.

4번은 총운이요 말년운이나 어디에서도 들어오는 살이 없으니 말년에는 평범하게 지낼 수 있는 운이라고 할 수 있다.

예 4) 1983년 7월 12일 인시생(寅時生)이면
    1. 甲子 :
    2. 壬申 : 4.沖
    3. 甲戌 : 4.淫慾
    4. 丙寅 : 1.3.祿 2.沖

이 사주는 1번에 살이 하나도 들어오지 않으니 평범한 성격이라고 할 수 있는 운이요, 초년시절에는 변화없이 순탄하게 성장할 수 있는 운이다.

2번에 들어오는 살을 보면 4번 총운에서 상충살(相沖殺)이 들어온다. 2번은 부모궁이니 부모와 마찰이 있을 운이요, 2번은 인덕궁이니 사람들과 마찰이 많아 어려움이 있을 운이다.

3번에 들어오는 살을 보면 4번 총운에서 음욕살(淫慾殺)이 들어오는데 3번은 재물운이요 부부운인데 4번 총운에서 음욕살(淫慾殺)이 들어온다. 음욕살(淫慾殺)은 원근을 가리지 않는 성욕의 살이니 이성관계가 문란하고 이성으로 인한 많은 문제가 발생할 수 있다.

4번 총운에 들어오는 살을 보면 1번의 조상궁이요 성격궁에서 녹(祿)이 들어오고 있으니 말년에도 원만하며 무난한 성격으로 생활할 수 있는 운이다.

4번에 3번에서 들어오는 살을 보면 녹(祿)이 들고 있는 3번은 재물이요 부부운이라 말년에 원만한 성격 때문에 많은 이성이 따를 수 있는 운이요, 재물도 어려움 없이 지낼 수 있을 운으로 자손들에게 경제적인 협조가 좋을 수 있는 운이다.

예 5) 1993년 4월 5일 사시생(巳時生)이면
      1. 癸酉 : 2.貴
      2. 丁巳 : 1.貴 3.祿
      3. 丙午 : 2.祿 3.刀
      4. 癸巳 : 1.貴 3.祿

 이 사주는 1번에 들어오는 살을 보면 2번의 부모궁이요 인덕궁에서 귀(貴)가 들어온다. 귀(貴)는 의젓하고, 점잖고, 차분하고, 실없는 짓을 하지 않는 선비타입으로 대인관계에서 악의가 없고 차분하며 실없는 말을 하지 않고 신용이 있을 성격이 있는 운이다.
 2번에 들어오는 살을 보면 1번의 명궁이요 성격궁에서 귀(貴)가 들어오니 대인관계에서 성격이 안정되고 차분하여 허튼짓을 싫어하고 선비다운 풍모를 지니고 생활할 수 있는 운이다.
 2번에 3번의 부부궁이요 재물궁에서 들어오는 살을 보면 녹(祿)이 들어오고 있으니 많은 사람을 상대로 재물을 모으면서 생활할 수 있는 운이요, 좋은 배우자를 만나 안정되며 편안한 가정을 꾸리면서 배우자에게 인격적인 대우를 받으면서 생활할 운이라고 할 수 있다.
 3번의 재물궁이요 부부궁을 보려면 먼저 자체에서 들어 있는 살을 보아야 하는데 양인살(羊刃殺)이 있는 운이다. 양인살(羊刃殺)은 냉정하다, 분명하다, 자른다, 제거한다는 뜻이 있는 운이다. 이 운에서는 재물의 양인살(羊刃殺)이니 재물관리가 분명하고 재물에 해가 되는 일이라면 과감하게 중단하고 잘라내는 성격이 있다. 또 부부간에도 불신이 있으면 과감하게 정리할 수 있는 사람이요, 부부의 이별이 있을 수도 있는 운이다.

3번에 2번의 인덕궁에서 들어오는 살을 보면 녹(祿)이 들어오고 있으니 재물로 인하여 주위에 많은 사람들이 협력할 수 있을 운이요, 재물로 인하여 많은 사람들을 거느리며 생활할 수 있을 운이요, 부부의 정과 덕이 좋은 운이라고 할 수 있다.

4번에 들어오는 살을 보면 1번의 성격궁에서 귀(貴)가 들어오고 있어 성격이 항상 원만하며 호감이 가는 성격이요, 무난한 성격이 말년까지 지속되어 덕이 있을 운이다.

4번에 3번의 재물궁이요 부부궁에서 들어오는 살을 보면 녹(祿)이 들어오고 있으니 말년에 재물에 대한 어려움이 없고 편안한 생활을 즐길 수 있는 운이요, 말년에도 부부의 정과 덕이 좋아 사랑을 받으면서 지낼 수 있는 운이요, 말년에 자손덕을 받을 운이다.

예 6) 1972년 8월 21일 사시생(巳時生)이면

　　　1. 壬子 : 2.貴 1.刃
　　　2. 己酉 : 4.祿
　　　3. 壬戌 :
　　　4. 辛亥 : 1.3.祿

이 사주는 1번의 명궁이요 성격궁이요 조상궁에 들어오는 살을 보면 1번 자체에서 양인살(羊刃殺)이 들어오고 있으니 자신의 성격을 이기지 못하고 자기 신세를 볶을 수 있는 성격이 있을 수 있다. 또 양인살(羊刃殺)은 갈라지는 살이니 어려서 조상과 이별이 있을 수 있는 운이요, 어려서 몸을 다치거나 질병으로 인하여 수술을 하거나 몸에 흉이나 상처를 남길 수 있는 운이라고 할 수 있다.

1번에 2번의 인덕궁이요 부모궁에서 들어오는 살을 보면 귀(貴)가 들어오고 있으니 성격이 괴팍하고 냉정해도 다른 사람과의 관계에서는 말이 없고 점잖은 편이요, 다른 사람과 어울리지 못하고 혼자 외롭고 쓸쓸하게 지낼 수 있는 성격을 가진 운이다.

2번에 들어오는 살을 보면 4번 총운에서 녹(祿)이 들어오고 있으니 인덕과 부모덕이 있을 운이다.

3번에는 어떤 살도 들어오지 않으니 재물이나 부부문제는 평범한 운이라고 할 수 있다.

4번에 들어오는 살을 보면 1번의 명궁이요 성격궁에서 녹(祿)이 들어오고 있으니 말년에는 성격이 원만하여 호감을 얻을 운이다.

4번에 3번의 재물궁이요 부부궁에서 들어오는 살을 보면 녹(祿)이 들어오고 있으니 말년에 재물에 대한 어려움은 없을 운이요, 부부의 정과 덕을 받을 운이요, 말년에 자손들에게 경제적인 도움도 받아 어려움 없이 편안하게 지낼 수 있는 운이다.

예 7) 1938년 10월 20일 신시생(申時生)이면

    1. 壬寅 : 2.破

    2. 癸亥 : 1.祿 3.貴 1.破 4.害

    3. 丁丑 : 4.貴 3.白虎

    4. 戊申 : 2.害

이 사주는 1번의 명궁이요 초년궁이요 성격궁에 2번의 인덕궁에서 들어오는 살을 보면 파살(破殺)이 들어오고 있으니 초년에 대인관계에서 건강에 위태로운 일이 있거나 신병으로 죽을 고비를 넘길 수도 있는 운이다. 또 성격이 차분하지 못하며 불안한 운이요, 조상덕을 흩어버리고 조상과의 이별이 있을 운이라고 할 수 있는 운이다.

2번의 인덕궁이요 부모궁에 들어오는 살을 보면 2번 자체에서 발생되는 살은 없는 운이다.

2번에 1번의 조상궁이요 성격궁에서 들어오는 살을 보면 녹(祿)이 들어오고 있어 대인관계에서 성격이 원만한 성격이요, 조상의 정을 많이 받고 성장할 운이 있으나 1번에서 파살(破殺)이 들어오니 주는 떡도 받아먹지 못하고 버리는 운으로 조상의 정을 아랑곳 하지 않고 자기 뜻대로 하다 손해를 볼 수 있는 운이다.

2번에 3번의 재물궁에서 들어오는 살을 보면 귀(貴)가 있는 운으로 부부인연이 적을 운이요, 재물을 모으기 어려울 운이요, 매사에 덕이 없고 힘들 운이다.

2번에 4번 총운에서 들어오는 살을 보면 해살(害殺)이 들어오고 있으니 대인관계에서 손재수가 있을 운이요, 가까운 사람이나 믿은 사람에게 배신당하고, 내 것을 주고도 욕먹을 운이 있다.

3번의 재물궁이요 부부궁을 보면 3번 자체에서 백호살(白虎殺)이 들어오고 있다. 백호살(白虎殺)은 비명횡사를 말하는 살로 명궁에 들면 건강에 문제가 있거나 조상의 해가 있을 운이요, 백호살(白虎殺)이 인덕궁이요 부모궁에 있으면 부모를 잃거나 허어질 수 있는 운이요, 가까운 사람을 잃을 수 있는 운이다. 재물궁에 백호살(白虎殺)이 들면 부부의 이별이나 재물의 손실을 의미하는 것인데 여기서는 재물궁에 백호살(白虎殺)이니 재물을 모으기 어려울 운이요,

재물이 생기면 어디론가 소비되는 운이요, 부부간에 이별이 있을 수 있는 운이다.

3번에 4번 총운에서 들어오는 살을 보면 귀(貴)가 들어오고 있으니 재물을 잃고 어려움이 있을 수 있는 운이요, 부부간의 이별로 외롭게 생활할 수 있는 운이라고 할 수 있다.

4번 총운에 들어오는 살을 보면 2번의 인덕궁에서 해살(害殺)이 들어오니 말년에 자식의 정이 없을 운이요, 말년에 대인관계에서 타인의 모함 등으로 손해를 볼 수 있는 운이요, 인덕이 없을 운으로 외롭게 지낼 운이라고 할 수 있는 운이다.

예 8) 1931년 4월 26일 자시생(子時生)이면

    1. 辛未 : 1.華, 2.3.攀, 4.天, 3.刑, 破, 寡 4.怨, 害,

    2. 甲午 : 1.肉, 2.3.將, 4.災.沖

    3. 戊戌 : 1.天 2.3.華 4.月 4.寡

    4. 壬子 : 1.年 2.3.災 4.將 1.怨 1.害

사주를 설명하기 전에 먼저 알아두어야 할 것이 있다. 1번의 명궁에는 먼저 1번이 들어 있는지를 살피고, 2번의 인덕궁에는 먼저 2번이 들어 있는지를 살피고, 3번의 재물궁에는 먼저 3번이 들어 있는지를 살핀다. 4번은 1번, 2번, 3번의 순서대로 보아도 된다. 앞에서 말한 같은 번호가 들어 있는 것을 반드시 먼저 확인해야 한다.

그리고 각 번호에 들어오는 살이 몇 번에서 들어오는지를 항상 염두해 두어야 한다. 따라서 살의 앞에 번호를 기록하면 설명에 많은 도움이 있다. 여기서도 각 번호에 각각의 살이 들어오는 것으로 설명을 해보려고 하니 주의하여 이해하고 숙달하기 바란다.

1번에 1번의 명궁이요 성격궁인 자체에서 들어오는 살을 본다. 명궁은 성격과 소년시절, 조상궁을 본다. 먼저 자체에서 드는 살을 보면 1번에서 화개살(華蓋殺)이 들어 있다.

화개살(華蓋殺)은 화끈하다, 화려하다, 장식하다, 분명하다, 명확하다의 뜻이 있다. 축(丑)과 미(未)의 화개살(華蓋殺)은 음(陰)으로 마음 속으로 생각하고 있는 모든 것을 알고 간직하면서도 겉으로는 표현을 잘하지 않고, 중심으로 생각하여 처리하는 경향이 있어 속마음을 알기 어렵다. 또 말없이 고집을 부리는 경우도 많이 발생할 수 있는 운이다. 그러나 진(辰)과 술(戌)의 화개살(華蓋殺)은 양(陽)으로 매사를 마음에 담아두지 못하고 겉으로 표현하는 운으로 상대가 부정하며 불실하여 마음에 들지 않으면 축미(丑未)가 마음에 담아두고 보는 운이라면 진술(辰戌)은 따질 것은 따지고 매사를 확인하여 확실하게 넘어가는 경우가 많이 있는 성격이다.

이 운에서는 음(陰)의 화개살(華蓋殺)이니 평소에 대인관계나 본인의 성격상 말이 적은 운이요, 매사를 마음으로 결정하는 운이라 상대가 마음에 들지 않으면 만나서 가부를 결정하지 못하고 마음으로만 경계하는 성격이라고 할 수 있다.

1번에 2번의 인덕궁에서 들어오는 살을 보면 반안살(攀安殺)이 들어오고 있다.

반안살(攀安殺)은 두 가지로 설명하고 있는데 첫째는 편안하다, 안정되다의 뜻이 있다. 둘째는 비명횡사를 말하기도 하는데 비명횡사라도 각각의 분야에 따라 달라진다. 재물의 비명횡사는 사업의 실패나 부부간의 이별을 말할 수 있고, 인덕의 비명횡사는 믿은 사람이나 가까운 사람과의 이별을 말한다. 분야별로 그때 그때 같이 동주(同住)하는 살과의 관계를 살펴야 한다.

이 운에서는 인덕운에서 반안살(攀安殺)이 있는 운이나 이 궁은 또 부모궁이니 부모와의 관계인지 대인과의 관계인지를 알 수 없는 운이다. 이런 경우에는 3번을 참작하면 정확하게 해석할 수 있다. 소년시절에 3번은 부모가 재물이니 3번에 이상이 있으면 어려서 부모의 인덕에서 오는 반안살(攀安殺)이라고 보아야 하기 때문이다.

1번에 3번에서 들어오는 살을 보면 형살(刑殺)과 파살(破殺)과 과숙살(寡宿殺)이 들어온다. 어려서 부모를 잃고 외로울 운이 있으니 앞에 말한 2번의 반안살(攀安殺)은 부모를 잃는 반안살(攀安殺) 이라고 할 수 있는 운이다. 그래서 3번의 재물궁도 역시 좋은 운은 아니다.

1번에 4번 총운에서 들어오는 살을 보면 천살(天殺)에 원진살(怨嗔殺)에 해살(害殺)이 들어오고 있다. 4번은 총운으로 앞의 살을 밀어주어 더욱 강하게 만드는 성질이 있다. 천살(天殺)은 사기를 당하는 운이니 2번과 3번에서 오는 부모를 잃을 운을 더욱 강하게 자극하는 운이요, 원진살(怨嗔殺)은 부모와 헤어지는 운을 더욱 강하게 밀어주고 있는 운이다. 해살(害殺)은 내 것을 잃고 외로운 일은 더욱 강하게 밀어주는 운으로 이 사주는 어려서 부모를 잃고 외로울 운이 있는 것이다.

여기서 주의할 것은 부모가 죽었다고 할 수는 없다. 그것은 헤어지는 경우도 많이 있기 때문이다. 예를 들면 부부의 이혼으로 한쪽 부모를 잃는 경우도 있고, 생활의 어려움으로 부모와 자식이 떨어져 살아야 하는 경우도 있고, 길을 잃거나 다른 사람의 장난으로 부모와 이별하는 경우도 많기 때문이다. 또 미혼모가 어린아이의 양육이 어려워 버리는 경우도 있으니 함부로 죽었다고 해서는 안된다.

2번의 인덕궁을 보면 2번 자체에서 장성살(將星殺)이 들어오고 있다. 이 사주는 남에게 지지않으려는 성격이요, 자신의 주장이 강하며 고집이 있을 운이다.

2번에 1번의 성격궁이요 초년궁에서 들어오는 살을 보면 육해살(肉害殺)이 들어오고 있다. 육해살(肉害殺)은 육친과의 이별을 말한다. 여기서는 조상궁에서 드는 육해살(肉害殺)이니 초년에 부모와의 이별을 말하고 있는 운이다.

2번에 3번의 재물궁에서 들어오는 살을 보면 장성살(將星殺)이 들어오고 있다. 장성(將星)은 출세, 욕심, 고집, 욕망 등을 보는 운으로 2번은 인덕궁이요 3번은 재물궁이니 대인관계에서 재물에 대한 욕심이 많을 운이다. 또 3번은 부부운이니 이성에 대한 욕심이 많을 운이다. 여기에 끼가 있을 운이 같이 있으면 이성문제가 복잡할 수 있는 운이다.

2번에 4번 총운에서 들어오는 살을 보면 재살(災殺)에 상충살(相沖殺)이 들어오고 있다. 재살(災殺)은 손해를 보는 살이요, 상충살(相沖殺)은 어떤 상황의 일을 더욱 강하게 밀어주는 운이다. 여기서 2번의 인덕궁을 보면 부모와의 이별을 강하게 받고 있는 운이요, 인덕에 장성(將星)과 상충살(相沖殺)이 있는 운이라 매사 다른 사람들과 마찰이 많이 발생할 수 있을 운이요, 의견대립이 자주 있을 수 있는 운이다.

3번의 재물궁을 보려면 먼저 3번 자체에서 들어오는 운이 있는가를 보아야 한다. 3번에서 화개살(華蓋殺)이 있는 운이다. 여기서는 술(戌)의 화개(華蓋)요 양(陽)의 화개살(華蓋殺)로 재물관리가 확실하여 금전거래나 신용을 철저하게 생각하면서 살아갈 운이요, 재물관리가 분명할 운이요, 재물에 대한 욕심도 많을 운이요, 재물을 모으기 위해서는 사치나 어떤 일도 모사하고 꾸밀 수 있는 운이요, 재물을 모으기 위해 사기성도 있을 수 있는 운이다.

3번에 1번의 재물궁에서 들어오는 살을 보면 천살(天殺)이 들어온다. 천살(天殺)은 사기를 당할 수 있는 운이다. 1번은 마음이요 성격이니 재물에 관한 일이라면 자신의 마음을 억제하지 못하는 운이니 재물에 관한 일에서 마음과 억제력을 잃고 욕심을 부릴 수 있는 운이라고 할 수 있는 운이다.

3번에 2번의 인덕궁에서 들어오는 살을 보면 화개살(華蓋殺)이 들어오는 운이다. 다시 말하면 재물에 대한 화개살(華蓋殺)이라 재물을 얻기 위해서는 대인관계에서 치장하고 장식하고 겉치레를 화려하게 꾸미기를 좋아할 수 있는 성격이요, 재물에 사치성이 많은 운이요, 재물에 허세를 부리는 운이요, 1번의 천살(天殺)에 2번의 화개살(華蓋殺)이니 다른 사람을 기만하며 이용하려고 하는 마음이 많이 있을 운이다. 또 재물은 부부운이니 다른 사람에게 잘보이려고 몸 치장을 잘하는 사람이요, 이성의 관심이 많을 운이 있다. 화개살(華蓋殺)에 홍염살(紅艷殺)이나 중부살(重夫殺)이나 상량살(商量殺) 등으로 이성문제와 관련이 있는 살이 있으면 이성에 욕심이 많을 운이라고 할 수 있는 운이다.

3번의 재물궁에 4번 총운에서 들어오는 살을 보면 월살(月殺)과 해살(害殺)이 들어오고 있으니 재물과 이성의 욕심이 많은 운이나 모두 유지하지 못하고, 앞에서는 화려하며 좋은 것 같으나 용두사미라 결실이 없을 운이다.

3번에 4번 총운에서 들어오는 살을 보면 월살(月殺)과 과숙살(寡宿殺)이 들어온다. 월살(月殺)은 혈육간의 이별을 뜻하는 살이요, 과숙살(寡宿殺)은 외롭고 허전하게 지낼 수 있는 살이다. 여기서는 부부간에 정이 없고 떨어져 살아갈 운이요, 이별이 있을 운이다.

4번 총운은 자손궁으로 자손과의 관계도 볼 수 있는 운이요, 말년의 운이다. 또는 모든 분야에서 협력하는 운으로 4번에 1번의 성격궁에서 들어오는 살을 보면 4번 총운에 1번에서 년살(年殺), 원진살(怨嗔殺), 해살(害殺)이 들어오고 있으니 말년에 마음이 맞는 사람이 없어 혼자 외로울 운이요, 말년에 마음의 갈피를 잡지 못하고 어렵게 지낼 수 있는 운이다.

4번에 2번의 인덕궁에서 들어오는 살을 보면 재살(災殺)이 들어오고 있으니 말년에 인덕이 없을 운이다. 2번은 인덕이요 4번은 자손궁이니 말년에 자손에게 받을 인덕이 없어 자손에게 인정받기 어려울 운이다.

4번에 3번의 재물궁에서 들어오는 살을 보면 재살(災殺)이 있는 운이라 말년에 재물에 어려움이 있을 운이다. 말년에 부부간에 정없이 외로울 운이요, 말년에 자손들에게 받을 재물이 없어 궁색함을 면하기 어려운 운이다.

4번에 4번 자체에서 드는 살을 보면 장성살(將星殺)이 있다. 말년까지 자존심이 강하여 다른 사람의 의견을 들으려 하지 않고 자신의 주장대로 살아가려고 하는 운이니 가족이나 주위의 사람들에게 멀어지는 운이라고 할 수 있을 것이다.

예 9) 1946년 1월 10일 사시생(巳時生)이면

    1. 丙戌 : 1.2.華, 3.月, 沖, 4.怨, 伴

    2. 庚寅 : 1.2.地, 3.馬, 4.劫, 害

    3. 丙辰 : 1.2.月, 3.華, 4.天, 寡宿, 1.沖

    4. 癸巳 : 1.2.亡, 3.劫, 4.地, 1.怨, 2.刑, 孤辰

이 사주에서 1번의 명궁을 보려면 1번 명궁 자체에서 들어오는 살을 먼저 보아야 한다. 화개살(華蓋殺)이 발생하는 운이라 성격이 깔끔하고 가부가 정확하며 매사에 분명한 것을 좋아하고, 의리가 있으며 신용을 생명으로 생각하는 마음으로 살아갈 수 있는 성격이다. 또 자신의 주관이 강하고 고집도 있을 운이요, 자기 자신을 보호하는 일이 분명하며 철저하고, 자신의 목적을 달성하기 위해서는 수단과 방법을 가리지 않을 수 있는 성격이다.

1번에 2번의 인덕궁이요 부모궁에서 들어오는 살을 보면 화개살(華蓋殺)이 들어온다. 들어오고 있는 화개살(華蓋殺)이 양(陽)이라 대인관계에서 성격은 화끈하고 거짓을 싫어하며 다른 사람 앞에 나서기를 좋아할 수 있는 운이요, 타인의 허물이 있으면 숨겨주는 것보다는 사실을 확인하여 밝혀내는 성격이다.

1번에 3번의 부부궁이요 재물궁에서 들어오는 살을 보면 월살(月殺)과 상충살(相沖殺)이 있는 운이다. 초년에 부모의 정이 적을 운이요, 부모와 떨어져 지낼 수 있는 운이 있다고 할 수 있다.

1번에 4번 총운에서 들어오는 살을 보면 반안살(攀安殺)에 원진살(怨嗔殺)이 들어오고 있는 운이다. 이 운은 3번에서 들어오는 상충살(相沖殺)과 월살(月殺)을 강하게 밀어주는 살로 부모와 멀어지고 떨어져 살아갈 운을 더욱 강하게 할 수 있을 살이다.

2번의 인덕운이요 부모궁을 보려면 먼저 2번 자체에서 살이 들어오고 있는가를 보아야 한다. 이 사주에서는 지살(地殺)이 들어오고 있으니 대인관계가 원만하며 무난할 운이요, 부모와의 관계도 별 어려움 없이 지낼 수 있는 운이라 할 수 있다.

2번에 1번의 성격궁에서 들어오는 살을 보면 지살(地殺)이 들어오니 대인관계에서 성격이 무난하며 평범할 운이요, 모나지 않고 조용하며 안정되게 사람들을 대하는 성격이라고 할 수 있는 운이다.

2번에 3번의 재물궁이요 부부궁에서 들어오는 운을 보면 역마살(驛馬殺)이 들어오고 있으니 많은 사람들을 만나기 위하여 활동이 많을 운이요, 많은 사람들과 어울려 지내는 것을 좋아하는 성격이 있다고 할 수 있는 운이다. 또 3번은 재물이라 많은 사람을 상대로 재물을 얻을 운이라고 할 수 있을 것이다.

2번에 4번 총운에서 들어오는 살을 보면 겁살(劫殺)에 해살(害殺)이 있다. 4번은 총운으로 앞에서 들어오는 살을 더욱 강하게 밀어주는 성격이 있는 살이다. 여기서의 운을 보면 대인관계가 많으며 활동도 많이 하고 있으나 노력의 댓가가 부족한 운이라고 할 수 있는 운이다.

3번의 재물궁을 보려면 먼저 3번 자체에 살이 있는가를 살펴야 한다. 이 사주에서는 화개살(華蓋殺)이 있는 운이다. 들어오고 있는 화개살(華蓋殺)이 양(陽)의 화개살(華蓋殺)이라 재물관리가 분명하며 재물에 신용이 있을 운이요, 재물이나 사업이나 출세에 대한 욕망이 많을 수 있는 운이라고 할 수 있다.

3번의 재물궁이요 부부궁에 1번의 성격궁이요 명궁에서 들어오고 있는 살을 보면 월살(月殺)과 상충살(相沖殺)이 들어오고 있으니 부부가 떨어져 지낼 수 있는 운이요, 부부간에 정없이 지낼 수 있는 운이요, 부부간에 이별수가 있을 운이라고 할 수 있다.

3번에 2번의 인덕궁에서 들어오는 살을 보면 월살(月殺)이 들어오고 있으니 부부의 정과 덕이 없을 운이요, 부부간에 이별수가 있을 운이요, 재물에 대한 인덕이라 사업과 재물에 대해 도와주는 사람이 없을 운이다.

3번에 4번 총운에서 들어오는 살을 보면 천살(天殺)에 과숙살(寡宿殺)이 들어오고 있다. 4번은 앞에서 들어오는 살을 더욱 강화시키는 운으로 2번과 3번에서 들어오는 부부간의 이별을 더욱 강하게 만드는 운이요, 배우자를 잃고 외롭게 지낼 운이라고 할 수 있다.

4번 총운을 보려면 1번부터 순서대로 본다. 4번은 말년운이요 자손운으로 1번의 성격궁에서 들어오는 살을 보면 망신살(亡身殺)과 원진살(怨嗔殺)이 있는 운이니 내 것을 잃고 말년에 나의 허물로 망신을 당할 수 있는 운이다.

4번에 2번의 인덕궁에서 들어오는 살을 보면 형살(刑殺)이 들어온다. 형살(刑殺)은 갇히는 운이라 대인관계를 내 마음대로 할 수 없는 운이요, 다른 사람으로부터 나의 의견이나 마음을 상실하고 지낼 운이다. 또 4번은 자손운이요 2번은 인덕이라 말년에 자손과의 인정관계로 볼 수 있으니 모든 것을 자손에게 잃고 지낼 운이다.

4번에 3번의 재물궁이요 부부궁에서 들어오는 살을 보면 겁살(劫殺)이 들어오고 있다. 겁살(劫殺)은 중성의 살로 상대의 살에 따라 변화가 있는 살이다. 또한 겁살(劫殺)은 놀라는 살이라 말년에 부부간의 문제로 놀랠 일이 있거나 금전에 어려움이 있을 운이다.

4번에 4번 자체에서 드는 살을 보면 지살(地殺)이 들어오고 있으니 말년운은 평범하다. 매사를 자손에게 넘기고 그럭저럭 세월을 보낼 수 있는 운이라고 할 수 있다.

예 10) 1958년 7월 6일 묘시생(卯時生)이면
    1. 戊戌 : 1.華 3.月 3.攀 4.天
    2. 庚申 : 1.馬 2.地 3.亡 4.劫
    3. 己巳 : 1.亡 2.災 3.地 4.馬
    4. 丁卯 : 1.年 2.肉 3.災 4.將

이 사주에서 1번인 명궁이요 조상궁을 보면 1번 자체에서 화개살(華蓋殺)이 들어오고 있는 운이다. 양(陽)의 화개살(華蓋殺)로 성격이 화끈하고 확실하며 진실성이 있고, 자신의 의지나 실력을 안으로 저장하지 못하고 외부로 누설되는 경향이 많아 속마음이 드러나는 일이 많을 수 있는 성격이다.

1번에 2번의 부모궁이요 인덕궁에서 어떤 살도 들어오는 것이 없는 운이라 초년에는 대인관계가 평범하고, 부모와의 관계도 별 어려움 없이 평범하게 지낼 수 있는 운이다.

1번에 3번의 부부궁이요 재물궁에서 들어오는 살을 보면 월살(月殺)에 반안살(攀安殺)이 들어오고 있다. 월살(月殺)은 혈육간에 이별수를 뜻하는 살이요, 반안살(攀安殺)은 비명횡사나 편안하다는 뜻이다. 초년시절에는 부모가 재물로 부모의 정이 적고 부모와 헤어져 살아야 하는 운이 있으니 여기서 반안살(攀安殺)은 부모와 멀어지는 것을 더욱 강하게 하는 운이라고 할 수 있는 운이다.

1번에 4번 총운에서 들어오는 살을 보면 천살(天殺)이 들어오고 있는데 천살(天殺)은 잃는다, 사기를 당한다는 뜻이 있다. 이 사주에서 는 초년에 부모와 멀어지는 운이니 여기서의 천살(天殺)은 부모와의 이별을 더욱 강하게 하는 살이라고 할 수 있다.

2번의 인덕궁을 보려면 먼저 2번 자체에서 발생하는 살을 보아야 한다. 2번 자체에서 발생하는 살을 보면 지살(地殺)이 들어오고 있는 운이다. 지살(地殺)은 안정과 편안함을 뜻하니 대인관계는 원만하며 무난할 운이요, 많은 사람들을 알고 지낼 수 있는 운이라고 할 수 있는 운이다.

2번에 1번의 성격궁이요 명궁에서 들어오는 살을 보면 역마살(驛馬殺)이 들어오고 있으니 대인관계에서 마음이 항상 분주하여 가만이 있지 못하는 운으로 활동을 많이 할 수 있는 운이요, 많은 사람과의 유대관계를 위하여 활동을 많이 할 수 있는 운이라고 할 수 있다.

2번에 3번의 부부궁이요 재물궁에서 들어오는 운을 보면 망신살(亡身殺)이 있는 운이다. 여기서는 인덕에 대한 재물로 재물이란 소유물로 이성을 말하기도 한다. 여기서는 재물에 욕심을 부리다 다른 사람에게 구설을 들을 일이 발생할 수 있는 운이요, 이성을 사귀게 되는 것이 구설을 들을 일이 있을 수 있는 운이다.

2번에 4번 총운에서 들어오는 운을 보면 겁살(劫殺)이 들어오고 있는 운이다. 겁살(劫殺)은 중성의 살로 길한 운은 더욱 길하게 하고, 불길한 운은 더욱 불길하게 하는 운이다. 여기서는 1번의 역마살(驛馬殺)에 4번의 겁살(劫殺)이 있으니 바쁘게 활동하면서 지내는 일이 더욱 바빠질 수 있는 운이요, 2번의 지살(地殺)은 주위에 더욱 많은 사람들과 어울릴 수 있게 하는 운이요, 3번의 망신살(亡

身殺)은 구설들을 일이 조용히 끝날 일도 크게 확대될 수 있는 운이라고 할 수 있는 살이다.

3번의 재물궁의 운을 보려면 먼저 3번 자체에서 들어오고 있는 운이 있는가를 보아야 한다. 이 운에서는 지살(地殺)이 들어오고 있는 운이다. 지살(地殺)은 조용하며 안정되고 편안한 것을 말하는 운이다. 여기 재물궁에서 3번 자체에서 지살(地殺)이 있으면 재물에는 별 어려움 없이 지낼 수 있는 운이요, 부부의 인연도 조용하고 편안한 사람과 인연을 맺을 수 있는 운이라고 할 수 있는 운이다.

3번에 1번의 성격궁에서 들어오는 살을 보면 망신살(亡身殺)이 들어오는 운이니 재물에 욕심을 부리다 다른 사람에게 구설을 들을 일이 있을 운이요, 부부간이나 이성문제로 구설을 들을 일이 발생할 운이라고 할 수 있는 운이다.

3번에 2번의 부부궁이요 인덕궁에서 들어오는 살을 보면 재살(災殺)이 들어오는 운이니 재물에 다른 사람으로 인하여 손재수가 발생할 운이요, 배우자의 정을 받지 못하며 정을 잃을 운이요, 사업이나 금전적인 면에서 다른 사람의 덕을 얻지 못하며 마가 되고 방해를 하는 사람이 많아 손해를 볼 수 있는 운이라고 할 수 있다.

3번에 4번 총운에서 들어오는 살을 보면 역마살(驛馬殺)이 들어오고 있으니 사업상 많은 활동을 할 수 있는 운이요, 한 곳에서 오래 머무르면서 일을 하는 것이 아니라 사방에서 일을 할 수 있는 운이요, 부부운에 끼가 있는 살이 같이 있으면 바람끼로 사방으로 분주하게 활동할 수 있는 운이라고 할 수 있을 운이다.

4번 총운을 보려면 순서대로 보는데 4번에 1번에서 들어오는 살을 보면 년살(年殺)이 들어오고 있다. 년살(年殺)은 마음을 잡지 못하고 방황할 수 있는 살이니 말년에 마음이 심란할 운이요, 바람끼를 나타내는 살이라 말년에 이성문제로 마음을 잡지 못하고 방황할 일이 발생할 운이다.

 4번에 2번의 인덕궁에서 들어오는 살을 보면 육해살(肉害殺)이 들어오고 있다. 육해살(肉害殺)은 혈육간의 이별을 말하는 살이다. 여기서 2번은 인덕운이요 4번은 자손운으로 말년에 자손덕이 없는 운이라고 할 수 있는 운이다.

 4번에 3번의 부부궁이요 재물궁에서 들어오는 살을 보면 재살(災殺)이 들어오고 있으니 말년에 재물에 대한 어려움이 많을 운이요, 말년에 자손에게 재물에 대한 도움을 받지 못할 운이다. 또 3번은 부부의 인연을 보는 궁으로 말년에 부부의 어려움이 있고 부부의 덕이 없을 운이라고 할 수 있는 운이다.

 4번 총운 자체에서 드는 운을 보면 장성살(將星殺)이 있다. 이 살은 고집과 출세, 의욕, 욕망 등을 보는 운으로 말년에 고집이 많으며 타인을 업신여기고, 다른 사람의 말을 들으려 하지 않는 운이다. 전체적으로 설명하면 협력하는 사람이 적을 운이요, 가족이나 자손들에게 고집으로 인하여 인정이나 동정을 얻지 못하여 혼자 외롭게 지낼 수 있는 운이라고 할 수 있을 운이다.

예 11) 1963년 4월 22일 자시생(子時生)이면
　　　 1. 癸卯 : 1.將 2.災 3.年 4.肉 4.貴
　　　 2. 丁巳 : 1.馬 2.地 3.亡 4.劫 1.貴 3.祿
　　　 3. 戊午 : 1.肉 2.年 3.將 4.災 2.祿
　　　 4. 壬子 : 1.年 2.肉 3.災 4.將 1.祿

1번의 초년운이요 명궁이요 성격궁을 보려면 먼저 1번 자체에서 들어 있는 살을 보아야 한다. 1번 자체의 운을 보면 장성살(將星殺)이 들어오고 있는 운이다. 장성살(將星殺)은 출세, 의지, 욕망, 다른 사람에게 지는 것을 싫어하는 운으로 고집이 강하며 자존심이 많은 운이요, 매사에 다른 사람보다 앞서야 마음이 편안한 성격이 있다. 그러나 겉으로는 순진하며 나약해 보일 수도 있는 운이다.

　1번에 2번의 인덕운이요 부모운에서 들어오는 살을 보면 재살(災殺)이 들어오고 있다. 재살(災殺)이란 손해를 볼 수 있는 살로 1번은 마음이요 2번은 부모나 인덕을 보는 운으로 부모가 잘해주어도 부모의 정이 없는 것처럼 느껴지는 운이요, 부모덕이 없다고 생각할 수 있는 운이다. 또한 대인관계에 있어서도 매사가 마음대로 되지 않고 좌절되는 경우가 많아 자신의 뜻을 성취하기 어려운 운이라고 할 수 있다.

　1번에 3번의 부부운이요 재물운에서 들어오는 살을 보면 년살(年殺)이 들어오고 있다. 년살(年殺)이란 마음을 잡지 못하고 방황할 수 있는 살이요, 바람이 드는 살이다. 이 운은 초년에 바람이 나는 운이요, 이성문제로 마음을 잡지 못하고 방황할 수 있는 운이요, 재물이나 사업에 일찍 손을 대는 마음이 있을 수 있는 운이다.

　1번에 4번 총운에서 들어오는 살을 보면 육해살(肉害殺)에 귀(貴)가 들어오고 있는 운이다. 육해살(肉害殺)이란 혈육간의 이별을 말하는 운이요, 귀(貴)는 두 가지로 구분하는 것이니 너무 잘되어 상대가 없어도 귀(貴)한 것이요, 없어서 귀(貴)한 것도 귀(貴)요, 혼자 외로운 귀(貴)도 귀(貴)라고 할 수 있다. 여기서는 초년에 혈육간에 이별이 있을 운으로 혼자 외로우며 마음이 항상 허전할 수 있는 운이다.

2번의 인덕운이요 부모운을 보려면 먼저 2번 자체에서 발생하는 살을 보아야 하는데 지살(地殺)이 들어오고 있는 운이다. 지살(地殺)은 안정, 기반, 편안함을 말한다. 여기서는 대인관계에 있어서 많은 사람들의 정이나 도움이 있을 운이요, 주위에 나의 일에 협력할 수 있는 사람들이 많을 수 있는 운이 있다.

2번에 1번의 성격궁이요 명궁에서 들어오는 살을 보면 역마살(驛馬殺)에 귀(貴)가 들어오고 있으니 대인관계에 있어서 많은 활동을 할 수 있는 운이요, 여러 사람과 어울리면서 분주하게 생활할 수 있는 운이다. 그러나 주위에 있는 사람들이 나를 도와주는 사람이라기보다는 이용하려고 하는 사람들이 많이 있을 수 있는 운이다. 나는 몸만 바쁘고 마음만 분주하지 마음은 항상 외롭고 허전함이 있을 수 있는 운이라고 할 수 있다.

2번에 3번의 부부궁이요 재물궁에서 들어오는 살을 보면 망신살(亡身殺)과 녹(祿)이 들어오고 있다. 망신살(亡身殺)은 사람들에게 구설을 듣는 운이요, 녹(祿)은 좋은 운이다. 여기에서 보면 2번은 인덕이요 3번은 재물이니 재물은 금전과 부부를 말하는 것으로 대인관계에서 이성문제로 구설을 들을 일이 있거나 부부간의 이별수가 있는 일로 망신을 당하는 운이 있다. 그러나 다시 좋은 인연을 만날 수 있는 운이다. 다시 말하면 처녀 총각이 아닌 유부녀나 유부남을 만나거나 이혼한 남자나 여자를 배우자로 만날 수 있는 운이요, 부부 간에 이별하고 새로운 인연을 만날 수 있는 운이라고 할 수 있다. 또 해가 되는 일이 아니라고 하는 운이요, 덕과 정을 받을 운이 있다.

2번에 4번 총운에서 들어오는 살을 보면 겁살(劫殺)이 들어오고 있는 운이다. 겁살(劫殺)은 놀랜다는 살로 좋은 일로 놀랠 수도 있고 험한 일로 놀랠 수도 있다. 여기서는 1번의 역마살(驛馬殺)을 더욱 분주하게 하는 살이 되는 운이요, 3번의 망신살(亡身殺)을 더욱 강하게 하는 살이라고 할 수 있다.

3번의 재물운이요 부부궁의 운을 보려면 먼저 3번 자체에서 발생하는 살이 있는지를 보아야 하는데 3번에서 장성살(將星殺)이 들어오고 있다. 이 사주는 재물에 대한 욕심이 많고 재물에 큰 욕망을 갖고 살아갈 수 있는 운으로 재물에 있어서는 다른 사람에게 양보하려고 하는 마음이 없는 운이다. 또 부부간에도 자신의 주장이 강하고 상대의 의견에는 관심이 없고 자신의 주장대로 가정의 일이나 부부간의 일도 처리할 수 있는 성격이다. 또 자신의 이익을 위해서는 수단과 방법을 가리지 않는 성격의 운이다.

3번에 1번의 성격궁이요 명궁에서 들어오는 살을 보면 육해살(肉害殺)이 들어오고 있는 운이다. 육해살(肉害殺)은 혈육간의 이별을 말하는 운으로 부부간에 이별수가 있을 운이요, 혈육간에 이별수가 있는 운으로 혼자 지낼 수 있는 운이 있다.

3번에 2번의 인덕궁에서 들어오는 살을 보면 년살(年殺)과 녹(祿)이 들어온다. 년살(年殺)은 마음이 불안할 운이요, 바람이 날 운이요, 마음을 잡지 못하고 방황할 운이다. 여기서는 재물에 대한 인덕운이라 부부간에 이별하고 새로운 인연을 만날 수 있는 운이요, 덕이 되며 정이 있을 사람을 만날 수 있는 운이라고 할 수 있다.

3번에 4번 총운에서 들어오는 살을 보면 재살(災殺)이 들어오고 있는 운이다. 재살(災殺)은 손해를 의미하는 살이요 4번은 앞에 있는 살들을 강하게 작용하도록 도와주는 운이다. 여기서의 재살(災殺)은 1번에서 들어오는 부부간의 이별을 말하는 것으로 이별로 인하여 발생되는 부부의 손실을 말하고 있다.

4번 총운에서 들어오는 각각의 살을 보면 1번부터 순서대로 본다. 1번에서 들어오는 살을 보면 년살(年殺)과 녹(祿)이 들어오는 운이다. 년살(年殺)은 마음을 잃고 안정하기 어려운 운으로 긴장이나 불안함을 뜻하나 녹(祿)이 있으니 말년에 이성문제로 좋은 일이 있을 수 있는 일을 말하고 있는 운이다. 또 4번에 2번의 인덕궁에서 들어오는 살을 보면 육해살(肉害殺)이 있는 운이다. 육해살(肉害殺)은 혈육간의 이별을 말하는 것으로 4번은 자손궁이요 2번은 인덕궁이라 말년에 자손을 잃을 운이 있는 운이다.

4번에 3번의 재물궁에서 들어오는 살을 보면 재살(災殺)이 들어온다. 재살(災殺)은 손재를 의미하니 말년에 자식을 잃은 운이라 자손의 재물을 손해보는 격이요, 재물을 잃을 운이 있다고 할 수 있다.

4번 총운을 보면 자체에서 장성살(將星殺)이 들어 있는 운이다. 말년까지 자존심이 강하며 욕심이 많고 고집이 상한 사람이라고 할 수 있는 사람이나, 가까운 사람을 잃고 혼자 외롭게 지낼 수 있는 운이라고 할 수 있을 것이다.

예 12) 1986년 11월 5일 진시생(辰時生)이면
    1. 丙寅 : 1.地 2.亡 3.4.馬 2.破 3.沖
    2. 己亥 : 1.劫 2.地 3.4.亡 1.破 4.怨 3.害
    3. 甲申 : 1.馬 2.劫 3.4.地 1.沖 2.害
    4. 戊辰 : 1.月 2.伴 3. 4.華 2.怨

1번은 초년운이요 성격궁이요 조상궁으로 1번 자체에서 발생하는 살을 보면 지살(地殺)이 들어오고 있다. 성격은 조용하고 안정되어 있는 운이요, 다른 사람들의 고충이나 이야기를 잘 들어주는 성품이요, 마음이 독하지 못한 성격이라고 할 수 있는 운이다.

　1번에 2번의 부모궁이요 인덕궁에서 들어오는 살을 보면 망신살(亡身殺)이 들어온다. 대인관계에 있어서 나의 성격으로 인하여 구설을 들을 일이 생길 수 있는 운이요, 초년에 부모로 인하여 망신살(亡身殺)이 있으니 부모를 잃거나 부모에게 문제가 발생할 수 있는 운이다. 또 2번에서 파살(破殺)이 들어오는 운이라 파살(破殺)은 유지하지 못하고 흐트러버리는 운으로 인덕이 없고 대인관계를 잘 유지하지 못할 수 있는 운이라 주위에 따르는 사람이 없을 운이다. 또 2번은 부모궁이라 부모와 헤어지는 이별이 있을 수 있는 운이다.

　1번에 3번의 부부궁이요 재물궁에서 들어오는 살을 보면 역마살(驛馬殺)에 상충살(相沖殺)이 들어오고 있는 운이다. 역마살(驛馬殺)은 가만히 있지 못하고 활동을 많이 하는 살이요, 충살(沖殺)은 자극을 주는 살로 활동을 많이 하는 운을 더욱 강하게 밀어주는 운이다. 또는 재물로 인하여 누군가와 의견대립이 될 수 있는 운으로 구설이 따를 수 있는 운이 있다.

　1번에 4번 총운에서 들어오는 살을 보면 역마살(驛馬殺)이 들어오고 있는 운이다. 마음이 항상 불안하며 분주하고 가만히 있지 못하고 활동을 많이 하는 운이요, 3번에서 들어오는 재물궁의 역마운(驛馬運)을 더욱 강하게 하는 살로 재물로 인하여 분주하게 활동을 할 수 있는 운이다.

　2번의 인덕궁이요 부모궁에 들어오는 살을 보려면 먼저 2번 자체에서 발생되는 살을 보아야 한다. 2번에서 지살(地殺)이 들어오고 있는 운이다. 지살(地殺)은 안정을 뜻하는 살로 대인관계가 원만하며 안정되어 있는 운이요, 주위에 많은 사람들이 따를 수 있는 운이라고 할 수 있다.

2번에 1번의 명궁이요 성격궁이요 조상궁에서 들어오는 살을 보면 겁살(劫殺)과 파살(破殺)이 들어오고 있는 운이다. 겁살(劫殺)은 충격을 주며 자극을 받을 수 있는 살이요, 파살(破殺)은 어떤 일이나 상황 등을 유지하지 못하고 흐트러버리는 살이다. 따라서 2번은 부모운으로 부모로 인하여 놀랠 일이 있을 운이요, 부모와 이별할 수 있는 운이요, 부모와 멀어지는 운이라고 할 수 있는 운이다.

2번에 3번의 부부궁이요 재물궁에서 들어오는 살을 보면 망신살(亡身殺)에 해살(害殺)이 들어오고 있다. 재물에 대한 욕심을 부리다 다른 사람에게 구설이 있을 운이요, 주위의 사람들에게 손해를 볼 수 있는 운이요, 3번은 부부운이라 이성문제로 망신당하고 구설을 들을 일이 발생할 수 있는 운이요, 부부간의 이별이 있을 운이요, 부부간에 덕과 정없이 지낼 수 있는 운이라고 할 수 있다.

2번에 4번 총운에서 들어오는 살을 보면 망신살(亡身殺)과 원진살(怨嗔殺)이 들어오고 있는 운이다. 4번 총운은 앞에서 일어나고 있는 운을 강하게 밀어주는 운으로 여기서는 3번의 부부간의 이별이나 이성문제로 발생하는 망신살을 더욱 강하게 밀어주는 살이다.

3번의 부부궁이요 재물궁에 들어오는 살을 보려면 먼저 3번 자체에서 발생하는 살을 보아야 한다. 3번 자체에서 지살(地殺)이 들어오고 있으니 생활에는 어려움 없이 지낼 수 있는 운이요, 많은 이성과 관계가 있을 수 있는 운이다.

3번에 1번의 성격궁에서 들어오는 살을 보면 역마살(驛馬殺)에 상충살(相沖殺)이 들어오니 재물을 구하기 위하여 사방으로 분주하게 활동을 많이 할 수 있는 운이다. 또 1번은 마음이요 3번은 부부운이라 이성의 편력이 있을 수 있거나 이성교제가 많을 수 있는 운으로 상충살(相沖殺)은 그러한 일들을 더욱 강하게 자극하는 운이라고 할 수 있는 운이다.

3번에 2번의 인덕궁이요 부모궁에서 들어오는 살을 보면 겁살(劫殺)에 해살(害殺)이 들어오고 있으니 부부간에 정과 덕이 없어 멀어질 운이요, 부부간에 상대를 억압하여 자신의 뜻대로 하려고 할 수 있는 운이요, 부부간에 서로 돕고 의지하는 운이 아니라 상대에게 해를 입힐 수 있는 운이라고 할 수 있으니 자신의 욕망만을 생각하면서 생활할 수 있는 사람이다.

3번에 4번 총운에서 들어오는 살을 보면 지살(地殺)이 들어오고 있다. 3번을 밀어주는 운이 강하다고 할 수 있는 운이요, 생활에는 어려움 없이 안정된 생활을 할 수 있는 운이다.

4번 총운이요 자손궁이요 말년운을 보려면 1번부터 순서대로 보아야 한다. 1번의 성격궁에서 들어오는 살을 보면 월살(月殺)이 들어오고 있는데 월살(月殺)은 혈육간의 이별을 말하는 살로 말년에 혈육의 정을 잃고 혼자 외롭게 지낼 수 있는 운이다.

4번에 2번의 인덕궁에서 들어오는 살을 보면 반안살(攀安殺)과 원진살(怨嗔殺)이 들어오고 있다. 반안살(攀安殺)이란 비명횡사나 편안함을 뜻하는 살이다. 이 운에서는 모든 인덕을 잃고 외롭게 지낼 수 있는 운이요, 누군가로부터 해를 받을 수도 있는 운으로 다른 사람과 원한이 있을 수 있는 운이요, 자손들의 정을 잃고 외로울 수 있는 운이다.

4번에 3번의 재물궁이요 부부궁에서 들어오는 살을 보면 화개살(華蓋殺)이 있는 운이다. 화개살(華蓋殺)은 꾸민다, 장식한다, 화려하다, 깔끔하다, 고집이 강하다 등의 뜻으로 말년에도 끼를 버리기 어려울 운이요, 자신의 욕심만을 생각하면서 지낼 수 있는 운이다.

4번에 4번 총운에서 들어오는 살을 보면 화개살(華蓋殺)이라 죽어도 자신의 주장대로 살아갈 운이요, 자존심이 강하여 곧 죽어도 자신의 뜻을 굽히려 하지 않을 운이다.

예 13) 1910년 8월 19일 사시생(巳時生)이면

　　1. 庚戌 : 3.陰, 4.死

　　2. 乙酉 : 1.病, 3.龍, 4.官

　　3. 庚寅 : 1.官, 2.死, 4.福

　　4. 辛巳 : 1.龍, 2.陰府

이 살은 제1의 십이지신살(十二支神殺)과 같이 자체에서 드는 살은 없다. 있어도 태양(太陽)이라 기록하지 않는 것이다.

1번의 명궁이요 성격궁이요 조상궁에 들어오는 살을 보면 3번의 재물궁이요 부부궁에서 음부살(陰府殺)이 들어오고 있다. 초년에 재물로 인하여 말하기 어려운 일이 발생할 수 있는 운이요, 초년에는 부모가 재물에 해당하니 부모의 근심이 있을 운이요, 부모로 인하여 말하기 어려운 일이 있을 운이요, 학업도 재물이라 학업으로 어려움이 있을 운이요, 바른 학업을 하기 어려울 운이라고 할 수 있는 운이다. 또 1번은 성격이니 성격이 활달하거나 명랑하지 못하고 속마음을 말하지 않으며 음침할 수 있는 성격이요, 내성적인 성격이 있을 수 있는 사람이라고 할 수 있는 운이다.

　1번에 4번 총운에서 들어오는 살을 보면 사부살(死府殺)이 들어오고 있다. 4번 총운은 앞의 살들을 강하게 밀어주는 작용을 하는 살로 성격을 죽여서 더욱 음침하고 내성적인 성격이 되게 할 수 있는 운이요, 학업을 중도에서 포기하게 할 수 있는 운을 더욱 강하게 작용시키는 운이요, 부모와의 이별이나 부모의 근심을 더욱 강하게 하는 운이라고 할 수 있는 운이다.

　2번의 부모궁이요 인덕궁에 발생하는 살들을 보면 1번의 성격궁이요 명궁에서 들어오는 살이 병부살(病府殺)이 들어오고 있다. 대인관계에서 활달하지 못하고 자신감이 없을 운이니 다른 사람 앞에 서면 기가 약해지는 운이요, 부모로 인하여 마음에 상처를 받을 수 있는 운이라고 할 수 있는 운이다.

　2번에 3번의 부부궁이요 재물궁에서 들어오는 살을 보면 용덕(龍德)이 들어오고 있는 운이다. 용덕(龍德)은 길한 운으로 대인관계에서 재물복이 좋은 운이요, 주위에서 많은 사람들이 협조해주는 운이요, 좋은 배우자를 만날 수 있는 운으로 인덕이 있을 운이다.

　2번에 4번 총운에서 들어오는 살을 보면 관부살(官府殺)이 들어오고 있다. 4번은 앞의 살을 자극하고 밀어주는 힘이 강한 운이라 3번의 대인관계를 더욱 길한 운이 되도록 밀어주는 운이다.

　3번의 부부궁이요 재물궁에 들어오는 살을 보면 1번의 명궁이요 성격궁에서 관부살(官府殺)이 들어오고 있다. 재물복이 좋을 운이요, 재물에 대한 욕심이 많을 운이요, 출세에 대한 욕망도 많은 운이라고 할 수 있는 운이다.

3번에 2번의 인덕궁에서 들어오는 살을 보면 사부살(死府殺)이 들어오고 있다. 재물에 대한 욕심도 많고 뜻도 크게 갖고 있는 운이나 협조하는 사람이 적고 마가 많아 마음먹은 만큼 성취하기 어려운 운이요, 부부간에 덕이나 정이 없을 운이거나 부부간에 생리사별이 있을 운이다.

3번에 4번 총운에서 들어오는 살을 보면 복덕운(福德運)이 들어오고 있다. 이 운은 출세의 욕망이나 재물에 대한 집착이나 욕심을 더욱 강하게 하는 복덕(福德)이요, 부부간에 생리사별 후에 새로운 인연을 만나는데 덕과 정이 있어 나를 도와줄 좋은 사람을 만날 수 있는 운이다.

4번 총운이요 말년운이요 자손궁에 들어오는 살을 보면 1번에서 용덕운(龍德運)이 들어오고 있다. 말년의 성격은 호인이요, 덕을 갖춘 성격을 가진 사람이 될 수 있는 운이다.

4번에 2번의 인덕궁에서 들어오는 살을 보면 음부살(陰府殺)이 들어오고 있으니 내인관계에서 말이 없을 운이다. 또 4번은 자손궁이요 2번은 인덕운이니 말년에 자손으로 인하여 말못할 일이 있을 운이요, 말년에 뒤에서 도와줄 사람이 있을 운이라고 할 수 있다.

예 14) 1930년 윤 6월 23일 축시생(丑時生)이면

    1. 庚午 : 2.弔, 3.龍, 4.死

    2. 甲申 : 1.喪, 3.福, 4.龍

    3. 己亥 : 1.死, 4.弔

    4. 乙丑 : 1.龍, 2.死, 3.喪

1번의 명궁이요 성격궁이요 조상궁에 들어오는 살을 보면 2번에서 조객살(弔客殺)이 들어오니 초년에 부모의 정이 없을 운이요, 초년에 인덕을 잃을 운으로 어려서는 친구가 없고 나를 도와줄 사람이 없다. 요즘 말로 따돌림을 당할 수 있는 운이다. 또 조객살(弔客殺)이 성격궁에 들어 있으니 마음이 명랑하지 못하고 근심이 많을 운이요, 마음을 잃는 운이라 누군가의 억압으로 내 마음을 내 뜻대로 하지를 못할 운이요, 대인관계에서 조객살(弔客殺)이라 여러 사람 앞에 나서는 것을 꺼릴 수 있는 성격이 있다.

1번에 3번의 재물궁에서 들어오는 살을 보면 용덕(龍德)이 들어오니 초년에는 부모의 정이 좋을 운이요, 의식주의 어려움 없이 편안하게 생활할 수 있는 운이요, 학업도 뜻대로 좋은 학문을 할 수 있는 운이 있다. 이 사주는 혼자하는 일은 잘할 수 있으나 다른 사람들과 어울리는 일에는 관심이 없을 운이라고 할 수 있다.

1번에 4번 총운에서 들어오고 있는 살을 보면 4번 총운은 앞에서 들어오는 살을 강하게 하는 성격의 살인데 여기서는 인덕을 죽이고 대인관계에서 외롭게 하는 운이요, 내성적인 성격을 더욱 강하게 밀어주는 역할을 하는 사부살(死府殺)이 들어오고 있다.

2번의 인덕궁이요 부모궁에 들어오는 살을 보면 1번에서 상문살(喪門殺)이 들어오고 있으니 인덕이 없다. 대인관계에서 마음이 위축되는 운이요, 성격이 활달하지 못하고 내성적일 수 있는 운이요, 부모와 정이 없고 멀어질 수도 있는 운이다.

2번에 3번의 부부궁이요 재물궁에서 들어오는 살을 보면 복덕(福德)이 있는 운이니 재물복이 좋을 운이다. 많은 사람을 상대로 개인적인 사업을 해야 재물을 모을 수 있는 운이요, 좋은 배우자를 만나 부부의 정과 덕이 좋아 화목한 가정을 꾸리면서 생활할 수 있는 운이다.

 2번에 4번 총운에서 들어오는 살을 보면 용덕(龍德)이 들어오고 있는 운이다. 용덕(龍德)은 길한 운이요, 4번은 총운으로 앞의 살을 강하게 자극하는 운이라 많은 사람들을 상대로 치부하는 일은 더욱 길한 운으로 협력하는 운이요, 부부의 좋은 인연을 더욱 좋은 인연으로 만들어주는 운이라고 할 수 있는 운이다.

 3번의 부부궁이요 재물궁에 들어오는 살을 보면 1번에서 사부살(死府殺)이 들어오고 있으니 재물은 벌어도 쓸 줄 모르는 사람이요, 많은 재물이 있어도 마음은 항상 어렵고 힘들게 살아갈 운이요, 부부간에 이별수가 있어 이별하고 마음을 상할 수 있는 운이다. 속된 말로 땅많은 거지라는 말이 있는데 재물을 많이 벌어도 내가 사용할 재물은 없는 운이라고 할 수 있다.

 3번에 4번 총운에서 들어오는 살을 보면 조객살(弔客殺)이 있는 운이다. 4번은 앞에서 들어오는 살을 강하게 밀어주는 역할을 하는 살이라 부부의 이별을 강하게 밀어주는 살로 1번에서 들어오는 살을 너욱 강하게 하는 살이라고 생각해야 할 것이다.

 4번 총운에 들어오는 살을 보면 1번의 성격궁이요 명궁에서 용덕(龍德)이 들어오고 있는 운이다. 말년에 성격은 호인으로 악의가 없고 말이 없을 사람이요, 덕이 있는 성격이라고 해야 할 운이다.

 4번에 2번의 인덕궁에서 들어오는 살을 보면 사부살(死府殺)이 들어오고 있으니 말년에 인덕이 없을 운이요, 주위에 사람이 없을 운이요, 말년에 자식에게 인격적인 대우를 받지 못하며 힘없이 살아갈 운이다.

4번에 3번의 부부궁이요 재물궁에서 들어오는 살을 보면 상문살 (喪門殺)이 들어오고 있으니 말년에 재물복이 없을 운이요, 말년에 부부의 인연이 없을 운이요, 말년에 자손으로부터 도움을 받기 어려울 운으로 말년운이 말없이 조용하게 지내는 호인의 성격이다. 말년에 인덕이나 재물덕이나 자손의 덕이 없어 외롭게 지낼 수 있는 운이다.

예 15) 1944년 2월 29일 인시생(寅時生)이면

       1. 甲申 : 2.死, 怨,3.弔, 4.沖

       2. 丁卯 : 1.龍, 怨, 3.死

       3. 丙戌 : 1.喪, 2.龍, 4.陰, 4.紅

       4. 庚寅 : 2.病, 3.官, 1.沖

1번의 조상궁이요 성격궁이요 명궁에 들어오는 살을 보면 2번의 인덕궁이요 부모궁에서 사부살(死府殺)과 원진살(怨嗔殺)이 들어오는 운으로 원진살(怨嗔殺)은 다른 사람과 유대관계가 어렵다는 운이요, 또한 2번은 인덕으로 다른 사람들과 원한을 살 수 있는 살이라 사람들과 어울리지 못하는 성격도 있을 수 있는 운이다. 또한 초년에 건강에 어려움이 있을 운으로 타인으로부터 생명의 위험을 받을 수 있으며, 조상과 멀어질 수도 있는 운이다. 초년에는 인덕이 없고 부모덕이 없을 운이요, 또는 부모와 이별수가 있는 운이라 어려움이 많이 발생할 수 있는 운이다.

1번에 3번의 부부궁이요 재물궁에서 들어오는 살을 보면 조객살 (弔客殺)이 들어오고 있는 운이다. 초년에는 부모가 재물이라 여기서는 재물을 잃을 수 있는 운으로 초년에 부모와 이별수가 있을 수 있는 운이다. 2번의 이별수와 같이 동주(同住)하면 이별수가 더욱 강화되는 운이라고 할 수 있는 운이다. 또한 초년에는 학업이 재물이라 학업운이 어렵고 힘들 수 있는 운이다.

1번에 4번 총운에서 들어오는 살을 보면 상충살(相沖殺)이 들어오니 상충살(相沖殺)은 어떤 일이나 상황에 자극을 주는 살로 여기서는 2번의 인덕이 없고 부모덕이 없는 운을 더욱 자극할 수 있는 살이요, 3번의 재물에 어려움을 더욱 어렵게 할 수 있는 살이라고 할 수 있다.

2번의 인덕이요 부모궁에 들어오는 살을 보면 1번의 성격궁이요 명궁에서 오는 살을 보면 용덕운(龍德運)이 들어오고 있는 운이요, 원진살(怨嗔殺)이 들어오고 있다. 여기서 주의해야 하는데 용덕(龍德)은 길한 운이요, 원진살(怨嗔殺)은 멀어지고 원한을 살 수 있는 살이라 반대의 뜻이 있는 관계로 주의를 요하는 것이다. 용덕운(龍德運)은 대인관계의 용덕(龍德)으로 대인관계나 인덕은 좋을 수 있는 운이나 부모의 징이나 넉은 없을 운이고 부모와 멀어질 운이 있는 것이니 1번에서 3번이 바로 육체적인 부모의 재물을 뜻하고 있기 때문이다. 보는 방법은 연관성이 있기 때문에 앞에서부터 보다보면 누구와의 관계요, 또는 무엇이라고 하는 것을 알 수 있는 것이니 주의하기 바란다.

2번에 3번에서 부부궁이요 재물궁에서 들어오는 살을 보면 사부살(死府殺)이 들어오고 있으니 나에게 금전이나 재물을 도와줄 인연이 적은 운이다.

3번의 부부궁이요 재물궁에 들어오는 살을 보면 1번에서 상문살

171

(喪門殺)이 들어오고 있으니 재물에 대한 욕망과 의욕을 상실하는 운으로 매사에 욕심이 없는 운이요, 또는 3번은 부부궁이요 1번은 마음 즉 성격궁이라 부부간에 마음을 상할 일이 있을 운이요, 부부의 근심이 있을 운이다.

3번에 2번의 인덕궁에서 들어오는 살을 보면 용덕(龍德)이 들어오고 있으니 부부의 인덕이 있고, 정이 있을 운이나 부부의 이별수로 근심을 얻을 수 있는 운이요, 이성이 많이 있을 수 있는 운이다.

3번에 4번 총운에서 들어오는 살을 보면 음부살(陰府殺)과 홍염살(紅艶殺)이 들어오고 있으니 바람끼가 많이 발동할 수 있는 운이다. 따라서 부부의 이별이 발생할 수 있는 운이라 2번의 용덕운(龍德運)은 많은 이성이 생길 수 있는 것을 말하고 있는 것이다.

4번의 말년운이요 자손운이요 총운에 들어오는 살을 보면 1번의 성격궁에서 상충살(相沖殺)이 들어오고 있는 운이다. 이 살은 어떤 일이나 상황을 자극하는 운으로 다른 어떤 살이 동주(同住)하는가를 살펴가면서 해설해야 하는데 다음의 2번과 3번을 설명하면서 하기로 한다.

4번에 2번의 인덕궁에서 들어오고 있는 살을 보면 병부살(病府殺)이 들어오고 있으니 말년에 인덕이 병드는 운이라 인덕이 없을 운이요, 대인관계가 어려움이 있을 운이다. 말년은 자손궁으로 말년에 자손으로부터 인덕이 없을 운이며 외로울 수 있는 운이다.

4번에 3번의 부부궁이요 재물궁에서 들어오는 살을 보면 관부살(官府殺)이 들어오고 있으니 말년에 재물관계로 구설수가 있을 운이요, 말년에 이성문제로 구설을 들을 일이 발생할 운이요, 말년에 자손으로부터 재물로 인하여 어려움이 따를 수 있는 운이다.

예 16) 1974년 4월 27일 술시생(戌時生)이면

    1. 甲寅 : 2.福, 3.龍, 4.官
    2. 己巳 : 3.弔, 4.龍
    3. 己未 : 1.死, 2.喪, 4.福
    4. 甲戌 : 1.陰府, 2.死

 1번의 초년궁이요 명궁에 들어오는 각종 살을 보면 2번의 인덕궁이요 부모궁에서 복덕(福德)이 들어오고 있으니 초년에는 부모의 덕이 많고 정이 좋을 운으로 부모의 사랑을 많이 받을 운이다. 또한 대인관계에 있어서 인덕이 있는 운이요, 귀(貴)하게 성장할 수 있는 운이요, 초년에 주위에 많은 사람들이 따를 수 있는 운이다.

 1번에 3번의 재물궁에서 들어오는 살을 보면 용덕운(龍德運)이 들어오고 있으니 초년에 재물복이 좋을 운이요, 초년에 급제할 수 있는 운이요, 학업운이 좋을 운이요, 일찍 이성을 알게 될 수도 있는 운이 있다.

 1번에 4번 총운에서 들어오는 운을 보면 관부운(官府運)이 늘어오고 있는 운이다. 4번은 총운으로 앞에서 들어오고 있는 운을 밀어주는 운으로 여기서의 관부운(官府運)은 길한 운으로 부모덕을 도와주고 인덕을 도와줄 운이요, 재물복과 출세운과 학업운 등을 강하게 밀어주는 운으로 길한 운을 더욱 길하게 만들어주고 있는 운이라고 할 수 있는 운이다.

 2번의 인덕궁이요 부모궁에 들어오는 살을 보면 1번의 조상궁이나 성격궁에서는 어떤 살도 들어오고 있지 않는 운이라 평범한 성격이요, 모나지 않은 성격이라고 할 수 있는 운이다.

2번에 3번의 부부궁이요 재물궁에서 들어오는 살을 보면 조객살(弔客殺)이 들어오고 있으니 이 나이에 부모를 잃을 수 있는 운이요, 2번은 부모궁이요 3번은 재물궁으로 가정에 풍파가 일 수 있는 운이요, 구설수가 발생할 수 있는 운이다. 또 2번은 인덕궁이요 3번은 부부궁이라 부부의 정과 덕을 잃고 어려움이 있을 운이니 주의를 요하는 운이 있다. 또는 2번은 인덕이요 3번은 재물이라 이때는 직장에서 다른 사람의 모함이나 인덕을 잃어 직장을 잃을 운이 있는 운이요, 다른 사람의 사기에 의하여 재물을 잃을 수도 있는 운이 있다고 할 수 있다.

2번에 4번에서 들어오는 살을 보면 용덕운(龍德運)이 들어오고 있는 운이다. 4번은 총운으로 얼른 생각하면 길한 운으로 보기 쉬울 운이나 여기서의 용덕(龍德)은 3번의 조객살(弔客殺) 운을 더욱 강하게 밀어주는 용덕운(龍德運)이라고 할 수 있는 운이다.

3번의 부부궁이요 재물궁에 들어오는 살을 보면 1번에서 사부살(死府殺)이 들어오고 있는 운이다. 1번은 욕심, 마음, 성격이니 재물에 대한 욕심이 없을 운이요, 또는 재물을 잃고 허전할 운이다. 또는 직장을 잃고 마음이 위축될 수 있는 운이요, 또는 부부의 이별로 인하여 마음의 기가 죽고 힘이 없는 운이라고 할 수 있는 운이다.

3번에 2번의 인덕궁에서 들어오는 살을 보면 상문살(喪門殺)이 들어오고 있으니 부부를 잃을 수 있는 운이요, 또는 가까운 사람을 잃을 수 있는 운이다. 또는 의지하면서 지내는 사람을 잃을 수 있는 운이라고 할 수 있는 운이다.

3번에 4번 총운에서 들어오는 살을 보면 복덕운(福德運)이 들어오고 있는 운이다. 4번 총운은 앞에 있는 살들을 강하게 밀어주는 살이라 1번의 사부살(死府殺)과 3번의 상문살(喪門殺)을 강하게 도와주는 살로 부부의 이별이나 가까운 사람의 이별을 강하게 밀어주는 복덕(福德)이요, 마음의 고통이 많을 수 있는 일을 더욱 강하게 하는 살이라고 할 수 있는 운이다.

4번 총운이요 말년궁이요 자손궁에 들어오는 살을 보면 1번에서 음부살(陰府殺)이 들어오고 있는 운이다. 음부살(陰府殺)은 마음이 그늘지고 다른 사람 앞에 나서기를 싫어하는 운이요, 또는 남모르게 말없이 조용하게 나의 일만을 추진하면서 지낼 수 있는 운이라고 할 수 있다.

4번에 2번의 인덕궁에서 들어오고 있는 살을 보면 사부살(死府殺)이 들어오니 말년에는 인덕이 없고 주위에 사람이 없을 운이요, 혼자 쓸쓸하게 세월을 낚으면서 지낼 수 있는 운이라고 할 수 있다.

4번에 3번이나 4번에서는 드는 살이 없으니 재물궁이나 다른 면에서는 평범한 생활을 할 수 있는 운이라고 할 수 있다.

예 17) 1987년 9월 8일 미시생(未時生)이면
     1. 丁卯 : 2.死, 4.陰
     2. 庚戌 : 1.龍, 3.弔
     3. 壬子 : 1.福, 2.喪, 4.死
     4. 丁未 : 1.官, 2.福, 3.龍

1번의 조상궁이요 명궁이요 성격궁에 들어오는 살을 보면 2번의 인덕궁이요 부모궁에서 사부살(死府殺)이 들어오고 있으니 초년에 부모의 실수로 죽을 고비를 넘길 수 있는 운이요, 또는 다른 사람들로 인하여 죽을 고비를 넘길 수 있는 운이라고 할 수 있다.

1번에 4번 총운에서 들어오는 살을 보면 음부살(陰府殺)이 들어오고 있으니 성격이 말이 없고 순진할 수 있는 성격이요, 또는 말이 없는 내성적인 사람이라고 할 수 있는 운이다.

4번의 음부살(陰府殺)은 2번의 사부살(死府殺)을 강하게 밀어주는 힘이 있는 살이라 초년에 죽을 수 있는 고비가 누군가의 음해로 있을 수 있는 운이라고 할 수 있는 운이다.

2번의 인덕궁이요 부모궁에 들어오는 살을 보면 1번에서 용덕(龍德)이 들어오고 있으니 대인관계에 있어서 성격은 원만하고 무난한 성격이요, 많은 사람들과 잘 어울릴 수 있는 운이라고 할 수 있다.

2번에 3번의 부부궁이요 재물궁에서 들어오는 살을 보면 조객살(弔客殺)이 들어오고 있는 운이다. 그래서 많은 사람을 상대하고 호감이 가는 일이라도 그 사람들로 인하여 얻는 것이 없을 운이요, 또한 많은 사람들에게 재물에 손해를 입을 수 있는 운이다. 또한 나를 좋아하고 따르는 사람들이 나를 도와주기 위하여 따르는 사람이라기 보다는 나를 이용하기 위하여 주위에 사람들이 따르는 운이라고 할 수 있는 것이다. 또는 3번은 부부궁이요 2번은 인덕궁이라 부부의 인덕이 없는 운으로 부부의 정이나 덕이 없을 운이요, 부부의 인연이 박할 수 있는 운이 있다.

3번의 부부궁이요 재물궁에 들어오고 있는 살을 보면 1번의 명궁이요 성격궁에서 복덕(福德)이 들어오고 있으니 재물에 욕심이 많고, 재물복이 있을 운으로 재물에는 어려움이 없을 운이라고 할 수 있는 운이다. 또는 이성에 좋은 운으로 좋은 인연을 만날 수 있는 운이다.

3번에 2번의 인덕궁에서 들어오는 살을 보면 상문살(喪門殺)이 들어오고 있으니 나의 재물을 탐하는 사람이 많이 있을 운이요, 사람들이 나의 재물이나 사업에 협력하는 사람들이 없을 운이다. 또는 직장이 재물이라 직장에서 많은 사람들이 나를 시기하고 질투하여 대인관계에서 어렵고 외로운 운이 있을 수 있는 운이다. 또한 3번은 부부궁이요 2번은 인덕궁이라 부부의 인덕이 없으며 정이 없을 운이다. 또는 부부의 이별이 있을 운이라고 할 수 있는 운이 있으나 새로운 인연이 생길 수 있는 운으로 좋은 인연을 만날 수 있는 운이다.

3번에 4번 총운에서 들어오는 살을 보면 사부살(死府殺)이 들어오고 있는 운이다. 4번은 앞에 있는 살들을 강하게 밀어주는 살로 여기서는 2번의 인덕궁에서 들어오는 상문살(喪門殺)을 강하게 밀어주는 살로 인덕이 없을 운이 더욱 강화되는 운이다. 또는 부부의 이별을 더욱 강하게 작용하는 운이요, 직장에서의 덕이 없고 혼자 외로울 운을 더욱 강하게 작용하는 운으로 나는 선한마음 바른 마음 정직한 마음으로 상대를 대하면서 성실하고 진실되게 살아가려고 노력하고 있는 운이나 나를 돕고 따르려고 하는 사람은 없는 운이리고 할 수 있는 운이다.

4번 총운이요 말년운이요 자손궁에 들어오는 살을 보면 1번의 성격궁이요 명궁에서 드는 살이 관부살(官府殺)이 들어오고 있는 살로 성격이 말년에는 다른 사람에게 지려고 하지 않고 자신의 주장이 강하고 욕심이 많을 수 있는 운이 있다. 또는 말년에 관대를 찰 수 있는 운으로 말년에 새로운 인연을 만날 수 있는 운이 있다.

4번에 2번의 인덕궁이요, 부부궁에서 들어오는 살을 보면 복덕(福德)이 들어오고 있으니 말년에 인덕이 있어 많은 사람들의 도움이 있을 운이요, 4번은 자손궁이요 2번은 인덕궁이라 말년에 자손으로부터 인덕이 있어 자손의 정을 받을 수 있는 운이요, 보호를 받을 수 있는 운이다. 또한 말년에 나의 어려움을 도와줄 사람이 있을 운이라 말년운은 길한 운이다.

4번에 3번의 부부궁이요 재물궁에서 들어오는 살을 보면 용덕(龍德)이 들어오고 있는 운이요, 3번은 부부궁으로 말년에 새로운 부부의 인연을 만나는데 좋은 인연을 만나 편안할 수 있는 운이다. 또한 말년에 자손으로부터 경제적인 도움이 있어 재물에 어려움이 없을 운이다. 이 사주는 말년복이 좋은 운으로 대길하다고 할 수 있다.

예 18) 1897년 5월 23일 사시생(巳時生)이면

     1. 丁酉 : 1.貴, 3.祿, 災, 弔, 2.肉, 4.官
     2. 丙午 : 1.祿, 福, 2.刃, 將, 1.4 年, 3.肉, 龍, 貴
     3. 辛亥 : 1.2.貴, 1.4 馬, 2.劫, 死, 3.地, 1.喪
     4. 癸巳 : 1.祿, 陰, 1.4 地, 2.亡身, 3.馬

1번의 명궁이요 성격궁이요 초년궁이요 조상궁에 들어오는 살을 보면 1번 자체에서 귀(貴)가 들어오고 있으니 초년시절에 성격이 안정되고 편안한 성격으로 거짓을 모르는 성격이요, 매사가 진실되어 허황되지 않는 성격이요, 또한 사람이 의젓하고 얌전한 성격으로 조상의 뜻에 순종하면서 안정된 생활을 할 수 있는 운이다. 또한 초년에는 조상이나 웃어른들로부터 귀여움을 받으면서 성장할 수 있는 운이요, 또는 내성적으로 혼자 외롭고 쓸쓸하게 지낼 수 있다.

1번에 들어오는 살을 보면 2번의 인덕궁이요 부모궁에서 육해살

(肉害殺)이 들어오고 있으니 초년에 부모와 이별수가 있는 운이다.

1번에 들어오고 있는 살을 보면 3번의 재물궁에서 녹(祿)과 재살(災殺)과 조객살(弔客殺)이 들어오니 녹(祿)은 좋은 운이요, 재살(災殺)과 조객살(弔客殺)은 불운한 살로 여기서는 구분해야 하는데 3번의 재물궁은 초년에는 부모가 재물이요 학업도 재물이라 여기서 2번의 부모궁에서 들어오는 살을 보면 육해살(肉害殺)로 부모와 이별하는 운이라 여기 3번의 조객살(弔客殺)이나 재살(災殺)은 부모와 이별을 말하는 운이요, 녹(祿)으로 들어오는 운은 초년에 조상덕으로 조상의 슬하에서 많은 학업을 할 수 있는 운이다. 또는 조상의 유업을 초년에 이어 받을 수 있는 운이라고 할 수 있다.

1번에 들어오는 살을 보면 4번 총운은 앞에서 들어오는 살을 강하게 작용시키는 운으로 이 운에서는 관부살(官府殺)이 들어오고 있는 운이다. 관부(官府)는 욕심, 욕망, 의지, 출세를 말하는 운으로 여기의 운에서는 3번의 녹(祿)을 도와 학업의 운을 더욱 강하게 작용하는 운이요, 또는 조상의 업을 이어받아 사업을 할 수 있는 것을 강하게 작용시키는 운이라고 할 수 있을 것이다.

이 운은 초년에 부모와 이별은 있어도 인덕이 있고 조상덕이 있어 안정되고 편안한 생활을 할 수 있는 운이요, 악하지 못하고 선하게 생활할 수 있는 운이다.

2번의 부모궁이요 인덕궁에 들어오는 살을 보면 2번 자체에서 양인살(羊刃殺)이 들어오고 있는 운이요, 장성살(將星殺)이 들어오고 있으니 가까운 사람과 이별이 있을 운이요, 부모와 이별이 있을 운이나, 또한 대인관계에 있어서 다른 사람에게 지는 것을 싫어하고 자신의 주장을 강하게 내세우는 성격이요, 시기와 질투가 있을 수 있거나, 또는 다른 사람의 뒤를 따르는 것 보다는 다른 사람을 리더 하려고 하는 성격으로 자신의 의지가 강한 사람이다.

2번에 들어오는 살을 보면 1번의 조상궁이요 성격궁에서 녹(祿)이 들어오고 있는 운이요, 년살(年殺)과 복덕(福德)이 들어오고 있으니 인덕이 있어 많은 사람들이 따를 수 있는 운이요, 대인관계에서 악이 없는 호인지상으로 순하고 덕이 있는 성격운이다. 또한 2번의 운은 장년시절이라 많은 이성교제가 있을 수 있는 운이요, 많은 이성이 따를 수 있는 운이라고 할 수 있다.

2번에 들어오는 살을 보면 3번의 부부궁이요 재물궁에서 귀(貴)와 육해살(六害殺)이 들어오고 있는 운이다. 육해살(六害殺)은 육친을 의미하는 살로 이 나이는 결혼할 수 있는 운으로 이 운에서는 부부의 인연이 적어 결혼이 잘 어울리지 않을 수 있을 운이요, 또는 부부의 이별이 있을 수도 있는 운으로 혼자 외롭게 지낼 수 있을 운있다. 또는 2번은 부모운이라 부모와 이별하고 혼자 외로울 수 있을 운이다. 그래서 여기서의 귀(貴)는 귀(貴)하다고 하는 의미로 귀하다고 하는 뜻은 없다고 할 수 있는 것으로 혼자 외롭다고 보아야 하기 때문이다.

2번에 들어오는 살을 보면 4번 총운에서 년살(年殺)이 들어오니 년살(年殺)은 마음을 잡지 못하는 운이요, 바람이 드는 운이요, 안정감이 없고 불안한 일이 있을 수 있는 운이요, 풍파가 있을 수 있는 운이다. 2번은 부모궁이요 인덕궁이라 부모로 인하여 안정감을 잃고 부모의 근심걱정이 있을 수 있는 운이요, 2번의 육해살(六害殺)을 강하게 작용시킬 수 있는 운이요, 2번 자체에서 들어오는 양인살(羊刃殺)로 인하여 인덕을 잃고 외로울 운을 강하게 작용하는 운이라고 할 수 있다.

3번의 부부궁이요 재물궁에서 들어오는 살을 보면 3번 자체에서 지살(地殺)이 들어오고 있다. 지살(地殺)은 생활의 안정감을 나타내고 있는 운으로 생활에는 큰 어려움 없이 지낼 수 있는 운이요, 안정된 생활을 추구하는 성격으로 투기는 별로 좋아하지 않을 수 있는 운이다. 또한 부부의 생활에도 조용하고 편안하게 지내기를 원하는 사람으로 가정을 조용하고 편안하게 지내기를 원하는 사람이다.

3번에 들어오는 살을 보면 1번의 명궁이요 성격궁에서 귀(貴)와 역마살(驛馬殺)과 상문살(喪門殺)이 들어오고 있으니 재물관계로 활동을 많이 할 수 있는 운이요, 재물에 대한 노력은 많이 있을 수 있을 운이나 항상 마음에 차지않고 노력의 댓가가 별로 없는 운이라 마음에 양(量)이 차지않는 운이라고 할 수 있는 운이다.

3번에 들어오는 살을 보면 2번의 부모궁이요 인덕궁에서 겁살(劫殺)에 사부살(死府殺)이 들어오고 있으니 인덕이 없을 운이요, 사람늘이 나를 이용하려고 접근하는 운이나 나를 도와주기 위하여 나를 찾는 사람이 없을 운이요, 또는 부부의 인덕이 적어 부부간에 살기는 살아도 의무적으로 사는 정도요, 정없이 살아가는 부부운이라고 할 수 있을 것이다. 또는 2번은 부모운이라 부모의 정이나 덕이 재물면에서는 없을 운이라고 할 수 있다.

3번에 들어오는 살을 보면 4번 총운에서 역마살(驛馬殺)이 들어오고 있으니 평생 재물로 인하여 활동을 많이 하면서 지낼 수 있는 1번의 운을 강하게 작용하는 운이다. 또는 부부의 안정이 없어 많은 이성과의 관계를 맺으면서 생활할 수 있을 운이다. 예를 들어 춤선생이나 이성을 많이 상대하는 생활을 하면 좋을 운이다.

4번의 말년운이요 총운이요 자손궁에 들어오는 살을 보면 1번의 명궁이요 성격궁에서 녹(祿)과 지살(地殺)과 음부살(陰府殺)이 들어오고 있으니 말년운이 안정되고 편안하여 좋은 편이요, 말년에 말 없이 조용하게 지낼 수 있는 성격이라고 할 수 있는 운이다.

4번에 들어오는 살을 보면 2번의 인덕궁에서 망신살(亡身殺)이 들어오고 있으니 말년에 자손들로 인하여 구설을 들을 일이 발생하는 운이요, 또는 다른 사람으로 인하여 구설을 들을 일이 있을 수 있는 운이다.

4번에 들어오는 살을 보면 3번에서 역마살(驛馬殺)이 들어오고 있으니 말년에 사업이나 재물로 인하여 분주할 수 있는 운이요, 또는 이성문제로 안정되지 않고 분주할 수 있는 운이다.

4번에 들어오는 살을 보면 4번 자체에서 지살(地殺)이 들어오고 있으니 말년의 생활은 조용하고 편안하게 지낼 수 있는 운이다.

예 19) 1931년 8월 21일 해시생(亥時生)이면
  1. 辛未 : 3.貴, 死, 伴, 2.弔, 月, 4.陰, 1.華
  2. 丁酉 : 1.4.祿, 災, 2.貴, 將, 1.喪 3.龍, 肉, 4.弔
  3. 庚寅 : 1.貴, 龍, 劫, 2.死, 1.4 亡, 3.地
  4. 丁亥 : 1.官, 2.喪, 馬, 3.福, 劫, 1.4 地

1번의 초년궁이요 명궁이요 성격궁에 들어오는 살을 보면 1번 자체에서 화개살(華蓋殺)이 들어오고 있으나 미(未)는 음(陰)으로 내성적이며 말이 적을 수 있으나 매사에 분명하며 명확하게 처리하는 것을 좋아하는 성격이요, 신용과 의리가 강할 수 있는 성격이다. 그러나 외부로 발설하지 않아도 심중은 명확한 성격이 있는 사람이다.

1번에 들어오는 살을 보면 2번의 부모궁이요 인덕궁에서 조객살(弔客殺)에 월살(月殺)이 들어오니 월살(月殺)은 혈육간에 있는 살이라 부모와 이별수가 있을 운이다. 양자로 가거나 양부모를 둘 수 있는 운이 있다.

1번에 들어오는 살을 보면 3번의 부부궁이요 재물궁에서 귀(貴)에 사부살(死府殺)에 반안살(攀安殺)이 들어오고 있는 운이요, 초년에는 부모가 재물인데 여기서 사부살(死府殺)이나 반안살(攀安殺)은 잃는 운이라 초년에 부모를 잃고 혼자 외롭게 성장할 수 있는 운이요, 또한 초년에 의식주생활에 어려움이 많아 생활에 지장이 많이 있을 수 있는 운이다. 또한 학업이 재물의 운이라 초년에 학업에 어려움이 많이 있을 수 있고 학업이 중단될 수 있는 운이다.

1번에 들어오는 살을 보면 4번에서 음부살(陰府殺)이 들어오고 있는 운이나 4번은 앞에서 들어오는 살을 강하게 작용하는 살로 이 운에서의 음부(陰府)는 말못할 일, 떳떳하지 못한 일, 바르지 못한 일 등으로 2번의 살과 3번의 살을 더욱 강하게 밀어주는 역할을 하는 운이라고 할 수 있다.

2번의 부모궁이요 인덕궁에 들어오는 살을 보면 2번 자체에서 귀(貴)에 장성살(將星殺)이 들어오고 있으니 대인관계에서 자존심이 강할 운이요, 또는 대인관계에서 다른 사람에게 지는 것을 싫어할 수 있는 운이요, 자신의 주장이나 욕심이 많을 수 있는 운으로 고집이 많이 있을 수 있는 운이다.

2번에 들어오는 살을 보면 1번의 명궁이요 성격궁에서 녹(祿)과 상문살(喪門殺)과 재살(災殺)이 들어오고 있으니 주위에 친구나 동료는 많이 있을 수 있으나 마음으로는 항상 부족하고 허전할 수 있는 운이요, 또는 대인관계에서 마음으로부터 얻는 것도 많이 있을 수 있으나 잃는 일도 많이 발생할 수 있는 운이다.

2번에 들어오는 살을 보면 3번의 부부궁이요 재물궁에서 용덕(龍德)에 육해살(肉害殺)이 들어오고 있는 운이다. 육해살(肉害殺)은 혈육만을 보는 살로 1번에서 들어오는 상문살(喪門殺)에 재살(災殺)이 있는 관계로 부부의 이별수가 있을 운이라고 할 수 있는 운이요, 또는 부부의 인연이 적을 수 있는 운이라고 할 수 있다. 또한 3번에서 들어오는 용덕운(龍德運)은 1번에서 들어오는 살 중에서 녹(祿)이 있는 운이라 3번에서 들어오는 용덕운(龍德運)은 재물의 운으로 재물복은 있을 수 있는 운이라고 할 수 있다.

2번에 들어오는 살을 보면 4번 총운에서 녹(祿)과 조객살(弔客殺)과 재살(災殺)이 들어오고 있는 운이다. 4번의 운은 앞에서 들어오는 살들을 더욱 강하게 작용시키는 살로 이 운에서 들어오는 녹(祿)은 1번의 녹운(祿運)과 3번의 용덕운(龍德運)을 더욱 강하게 작용시키는 운이라고 할 수 있는 운이요, 조객살(弔客殺)과 재살(災殺)은 부부의 이별을 더욱 강하게 하는 살이라고 할 수 있는 운이다.

3번의 부부궁이요 재물궁에 들어오는 살을 보면 3번 자체에서 지살(地殺)이 들어오고 있으니 평생 생활에는 큰 어려움 없이 지낼 수 있는 운이요, 매사에 있어서 안정된 생각으로 투기는 하지 않을 수 있는 운이요, 실속을 위주로 생활할 수 있는 운이다. 또한 부부의 생활에서도 무리하지 않고 조용하게 지내는 것을 좋아할 수 있는 사람이다. 또한 재물에 있어서 경거망동하지 않으며 속이 깊은 사람이라고 할 수 있을 것이다.

3번에 들어오는 살을 보면 1번의 명궁이요 성격궁에서 귀(貴)와 용덕(龍德)과 망신살(亡身殺)이 들어오고 있으니 재물에 대한 욕심이 많을 수 있는 운이다. 그러나 부부문제나 이성문제로 구설을 들을 일이 있을 수 있는 운이다.

3번에 들어오는 살을 보면 2번의 인덕궁이요 부모궁에서 사부살(死府殺)에 겁살(劫殺)이 들어오고 있으니 부부의 생리사별이 있을 수 있는 운이요, 부부간에 정과 덕이 없을 수 있는 운이 겁살(劫殺)이 있어서 더욱 심하게 나타날 수 있는 운이다.

3번에 들어오는 살을 보면 4번에서 망신살(亡身殺)이 들어오고 있는 운이나 4번의 운은 앞에서 들어오는 살을 더욱 강하게 작용시키는 살로 이 운에서는 부부의 이별운을 더욱 강하게 작용하는 살이라고 할 수 있다.

4번 총운이요 말년궁이요 자손궁에 들어오는 살을 보면 1번의 명궁이요 성격궁에서 관부살(官府殺)과 지살(地殺)이 들어오고 있으니 말년까지도 의식주생활에는 어려움 없이 지낼 수 있는 운이요, 안정된 생활을 추구할 수 있는 운이요, 마음은 항상 조용하면서도 자신의 주장이나 욕심이 많을 수 있는 성격이다.

4번에 들어오는 살을 보면 2번의 인덕궁에서 상문살(喪門殺)에 역마살(驛馬殺)이 들어오고 있으니 말년에도 대인관계로 분주하게 활동할 수 있을 운이나 소득은 없을 운이요, 말년에 자손과의 관계에서 이 자손 저 자손을 찾아다닐 수 있을 운이나 대우를 받지 못할 수 있는 운이라 말년에 대인관계가 외로울 수 있는 운이다.

4번에 들어오고 있는 살을 보면 3번의 부부궁이요 재물궁에서 복덕운(福德運)에 겁살(劫殺)이 들어오고 있으니 말년에도 재물복은 좋을 운이요, 생활에 어려움은 없을 운이다. 또한 말년에도 부부의 인연이 좋을 수 있을 운으로 마음에 드는 배우자를 만날 수 있을 운이라고 할 수 있다. 또한 말년에 자손들과의 관계에서는 자손들이 금전적인 협조는 있어도 자손의 인덕은 없을 수 있는 운이라고 할 수 있다.

4번 총운에 들어오는 살을 보면 4번 자체에서 지살(地殺)이 들어오고 있는 운이나 4번의 운은 앞에서 들어오고 있는 살을 더욱 강하게 밀어주는 운으로 이 운에서는 1번의 관부살(官府殺)에 지살(地殺)을 더욱 강하게 작용하는 운이요, 3번의 복덕운(福德運)에 겁살(劫殺)을 더욱 강하게 밀어주는 살이라고 할 수 있는 운이다

예 20) 1953년 11월 12일 묘시생(卯時生)이면
      1. 癸巳 : 1.3 貴, 2.死, 劫, 4.喪, 馬,1.地, 3.亡
      2. 甲子 : 1.4 祿, 1.龍, 肉, 3.弔, 災, 4.福, 年, 2.將
      3. 壬寅 : 2.祿, 馬, 喪, 1.福, 劫, 4.病, 亡, 3.地
      4. 癸卯 : 1.3 貴, 2.刀, 肉, 1.弔, 3.年, 4.將

1번의 초년궁이요 명궁이요 성격궁에 들어오는 살을 보면 1번 자체에서 귀(貴)에 지살(地殺)이 들어오고 있으니 조용하며 차분할 수 있는 성격이요, 또한 머리는 영리한 운이요, 사람이 의젓하면서 선비의 풍이 넘치는 운이라고 할 수 있다.

1번에 들어오는 살을 보면 2번의 인덕궁이요 부모궁에서 사부살(死府殺)에 겁살(劫殺)이 들어오고 있는 운이나 이 운으로는 부모 운으로 오는 살인지 인덕에서 오는 살인지를 알 수가 없다. 이럴 때

는 3번에서 들어오는 살을 보는데 3번에서 망신살(亡身殺)이 들어오고 있으니 2번에서 들어오는 살은 부모의 이별수에서 오는 살이라 할 수 있다.

1번에 들어오는 살을 보면 3번의 부부궁이요 재물궁에서 귀(貴)에 망신살(亡身殺)이 들어오고 있으니 초년에 부모의 근심이나 이성문제로 망신을 살 수 있을 운이요, 또는 초년에 학업에 풍파가 있어 구설이 발생할 수도 있을 운이요, 또는 초년에 생활의 어려움으로 힘들게 지낼 수 있을 운이다.

1번에 들어오는 살을 보면 4번 총운에서 상문살(喪門殺)에 역마살(驛馬殺)이 들어오고 있는 운이나 4번의 운은 앞에서 들어오는 살을 더욱 강하게 밀어주는 살로 이 운에서는 부모를 잃고 혼자 방황할 수 있는 운을 더욱 강하게 작용시키는 운이요, 또는 가까운 사람들과 멀어지며 마음을 잡지 못하고 방황할 수 있는 일을 더욱 강하게 작용시키는 운이라고 할 수 있다.

2번의 부모궁이요 인덕궁에 들어오는 살을 보면 2번 자체에서 장성살(將星殺)이 들어오고 있으니 대인관계에서 다른 사람에게 지는 것을 싫어하며 시기와 질투가 많을 수 있는 사람이다. 또한 매사에 다른 사람보다 앞장서려고 노력하는 사람이라고 할 수 있다.

2번에 들어오는 살을 보면 1번의 명궁이요 성격궁이요 조상궁에서 녹(祿)과 용덕(龍德)과 육해살(肉害殺)이 들어오고 있는 운이 있다. 그래서 혈육간에 일찍 이별수가 있을 수 있는 운이나 조상덕이 좋을 운으로 길한 운이요, 또는 인덕이 좋은 운으로 대인관계가 좋아 주위에 많은 사람들이 몰려들 수 있는 운이다.

2번에 들어오는 살을 보면 3번의 부부궁이요 재물궁에서 조객살

(弔客殺)에 재살(災殺)이 들어오고 있으니 부부의 인덕이나 정이 없는 사람과 인연을 맺을 수 있는 운이요, 또한 친구나 동료의 덕은 있어도 혈육간에 덕은 없을 수 있는 운이다.

2번에 들어오는 살을 보면 4번 총운에서 녹(祿)과 복덕운(福德運)과 년살(年殺)이 들어오고 있는 운이나 4번 총운은 앞에서 들어오는 살을 강하게 작용시키는 살로 이 운에서 녹(祿)과 복덕운(福德運)은 1번에서 들어오는 녹(祿)과 용덕(龍德)과 2번에서 들어오고 있는 장성(將星)의 운을 더욱 길하게 밀어주는 살로 인덕이 더욱 좋게 작용시키는 운이요, 년살(年殺)은 혈육간에 이별을 말하는 운으로 가까운 혈육을 잃고 마음을 잡지 못하고 마음이 들뜨며 방황할 수 있는 운을 강하게 하는 운이다. 또한 정처없을 수 있는 운이라고 할 수 있으니 1번에서 들어오는 육해살(肉害殺)과 3번에서 들어오는 조객살(弔客殺)과 재살(災殺)을 더욱 강하게 밀어주는 역할을 하는 운이기 때문이다.

3번의 부부궁이요 재물궁에 들어오는 살을 보면 3번 자체에서 지살(地殺)이 들어오니 의식주생활은 안정되게 살아가는 운으로 평생 생활에 어려움이 없을 운이다. 또한 부부간에도 말이 없고 조용하게 지낼 수 있는 운이며 재산도 외부로 표현하지 않고 남모르게 간직하는 운으로 속부자라고 할 수 있을 운이다.

3번에 들어오는 살을 보면 1번의 명궁이요 성격궁에서 복덕(福德)에 겁살(劫殺)이 들어오고 있으니 재물에 대한 욕심이 많을 수 있는 운이요, 또는 조상덕으로 재물에는 어려움 없이 편안하게 지낼 수 있는 운이다. 또는 부부의 욕심이 많을 수 있는 운이요, 또는 많은 이성이 따를 수 있는 운이라 이성의 생활이 복잡할 수 있는 운이다.

3번에 들어오는 살을 보면 2번의 인덕궁에서 녹(祿)에 상문살(喪門殺)에 역마살(驛馬殺)이 들어오니 재물로 인하여 사방으로 많은 활동을 하면서 지낼 수 있는 운이나 노력의 댓가는 만족하지 못할 운이다. 또는 많은 이성과의 관계가 있을 수 있으나 나에게 덕이 되는 사람은 없을 수 있는 운이다. 이 운에서의 녹(祿)은 많은 사람을 만날 수 있다는 의미가 있다.

3번에 들어오는 살을 보면 4번 총운이요, 자손궁에서 병부살(病府殺)에 망신살(亡身殺)이 들어오고 있는 운이다. 4번 총운은 앞에서 들어오고 있는 살을 강하게 작용하는 살로 이 운에서 병부살(病府殺)은 많은 사람을 만나고, 많은 노력을 해도 노력의 댓가가 부족한 운을 더욱 강하게 하는 운이요, 망신살(亡身殺)은 많은 이성문제로 풍파가 따를 수 있는 운을 강하게 작용시키는 운이라고 할 수 있다.

4번 총운이요 말년궁이요 자손궁에 들어오는 살을 보면 1번의 명궁이요 성격궁에서 귀(貴)에 조객살(弔客殺)이 들어오고 있으니 말년에 마음을 의지하고 지낼 곳이 없어 혼자 외롭고 쓸쓸하게 지낼 운이다.

4번에 들어오는 살을 보면 2번의 인덕궁에서 양인살(羊刃殺)에 육해살(肉害殺)이 있는 운이라 말년에는 친구나 가까운 사람들과 떨어져 허전하고 외롭게 지낼 수 있을 운이요, 또는 말년에 자손과의 인연이 떨어질 운으로 자손과의 이별이 있을 수 있는 운이다.

4번에 들어오는 살을 보면 3번의 부부궁이요 재물궁에서 귀(貴)에 년살(年殺)이 들어오니 말년에 자식을 앞세우거나 이별하고 마음을 잡지 못하고 방황 할 수 있는 운이다. 또한 말년에 부부의 이별수가 있을 수 있는 운으로 말년생활이 안정되지 않는 불안한 운이다.

4번에 들어오는 살을 보면 4번 자체에서 장성살(將星殺)이 들어오고 있으니 말년에도 고집이 강하고 자신의 뜻대로 생활하려고 할 수 있는 운이다. 또한 다른 사람들의 말을 들으려고 하지 않을 수 있는 운이요, 또는 다른 사람들과 어울리지 못하는 운이라고 할 수 있다.

예 21) 1962년 5월 29일 자시생(子時生)이면

    1.壬寅 : 4.祿, 2.陰, 4.喪, 1.2.地, 4.馬

    2.丙午 : 3.祿, 1.官, 3.龍, 1.2.將, 3.肉, 4.災

    3. 己亥 : 1.祿, 2.貴, 1.福, 2.死, 4.病, 1.2.劫, 3.地, 4.亡

    4.甲子 : 1.刃, 1.弔, 1.2.災, 3.年, 4.將

1번의 명궁이요 성격궁이요 초년궁에 들어오는 살을 보면 1번 자체에서 지살(地殺)이 들어오고 있으니 조용하면서도 강한 면이 있는 성격이요, 의지가 강한 성격이다.

1번에 들어오는 살을 보면 2번의 부모궁이요 인덕궁에서 음부살(陰府殺)에 지살(地殺)이 들어오고 있으니 대인관계에서 말없이 조용한 성격이나 뜻이 크고 웅지가 있는 성격이요, 자신의 의사를 분명하게 밝히면서도 상대의 의견을 들어줄 줄 아는 사람이다. 또한 다른 사람을 리더하면서 생활하려고 할 수 있는 운이다. 또는 2번은 부모궁이라 부모와의 관계가 안정되며 편안함 속에서 소년시절을 보낼 수 있는 운이다. 또한 부모의 일로 말못할 근심이 있을 수도 있는 운이다.

1번에 들어오는 살을 보면 3번에 부부궁이나 재물궁에서 들어오는 살이 없으니 초년시절에는 평범하게 생활할 수 있는 운이다.

1번에 들어오는 살을 보면 4번 총운에서 녹(祿)에 상문살(喪門殺)에 역마살(驛馬殺)이 들어오고 있는 운이나 4번 총운은 앞에서 들어오는 살을 더욱 강하게 작용시키는 살로 이 운에서 들어오는 녹(祿)은 1.2번에서 들어오는 지살(地殺)을 밀어주는 살로 초년에 큰 뜻을 가진 성격과 대인관계나 부모의 좋은 덕을 더욱 강하게 작용시키는 운이라고 할 수 있을 것이요, 또한 상문살(喪門殺)은 잃는 운으로 이 운에서는 3번의 재물운이 없는 운이라 재물덕이 박한 것을 말하는 운이다. 또한 역마살(驛馬殺)은 초년시절부터 자신의 의지를 위하여 많은 활동을 할 수 있는 운이다.

2번의 부모궁이요 인덕궁에 들어오는 살을 보면 2번 자체에서 장성살(將星殺)이 들어오고 있으니 대인관계에서 지는 것을 싫어하고, 다른 사람을 지도하며 통솔하려고 하는 운으로 자신의 주장이 강할 수 있는 운이다.

2번에 들어오는 살을 보면 1번의 명궁이요 성격궁에서 관부살(官府殺)에 장성살(將星殺)이 들어오니 출세욕이 많을 수 있는 사람이요, 고집이 강하며 수장이 확실한 사람이라고 할 수 있다.

2번에 들어오는 살을 보면 3번의 부부궁이요 재물궁에서 녹(祿)에 육해살(肉害殺)이 들어오고 있는 운이나 녹(祿)으로 들어오는 살은 대인관계에서 많은 재물을 얻을 수 있는 운이요, 인덕이 좋을 운으로 주위에 친구나 동료가 많이 있을 수 있는 운이다. 그러나 육해살(肉害殺)로 들어오는 운을 보면 3번은 부부궁으로 부부의 이별수를 말하고 있는 운이라고 할 수 있을 것이다. 또는 이 나이에 해당하는 때에 부모와 이별수를 말할 수도 있다.

2번에 들어오는 살을 보면 4번 총운이요 자손궁에서 재살(災殺)이 들어오고 있는 운이나 4번 총운은 앞에서 들어오는 살을 강하게 작용시키는 운이라 이 운에서는 부부의 이별이나 부모와의 이별을 강하게 나타내고 있는 운이다. 또한 4번은 자손궁으로 자손의 이별수가 있을 것을 말하고 있는 운이다.

3번의 부부궁이요 재물궁에 들어오는 살을 보면 3번 자체에서 지살(地殺)이 들어오고 있으니 의식주생활은 안정되어 어려움 없이 지낼 수 있는 운이요, 해(亥)는 수기(水氣)이니 물(水)과 관계있는 직업을 갖고 생활할 수도 있는 운으로 수산업이나 횟집 등을 운영하면 좋을 수 있는 운이다.

3번에 들어오는 살을 보면 1번의 명궁이요 성격궁에서 녹(祿)에 복덕(福德)에 겁살(劫殺)이 들어오니 모두 좋은 살이라고 할 수 있으니 재물에 대한 욕심이 많을 수 있는 운이요, 또는 식생활에는 어려움이 없고 편안한 마음으로 여유있게 생활할 수 있는 운이다.

3번에 들어오는 살을 보면 2번의 인덕궁이요 부모궁에서 귀(貴)에 사부살(死府殺)에 겁살(劫殺)이 들어오고 있는 운이다. 3번은 부부궁이요 2번은 인덕궁이라 부부의 덕이나 정은 없을 운이요, 부부가 이별수도 있는 운으로 재물에는 여유가 있어도 부부의 정에는 부족한 운이다.

3번에 들어오는 살을 보면 4번 총운이요 자식궁에서 병부살(病府殺)에 망신살(亡身殺)이 들어오고 있는 운이다. 4번 총운은 앞에서 들어오는 살을 강하게 작용시키는 살로 이 운에서는 2번에서 들어오는 사부살(死府殺)에 겁살(劫殺)로 부부궁에 들어오는 살을 강하게 작용하는 운이라고 할 수 있으니 부부의 이별로 인하여 구설을 듣고 망신을 얻을 수 있는 운이다. 또한 4번은 자손궁으로 자식을 잃고 구설들을 일이 발생할 수 있는 운이다.

4번의 말년궁이요 총운이요 자손궁에 들어오는 살을 보면 1번의 명궁이요 성격궁에서 양인살(羊刃殺)에 조객살(弔客殺)에 재살(災殺)이 들어오고 있으니 말년에 몸이나, 또는 성격이나 정신적인 일로 인하여 몸에 수술을 하거나 칼을 댈 수 있는 운이요, 또는 신병으로 고생이 있을 수 있는 운이다.

4번에 들어오는 살을 보면 2번의 인덕궁에서 재살(災殺)이 들어오고 있으니 말년에도 인덕이 없고 외로울 운이요, 또한 4번은 자손궁으로 말년에 자손과의 이별이나 자손으로 인하여 말을 듣고 구설이 있을 수도 있는 운이다.

4번에 들어오는 살을 보면 3번의 부부궁이요 재물궁에서 년살(年殺)이 들어오니 말년에 바람이 날 가능성이 있는 운이요, 또는 이성문제로 마음을 잡지 못하고 허황되게 생활할 수 있는 운이다.

4번에 들어오는 살을 보면 4번 자체에서 장성살(將星殺)이 들어오니 말년에도 자신의 욕망과 출세를 위해 마음먹은대로 일을 할 수 있는 사람이다. 그래서 다른 사람과의 타협이나 협조는 없을 운으로 고집이 강할 수 있는 운이다.

예 22) 1976년 7월 27일 사시생(巳時生)이면

　　1. 丙辰 : 2.陰, 3.弔, 4.病, 1.2.華, 3.月, 4.天

　　2. 丙申 : 1.官, 3.喪, 4.亡

　　3. 丙午 : 1.2.3.刃, 1.喪, 2.弔, 1.2.災, 3.將, 4.年

　　4. 癸巳 : 1.2.3.祿, 4.貴, 2.福, 3.病, 1.2.劫, 3.亡, 4.地

1번의 명궁이요 성격궁이요 조상궁이요 초년궁에 들어오는 살을 보면 1번 자체에서 화개살(華蓋殺)이 들어오고 있으니 성격이 화끈한 편이요, 숨기거나 비밀을 간직하는 것을 싫어하는 성격이요, 외부로 나타내고 사치하는 일을 즐겨 할 수 있는 성격이다. 또는 개성이 뚜렷한 성격이라고 할 수 있는 운이요, 마음에 들지 않는 일이 있으면 가부를 확실하게 짚고 넘어가는 운이라고 할 수 있다.

　1번에 들어오는 살을 보면 2번의 인덕궁이요 부모궁에서 음부살(陰府殺)에 화개살(華蓋殺)이 들어오고 있으니 대인관계에서 앞에 1번의 성격이 있으면서도 보기 싫다거나 가치없는 일은 아예 모른 체 하거나 내색하지 않고 참는 성격이 있으니 가히 그 깊은 속마음을 측량하기 어려운 사람이라고 할 수 있다. 또는 2번은 부모궁이라 부모로 인하여 말못할 일이 있을 수 있는 운이다. 예를 들면 부모의 이혼같은 일이 있을 수도 있는 운이다.

　1번에 들어오는 살을 보면 3번의 부부궁이요 재물궁에서 조객살(弔客殺)에 월살(月殺)이 들어오고 있다. 초년시절에는 부모가 재물이요, 조객살(弔客殺)은 잃는 운이요, 월살(月殺)은 혈육간의 이별을 말하는 운으로 초년에 부모와 이별수가 발생할 수 있다.

　1번에 들어오는 살을 보면 4번 총운에서 병부살(病府殺)에 천살(天殺)이 들어오고 있는 운이나 4번 총운은 앞에서 들어오는 살을 더욱 강하게 작용시키는 운으로 이 운에서는 초년에 부모를 잃고 이별할 수 있는 운을 더욱 강하게 밀어주는 역할을 하는 운이라고 할 수 있다.

　2번의 부모궁이요 인덕궁에 들어오는 살을 보면 2번 자체에서 들어오는 살은 없는 운이요, 1번에서 들어오는 살을 보면 관부살(官府

殺)이 들어오고 있으니 부모를 잃고 구설을 들을 일이 있을 수 있는 운이다.

2번에 들어오는 살을 보면 3번의 부부궁이요 재물궁에서 상문살(喪門殺)이 들어오고 있으니 대인관계에서 재물을 구하기 어려운 운이요, 내 것이 나가는 일이 많아도 내가 어려울 때는 구하기가 힘든 운이다. 또는 부부의 인연이 적을 운이요, 결혼을 해도 부부의 정이나 덕이 없을 운이다.

2번에 들어오는 살을 보면 4번 총운에서 망신살(亡身殺)이 들어오고 있는 운이나 4번 총운은 앞에서 들어오는 살을 더욱 강하게 작용시키는 운으로 이 운에서는 3번의 부부궁에서 오는 살을 더욱 강하게 작용시키는 운이라고 할 수 있다.

3번의 부부궁이요 재물궁에 들어오는 살을 보면 3번 자체에서 양인살(羊刃殺)에 장성살(將星殺)이 들어오고 있으니 재물에 대한 욕심은 많으나 뜻대로 되지 않을 운이요, 재물을 벌면 어디론가 소모되어 남는 것이 없을 운이다. 또는 자신의 고집이나 성격때문에 부부간에 이별수가 있을 운이다.

3번에 들어오는 살을 보면 1번의 명궁이요 성격궁에서 양인살(羊刃殺)에 상문살(喪門殺)에 재살(災殺)이 들어오고 있으니 많은 재물을 모으지 못할 운이요, 자신의 성격으로 재물을 잃는 일이 많을 운이다. 또는 재물관계에서는 괴팍하고 이해심이 부족할 수 있는 성격으로 자신의 주장만 내세울 수 있는 운이다.

3번에 들어오는 살을 보면 2번의 인덕궁이요 부모궁에서 양인살(羊刃殺)에 조객살(弔客殺)에 재살(災殺)이 들어오고 있으니 재물로 인하여 부모와 등을 돌릴 수 있는 운이요, 재물로 인하여 가까운 사람들과 의를 상하고 멀어질 수 있는 운이다. 또한 부부의 정이나 덕이 없고 생리사별의 운이 있을 운이다.

　3번에 들어오는 살을 보면 4번의 말년운이요 자손운이요 총운에서 년살(年殺)이 들어오고 있는 운이나 4번 총운은 앞에서 들어오는 살을 강하게 작용시키는 살로 이 운에서는 1번과 2번과 3번에서 들어오는 양인살(羊刃殺)이나 모든 손재살로 인하여 마음이 안정되지 않고 불안할 수 있는 운이요, 또는 안정된 생활을 하기 어려울 운을 강하게 작용하는 살이라고 할 수 있다.

　4번 총운이요 말년운이요 자손궁에 들어오는 살을 보면 1번에서 녹(祿)에 겁살(劫殺)이 들어오고 있으니 말년에는 안정을 되찾고 조용하게 지낼 수 있는 운으로 자중할 수 있는 운이다.

　4번에 들어오는 살을 보면 2번의 인덕궁에서 녹(祿)에 복덕운(福德運)에 겁살(劫殺)이 들어오고 있으니 말년에는 인덕이 있을 운이요, 주위에 도와주는 사람이 많이 있을 수 있는 운이다. 또한 4번은 자손궁으로 말년에는 자손들의 덕이 있을 운이다.

　4번에 들어오고 있는 운을 보면 3번의 부부궁이요 재물궁에서 녹(祿)에 병부살(病府殺)에 망신살(亡身殺)이 있는 운으로 말년에 자손의 덕이 있고, 생활이 안정되는 운이나 재물에 욕심을 부리거나 이성문제로 구설을 들을 일이 있을 수 있는 운이다.

　4번에 들어오는 살을 보면 4번 자체에서 귀(貴)에 지살(地殺)이 들어오니 말년은 안정되고 편안할 수 있는 운이요, 조용하고 점잖게 행동하면서 여유있게 생활할 수 있는 운이다. 이 운은 초년이나 중년까지도 풍파가 많을 운이나 말년운은 편안하다고 할 수 있다.

예 23) 1936년 2월 14일 묘시생(卯時生)이면

    1. 丙子 : 2.4.相刑

    2. 辛卯 : 1.3.相刑

    3. 戊子 : 2.4.相刑

    4. 乙卯 : 1.3.相刑

  1번의 명궁이요 성격궁이요 초년궁에 들어오는 살을 보면 2번의 인덕궁에서 상형살(相刑殺)이 들어오고 있으니 대인관계에 있어서 상대와 잘 어울리지 못하고 상대를 만나면 서로 잘난체 하면서 우기는 일이 많을 수 있고, 성격이 괴팍한 경우도 있어 다른 사람과 의견이 맞지 않고 자기만을 아는 사람이라 피곤한 성격의 소유자라고 할 수 있는 운이다. 또한 2번은 부모궁이라 부모와의 관계에서 부모와 의견이 맞지 않고 부모를 이기려고 하는 성격이요, 부모와 마찰이 많이 발생할 수 있는 운이라고 할 수 있는 운이요, 또한 부모와의 관계가 서로 피곤한 관계가 있을 수 있는 운이다.

  1번에 4번 총운에서 들어오고 있는 살을 보면 상형살(相刑殺)이라 4번은 총운으로 앞에서 들어오는 운을 강하게 밀어주는 작용이 있는 운으로 여기서는 2번의 인덕궁에서 들어오고 있는 상형살(相刑殺)을 더욱 강하게 밀어주는 운이라고 할 수 있을 운이다.

  2번의 인덕궁이요 부모궁에 들어오는 살을 보면 1번의 성격궁이요 명궁에서 상형살(相刑殺)이 들어오고 있으니 대인관계에서 지려고 하는 성격이 아니요, 어떻게 해서라도 상대를 억압하고 억누르려고 하는 살로 상대를 견제하려고 하는 운이다. 2번은 부모궁이라 부모와 신격이 맞지 않으며 서로 이기려고 할 수 있는 운으로 인간관계에서 피곤한 운이요, 또한 부모와도 원만하지 못할 운이다.

2번에 3번의 부부궁이요 재물궁에서 들어오는 살을 보면 상형살(相刑殺)이라 대인관계에서 재물에 대한 욕심이 많을 운이라 돈을 벌 일이 있으면 어떻게 해서라도 상대를 제거하고 자신의 욕망을 충족시키려고 할 수 있는 사람이다. 또한 대인관계에서 재물에 있어서는 양보심이 없을 운이다. 또는 3번은 부부궁이요, 2번은 인덕운이라 부부간에 서로 무시하며 자신의 자존심만을 내세울 수 있는 사람이요. 어떻게 해서라도 부부간에 배우자를 이기고 자신의 뜻대로 생활하려고 할 수 있는 사람이라 부부사이에 인간적인 면에서는 자기 위주로 생각하는 사람이라고 할 수 있는 운이다.

3번의 부부궁이요 재물궁에 들어오는 살을 보면 2번의 인덕궁에서 상형살(相刑殺)이 들어오고 있으니 재물에 욕심이 많을 수 있는 운이요, 재물에 관한 일이라면 누구에게도 지는 것을 싫어하고 재물문제라면 친구도 의리도 모두 버릴 수 있는 사람이라 상대에게 피곤할 수 있는 사람이다. 또한 3번은 부부궁이요 2번은 인덕궁이라 부부의 생활이나 성격면에서 상대를 인정하면서 서로 돕고 협력하면서 생활하려고 하는 것이 아니요, 매사를 자신의 뜻대로 처리하면서 상대를 무시하는 성격이 있을 수 있는 사람이다.

3번에 4번 총운에서 들어오고 있는 살을 보면 상형살(相刑殺)이 들어오니 4번 총운은 앞에서 들어오고 있는 살을 더욱 강하게 하는 살로 여기서는 2번의 인덕궁에서 들어오고 있는 상형살(相刑殺)을 강하게 밀어주고 있는 살이라 2번의 운이 더욱 강화되는 운이다.

4번 총운이요 말년운이요 자손궁에 들어오는 살을 보면 1번의 명궁이요 성격궁에서 상형살(相刑殺)이 들어오고 있으니 말년에 성격이 맞는 사람이 없을 운이요, 말년에도 남에게 지는 것을 싫어하며 상대를 피곤하게 하는 운으로 자신의 고집만을 내세울 수 있는 사람이요, 자기위주로 모든 일을 처리하려고 할 수 있는 사람이다.

4번에 3번의 재물궁이요 부부궁에서 들어 오고 있는 살을 보면 상형살(相刑殺)이 들어오고 있으니 말년에도 재물에대한 욕심이 많을 운이요, 말년에도 부부간에 자기위주로 생활할 수 있는 사람으로 상대를 노예같이 생각하면서 자기만을 아는 사람이라고 할 수 있을 운이다.

예 24) 1963년 11월 8일 자시생(子時生)이면
　　　1. 癸卯 : 2.3.4.相刑
　　　2. 甲子 : 1.相刑
　　　3. 庚子 : 1.相刑
　　　4. 丙子 : 1.相刑

1번의 명궁이요 성격궁이요 초년궁에 들어오는 실을 보면 2번의 인덕궁이요 부모궁에서 상형살(相刑殺)이 들어오고 있으니 초년에 부모와 서로 우기는 성격이 많을 수 있는 운이요, 또는 부모를 이기려고 하는 성격이요, 또는 부모와 의견이 맞지 않아 서로에 피곤할 운이 있다. 또한 대인관계에 있어서 어려서부터 지는 것을 싫어하고 시기와 질투가 많을 성격이다. 또한 사랑의 욕심으로 다른 사람이 자기보다 귀여움을 많이 받는다면 그런 일로 삐질 수 있는 사람이며, 다른 사람에게 지는 것을 싫어할 운이다. 또한 다른 사람을 억누르며 이기려고 하는 성격이 있어 상대가 피곤해 하고 싫어할 수 있는 운이 있다.

 1번에 3번의 부부궁이요 재물궁에서 들어오는 살을 보면 상형살(相刑殺)이 들어오고 있으니 초년시절부터 재물에 대한 욕심이 많을 운이다. 또한 같은 것을 주어도 상대보다 적으면 떼를 쓰고 상대의 것을 빼앗으려고 할 수 있는 운이요. 상대가 나보다 좋은 물건이나 다른 것이 있으면 빼앗거나 한 번 만져라도 보아야 속이 시원하다고 할 수 있는 성격이라 물질적인 욕심이 많고 시기와 질투가 많을 수 있는 운이다.

 1번에 4번 총운에서 들어오는 살을 보면 상형살(相刑殺)이 들어오니 4번은 앞에서 들어오고 있는 살들을 더욱 강화시키는 역할을 하는 운으로서 2.3.번에서 들어오고 있는 상형살(相刑殺)을 더욱 강하게 하는 운이라고 할 수 있을 것이다.

 2번의 부모궁이요 인덕궁에 들어오는 살을 보면 1번의 명궁이요 성격궁에서 상형살(相刑殺)이 들어오고 있으니 대인관계에서 자기만 아는 성격이요, 자기위주로 살아가려고 하는 성격이요, 다른 사람에게 지는 것을 싫어하며 다른 사람들을 피곤하게 하는 운이라 대인관계가 어렵고 시기와 질투가 많이 있을 수 있는 사람이다. 2번은 부모궁이라 부모와의 관계가 어렵고, 부모와 의견이 맞지 않고, 부모를 억누르고 이기려고 하는 성격이라 부모를 무시하고 업신여기는 성격이 있을 수 있는 운이다.

 3번의 부부궁이요 재물궁에 들어오는 살을 보면 1번의 성격궁이요 명궁에서 상형살(相刑殺)이 들어오는 운으로 재물에 대한 욕심이 많고, 재물로 인하여 다른 사람들과 의견대립이 많이 있을 수 있는 운이요, 또는 부부간에도 서로의 정으로 살기보다는 억압으로 살아가려고 하는 운이다. 그래서 배우자를 무시하고 자신의 의견만을 고집하면서 살아갈 운이며, 부부간에 갈등이 많을 수 있는 운이다.

4번 총운이요 말년운에 들어오는 살을 보면 1번의 성격궁이요 명궁에서 상형살(相刑殺)이 들어오고 있으니 말년에도 성격이 강하고 다른 사람을 무시하며 자기만을 아는 사람이요, 매사를 다른 사람들과 마찰이 있을 운이요, 말년에 성격이 괴팍하다고 하는 말을 들을 수 있는 사람이라고 할 수 있다.

예 25) 1984년 11월 14일 묘시생(卯時生)이면
      1. 甲子 : 3.4.相刑
      2. 丙子 : 3.4.相刑
      3. 癸卯 : 1.2.相刑
      4. 乙卯 : 1.2.相刑

1번의 조상궁이요 명궁이요 초년궁이요 성격궁에 들어오는 살을 보면 3번의 재물궁에서 상형살(相刑殺)이 들어오고 있는 운이나 초년에 재물은 부모가 재물로 초년에 부모와 어려움이 있을 운이요, 부모를 극하는 성질이 있어 부모에게 어려운 풍파가 발생할 수 있는 운이다. 또한 3번은 재물이라 초년에 재물에 대한 욕심이 많고 집착이 많을 운으로 매사를 돈으로만 해결하려고 하는 성격이요, 돈이면 제일이라고 생각할 수 있는 성격이다. 또한 학업도 재물이라 학업에 욕심이 많고 자신의 욕심을 위해서는 부모나 모든 일에서 이기려고 하는 성격이요, 누구의 말도 들으려고 하지 않을 수 있는 운이다.

1번에 4번 총운에서 들어오는 살을 보면 상형살(相刑殺)이 들어오

고 있는 운이나 4번 총운은 앞에서 들어오는 모든 살을 강하게 밀어 주는 작용을 하는 살이라 여기서는 3번의 재물궁에서 들어오는 살을 더욱 강하게 작용시키는 운이라고 할 수 있다.

2번의 부모궁이요 인덕궁에 들어오는 살을 보면 3번의 부부궁이요 재물궁에서 상형살(相刑殺)이 들어오고 있으니 인격적인 면에서 부부간에 서로 피곤할 수 있는 운으로 부부간에 상대를 서로 존중하면서 살아가려고 하는 것이 아니라 상대를 억압하며 이기려고 하면서 살아갈 수 있는 성격이다. 대인관계에 있어서도 재물에 관한 일이라면 수단과 방법을 동원해서 상대를 이용하고 억압하여 자신의 재물을 모으려고 할 수 있는 성격이 있을 운이다.

2번에 4번 총운에서 들어오는 살을 보면 상형살(相刑殺)이 들어오고 있으니 4번은 총운으로 앞에서 들어오는 살을 강하게 작용시키는 운으로 여기서는 3번에서 들어오는 성격을 더욱 강하게 작용시키는 운이라고 할 수 있는 운이다.

3번의 부부궁이요 재물궁에 들어오는 살을 보면 1번의 명궁이요 성격궁에서 상형살(相刑殺)이 들어오고 있으니 재물에 대한 욕심이 많을 운이요, 재물에 대한 집착이 많을 수 있는 성격이다. 또한 3번은 부부궁이라 이성에 대한 욕심도 많을 수 있는 운이다. 또한 학업도 재물이라 학업에 욕심이 많이 있을 수 있는 운이다.

3번에 2번의 인덕궁이요 부모궁에서 들어오는 살을 보면 상형살(相刑殺)이 들어오고 있으니 재물을 벌기 위해서는 다른 사람을 억압하며 업신여기면서 자신의 욕망을 충족시키기 위해 노력하는 사람이다. 또한 부부간에도 인간적이요 인격적으로 생활하기 보다 자신의 만족과 욕망을 위해 상대에게 희생을 강요하면서 살아갈 수 있는 성격을 가진 사람이라고 할 수 있다. 또한 출세도 재물이라 자신의 출세를 위해서는 상대를 억압하며 억누르려고 하는 성격이요, 자신의 출세를 위해서는 다른 사람을 모함하며 피해를 줄 수 있는 사람으로 자신의 출세나 자신의 재물을 모으는 일이나 자신의 욕심을 채우기 위해 다른 사람에게 피해를 줄 수 있는 성격이 있을 수 있는 사람이다.

4번 총운이요 말년궁에 들어오는 살을 보면 1번의 성격궁이요 명궁에서 상형살(相刑殺)이 들어오고 있으니 말년에도 자기위주로 생활 하려고 하는 사람이다. 또한 말년에도 다른 사람에게 지는 것을 싫어하며 양보할 줄 모르는 사람으로 괴팍한 성격을 가지고 살아갈 수 있는 사람이요, 말년에도 자존심이 강하며 독불장군격으로 생활할 수 있는 사람이다.

4번에 2번의 인덕궁에서 들어오는 살을 보면 상형살(相刑殺)이 들어오고 있으니 말년에도 대인관계에서 자기위주로 생활하려고 하는 운이요, 내인관계가 피곤할 수 있는 사람이다. 또한 말년에 자손과의 관계가 원만하지 못하고 자손들을 자기 마음대로 하면서 생활 하려고 할 수 있는 사람이다. 또한 말년에 자손을 자극하는 성격으로 서로가 피곤한 사람이 될 수 있는 운이다.

예 26) 1916년 3월 28일 유시생(酉時生)이면

    1. 丙辰 : 2.自刑

    1. 壬辰 : 1.自刑

    3. 丁酉 : 4.自刑

    4. 己酉 : 3.自刑

1번의 명궁이요 성격궁이요 초년궁에 들어오는 살을 보면 2번의 인덕궁이요 부모궁에서 자형살(自刑殺)이 들어오고 있으니, 초년에 나의 성격으로 인하여 다른 사람들과 어울리는 일이 어려울 운이요, 또한 대인관계에서 다른 사람들과 어울리지 못하고 혼자 외로울 수 있는 운이다. 또는 초년에 부모의 정이나 덕을 내가 스스로 버리고 부모와 멀어질 운이다. 이 운은 오는 복을 스스로 버리는 운이라고 할 수 있다.

2번의 인덕궁이요 부모궁에 들어오는 살을 보면 1번의 명궁이요 성격궁에서 자형살(自刑殺)이 들어오고 있으니 사람들과 어울리지 않으려고 해서 외롭게 되는 운이요, 내성적인 성격으로 부모나 모든 사람들에게 멀어지는 운이다.

3번의 부부궁이요 재물궁에 들어오는 살을 보면 4번 총운에서 자형살(自刑殺)이 들어오고 있으니 재물을 관리하는데 있어서 스스로 손해를 볼 수 있는 일을 만들 수 있는 운이다. 그래서 다른 사람들이 나에게 피해를 주는 일보다 내가 일을 만들어 손해를 보는 운이라고 할 수 있는 운이다. 또한 부부운도 재물이라 스스로 부부간에 화합을 하지 못하고 부부간에 멀어질 수 있는 길을 만들어오고 있는 운이요, 부부의 오는 정도 스스로 거부하는 격이라고 할 수 있는 운이다.

4번의 말년운이요 총운에 들어오는 살을 보면 3번의 부부궁이요 재물궁에서 자형살(自刑殺)이 들어오고 있으니 말년에 부부의 덕을 스스로 버리는 운이요, 부부의 정을 스스로 버릴 수 있는 운이다. 또는 나(我)의 실수나 판단 부족으로 부부간에 스스로 갈등을 불러들일수 있는 운이다. 또한 말년에 재물에 손재수를 내가 스스로 불러들이는 격으로 말년에 새로운 인연을 찾다가 재물에 손재를 볼 수 있는 운이다. 또는 말년에 나의 부주의(투전, 화투, 내기, 보증) 등으로 손해를 스스로 불러들일 수 있는 운이라고 할 수 있다.

예 27) 1930년 10월 9일 해시생(亥時生)이면
     1. 庚午 : 3.自刑
     2. 丁亥 : 4.自刑
     3. 壬午 : 1.自刑
     4. 辛亥 : 2.自刑

  1번의 명궁이요 성격궁에 들어오는 살을 보면 3번의 부부궁이요 재물궁에서 자형살(自刑殺)이 들어오니 어려서부터 재물관리가 허술하여 헤프다고 할 수 있는 운이다. 재물을 다른 사람에게 퍼주는 것을 잘할 수 있는 운이요, 실속이 없을 운이다. 또한 초년에는 부모가 재물이라 부모가 주는 덕을 유지하지 못하고 손실이 많을 수 있는 운이요, 또한 학업도 재물이라 초년부터 학업에는 관심이 없고 학업을 포기할 수 있는 운이 있다.
  2번의 인덕궁이요 부모궁에 들어오는 살을 보면 4번 총운에서 자형살(自刑殺)이 들어오고 있으니 인덕이 없고 내가 스스로 사람들과 멀어지는 운이요, 외롭고 쓸쓸한 것을 즐기는 사람으로 사람들과 어울리는 것을 멀리할 수 있는 운이다.
  3번의 재물궁이요 부부궁에 들어오는 살을 보면 1번의 성격궁에서 자형살(自刑殺)이 들어오고 있으니 내가 스스로 부부간에 멀어지려고 할 수 있는 성격이요, 부부간에 생활하는데 있어서 스스로 자신감을 잃을 수 있는 운이다. 또한 재물관리가 어렵고, 내가 스스로 재물에 손해를 볼 수 있는 일을 만들면서 생활할 수 있는 사람이다. 또한 학업도 재물이라 다른 사람에 의하여 학업을 그만두는 것이 아니라 본인 스스로 학업을 포기 할 수 있는 운이다.

4번 총운이요, 말년운에 들어오는 살을 보면 2번의 인덕궁에서 자형살(自刑殺)이 들어오고 있으니 말년에 대인관계가 어렵고, 내가 모든 사람들과 어울리지 않으려고 할 수 있는 운이라 외롭게 생활할 수 있는 운이다.

예 28) 1981년 9월 1일 유시생(酉時生)이면
       1. 辛酉 : 2.3.4.自刑
       2. 丁酉 : 1.3.4.自刑
       3. 己酉 : 1.2.4.自刑
       4. 癸酉 : 1.2.3.自刑

1번의 명궁이요 조상궁이요 성격궁에 들어오는 살을 보면 2번의 인덕궁이요 부모궁에서 자형살(自刑殺)이 들어오고 있으니 초년에 나의 고집이나 실수로 부모의 정을 잃을 수 있는 운이요, 또한 부모와 멀어질 수 있는 운이 있다. 또한 초년에는 대인관계가 어렵고 인덕이 없을 운이며 사람들과 어울리는 것을 싫어할 수 있는 운이다.

1번에 들어오는 살을 보면 3번의 부부궁이요 재물궁에서 자형살(自刑殺)이 들어오고 있으니 초년에 재물이 어려울 운이요, 학업도 재물이라 초년에 학업이 어려우며 학업이 중도에 좌절될 수 있는 운이다. 또한 초년에는 부모가 재물이라 부모와 이별수가 있을 운이요, 또한 부모의 정이나 덕이 없을 운이 있다.

1번에 들어오는 살을 보면 4번 총운에서 자형살(自刑殺)이 들어오니 4번 총운은 앞에서 들어오는 살을 더욱 강하게 자극하는 살로 여기서는 2번의 인덕궁에서 오는 살이나 3번의 재물궁에서 들어오는 살들을 더욱 강하게 밀어주는 살이라고 할 수 있는 운이다.

 2번의 인덕궁이요 부모궁에 들어오는 살을 보면 1번의 성격궁이요 명궁에서 자형살(自刑殺)이 들어오니 대인관계에서 성격이 원만하지 못하고 자기 스스로 사람들을 피하려고 할 수 있는 운이다. 또한 사람들과 어울리는 것을 싫어할 운이다. 2번은 부모궁이라 부모와의 관계를 원만하게 유지하지 못하고 부모를 싫어하며 부모와 멀어질 수 있는 운이라고 할 수 있다.

 2번에 3번의 재물궁이요 부부궁에서 들어오는 살을 보면 자형살(自刑殺)이 들어오고 있으니 사람들을 상대로 재물을 모으는 일에는 자신이 없을 운이요, 많은 친구를 두기도 어려울 운이다. 또한 사람들이 나를 도와주려고 해도 내가 그것을 받는 것을 싫어하는 운이라 혼자 외로울 일이 많이 있을 운이다.

 2번에 4번의 총운에서 들어오는 살을 보면 자형살(自刑殺)이 들어오고 있는 운이다. 4번 총운은 앞에서 들어오는 살을 더욱 강하게 밀어주는 살로 1번의 성격궁에서 들어오는 살과 3번의 부부궁이요 재물궁에서 들어오는 살과 4번 총운에서 들어오는 살을 더욱 강하게 밀어주는 살이라고 할 수 있다.

 3번의 부부궁이요 재물궁에 들어오는 살을 보면 1번의 명궁이요 성격궁에서 자형살(自刑殺)이 들어오니 재물을 유지하지 못하는 운이요, 나의 욕심이나 실수로 인하여 재물에 손실이 많이 발생하는 운이라고 할 수 있는 것으로 보증이나 투기나 투진 등으로 손실을 많이 입을 수 있는 운이다. 또는 재물은 학업도 재물이요 1번은 성격이라 학업을 중도에 포기할 수 있는 운이요, 또는 학업에 어려움이 많을 수 있는 운이다.

3번에 2번의 인덕궁이요, 부부궁에서 들어오는 살을 보면 자형살(自刑殺)이 들어오고 있으니 재물에 대한 일에서는 나를 도와주는 사람이 없는 운이요, 재물에 대하여 인덕이 없을 운으로 사람들이 나의 재물에 손해만 입힐 뿐 도움되는 사람이 없을 운이다. 또한 부부도 재물이라 나의 성격으로 말미암아 부부의 정을 잃을 수 있고, 덕을 잃을 수 있는 운이요, 또는 부부생활이 어려운 운이나 나의 고집이나 실수로 인하여 부부간에 갈등이 있으며 이별수도 있을 수 있는 운이다.

3번에 4번 총운에서 들어오는 살을 보면 자형살(自刑殺)이 들어오고 있는 운이다. 4번은 총운으로 앞에서 들어오는 살을 더욱 강하게 밀어주는 운으로 여기서는 1번의 성격궁에서 들어오고 있는 자형살(自刑殺)을 강하게 하는 살이요, 2번의 인덕궁이요 부부궁에서 들어오고 있는 자형살(自刑殺)을 강하게 밀어주는 살이라고 할 수 있는 운이다.

4번 총운이요 말년운이요 자손궁에 들어오는 살을 보면 1번의 성격궁에서 자형살(自刑殺)이 들어오는 운이라 말년에 성격이 외롭고 쓸쓸할 운으로 매사에 자포자기하고 지낼 수 있는 운이요, 마음의 의지가 없을 운이다.

4번에 2번의 인덕궁이요 부부궁에서 들어오는 살을 보면 자형살(自刑殺)이 들어오고 있으니 말년에는 인덕이 없으며 대인관계에서 정이 없을 운이요, 또한 말년에 사람들과 어울리지 못하고 외로울 운이 있다. 또는 말년에 자손들에게 스스로 소외되는 생활을 할 수 있는 성격이요, 고독을 즐기면서 지낼 수 있는 운이다.

4번에 3번의 부부궁이요 재물궁에서 들어오는 살을 보면 자형살(自刑殺)이 들어오고 있으니 말년에 부부간에 정이 없고 멀어질 운이요, 말년에 스스로 모든 재물이나 직장을 포기할 수 있는 운이다. 또는 말년에 자식들로부터 받는 재물복이 없을 운이라 어려움이 많을 운이요, 어렵게 생활할 수 있는 운이다.

예 29) 1926년 7월 24일 술시생(戌時生)이면

    1. 丙寅 : 2.沖

    2. 丙申 : 1.沖

    3. 壬辰 : 4.沖

    4. 庚戌 : 3.沖

1번의 명궁이요 조상궁이요 조년궁에 들어오는 살을 보면 2번의 인덕궁이요 부모궁에서 상충살(相沖殺)이 들어오고 있으니 초년에 부모와 멀어질 운이요, 또는 부모와 정없이 지낼 수 있는 운이다. 또는 초년시절에 성격이 다른 사람과 화합이 어려워 의견대립이 많이 발생할 수 있는 운이다. 또한 다른 사람들의 자극이나 충격같은 일들이 발생할 수 있는 운이요, 또한 인덕이 부족한 운이라고 할 수 있을 것이다. 또는 조상이나 부모의 업을 유지하지 못하고 고향을 떠나는 경우가 있다.

2번의 인덕궁이요 부모궁에 들어오는 살을 보면 1번의 성격궁이요 명궁에서 상충살(相沖殺)이 들어오고 있으니 대인관계에서 의견대립이 많이 있을 수 있는 운이다. 또한 부모와 정과 덕이 없어 외롭게 지낼 수 있는 운이요, 부모와 의견이 맞지 않아 다툴 일이 많이 발생할 수 있는 운이요, 또는 성격이 모난 경우가 있을 수 있다. 또한 인정은 많이 있을 수도 있으나 구설수가 많이 발생하는 경우도 있다.

 3번의 부부궁이요 재물궁에 들어오는 살을 보면 4번 총운에서 상충살(相沖殺)이 들어오고 있으니 부부간에 의가 상하며 다툴 일이 있을 수 있는 운이요, 또는 부부간에 이별수가 있을 수 있는 운이요, 또는 부부의 인연이 적을 수도 있을 운이다. 또한 재물의 운을 보면 재물을 유지하지 못하고 흩어버릴 수 있는 운이요, 재물로 구설을 들을 일도 있을 수 있는 운이다. 또는 자손과 불화하며 처자를 자극하기도 할 수 있는 운이다. 또한 인간이 고독하며 풍파가 따를 수 있는 운이다.

 4번 총운이요 말년운에 들어오는 살을 보면 3번의 부부궁이요 재물궁에서 상충살(相沖殺)이 들어오고 있으니 말년에 부부간에 멀어질 운이요, 말년에 재물로 풍파가 있을 수 있는 운이다. 또한 말년에 자손과 불화하며 풍파가 있고, 말년에 인간이 고독하며 애로가 많이 발생할 수 있는 운이다.

예 30) 1951년 8월 22일 미시생(未時生)이면
     1. 辛卯 : 2.沖, 3.祿
     2. 丁酉 : 1.沖, 1.祿
     3. 乙丑 : 4.沖
     4. 癸未 : 3.沖

1번의 명궁이요 성격궁이요 초년궁에 들어오는 살을 보면 2번의 인덕궁에서는 충살(沖殺)이 들어오고 있으면서 3번의 재물궁에서 녹(祿)이 들어오니 초년시절에는 많은 사람들에게 격려를 받을 운이요, 많은 사람들과 어울릴 수 있는 운이다. 도와주려고 하는 사람들이 많이 있을 수 있는 운으로 초년에는 인덕이 풍부한 운이요, 또한 초년에 조상의 업이나 부모의 덕이나 정이 좋을 운이다. 또한 재물복이 좋을 운으로 초년은 화려하고 출세도 할 수 있는 운이 있다. 또한 초년에 많은 학업을 성취할 수 있는 운이요, 초년에는 귀공자로 활달하게 성장할 수 있는 운이 있다.

　2번의 인덕궁이요 부부궁에 들어오는 살을 보면 1번의 성격궁이요 명궁에서 충살(沖殺)에 녹(祿)이 들어오고 있으니 조상의 업이 풍부할 운이요, 부모덕이 길한 운이다. 또한 대인관계에 있어서도 성격이 원만하면서도 경우가 바르고 사리가 분명하여 많은 사람들과 호흡을 같이 하면서 큰 일을 생각하는 성격이요, 정의를 위해서 일할 수 있는 사람이라 불의를 보면 뒤로 물러서려고 하지 않을 수 있는 성격이 있다. 또한 주위에 많은 사람들이 따르는 운이라 가히 대장군의 기상이라고 할 수 있을 운이다.

　3번의 부부궁이요 재물궁에 들어오는 살을 보면 4번 총운에서 충살(沖殺)이 들어오고 있으니 부부사이에서는 정이 없고 멀어질 운이 있으며, 부부의 인연이 적을 운이다. 또는 부부간에 의가 상하고 의견대립이 많이 발생할 수 있는 운이다. 또한 재물에는 어려움이 많고 풍파가 있을 수 있는 운으로 이 사주는 나 하나의 출세를 위해서는 열심히 노력하는 운이요, 자기를 위해서 하는 일이라면 적극적인 면이 있는 운으로 살못하면 이기적이요 독선적인 사람이 될 수도 있는 사람이다. 그래서 남을 업신여기고 자기만이 잘났다고 할 수 있는 사람이요, 또는 다른 사람의 말을 들으려 하지 않고 자기 주장대로만 하려고 할 수 있는 운이 있다. 다시 말해서 어려서부터 귀공자로만 자라서 자기만을 생각하고 자기만을 알고 자기를 위해 주기를 바라면서 살아갈 수 있는 사람이라 말년이 되면 어려움이 따를 수 있는 운이다.

4번의 말년운이요 총운에 들어오는 살을 보면 3번의 부부궁이요 재물궁에서 상충살(相沖殺)이 들어오고 있으니 말년에 자손과의 풍파와 부부의 갈등이 있을 운이요, 또는 말년에는 재물에 풍파가 있어 생활에 어려움이 따를 수 있는 운이다.

예 31) 1980년 1월 14일 인시생(寅時生)이면

    1. 庚申 : 2.4.沖

    2. 戊寅 : 1.3.沖

    3. 壬申 : 2.4.沖

    4. 壬寅 : 1.3.沖

1번의 명궁이요 초년궁이요 조상궁에 들어오는 살을 보면 2번의 인덕궁이요 부모궁에서 상충살(相沖殺)이 들어오고 있으니 초년에는 인덕이 없는 운이요, 대인관계가 원만하지 못하고 다른 사람들과 어울리지 못하고 다툴 일이 많이 있을 수 있는 운이다. 또한 2번은 부모궁이라 초년에 부모와 뜻이 맞지 않아 의견대립이 많을 운이요, 심하면 부모와 이별수도 있을 수 있는 운이다.

1번의 명궁이요 성격궁에 들어오는 살을 보면 4번 총운에서 상충살(相沖殺)이 들어오고 있는 운이다. 4번 총운은 앞에서 들어오는 살을 더욱 강하게 밀어주는 힘이 있는 살로 이 운에서는 2번의 인덕궁이요 부모궁에서 들어오는 상충살(相沖殺)을 더욱 강하게 자극하는 운이라고 할 수 있다.

2번의 인덕궁이요 부모궁에 들어오는 살을 보면 1번의 성격궁이요 명궁에서 상충살(相沖殺)이 들어오고 있으니 대인관계에서 다른 사람들과 어울리지 못하고 매사에 충돌이 많이 발생할 수 있는 운이다. 또는 조상이나 부모의 업을 유지하지 못하고 고향을 떠날 수 있는 운이라고 할 수 있다.

2번의 인덕궁이요 부모궁에 들어오는 살을 보면 3번의 재물궁이요 부부궁에서 상충살(相沖殺)이 들어오고 있으니 금전이나 재물로 인하여 욕심이 많을 수 있는 운이요, 재물관계로 다른 사람들과 충돌이 많을 수 있는 운이다. 또한 부부간에도 인격적으로 대우를 받기 어려울 운이라 부부갈등이 많을 운이다. 또한 인정이 없는 사람이요, 은혜를 모르는 사람이라고 할 수 있는 운이다. 또한 인내심이 부족한 경우도 있을 운이요, 부모와 이별수도 있을 운이다.

3번의 부부궁이요 인덕궁에 들어오는 살을 보면 2번의 인덕궁이요 부모궁에서 상충살(相沖殺)이 들어오고 있으니 재물에 대한 욕심이 많아 다른 사람과 의견대립이 많이 발생할 수 있는 운이요, 부부의 정과 덕이 없을 운으로 부부간에 이별수도 있을 운이다.

3번의 부부궁이요 재물궁에 들어오는 살을 보면 4번 총운에서 상충살(相沖殺)이 들어오고 있다. 이 운은 재물에 대한 욕심이나 부부갈등을 더욱 강하게 밀어주는 작용을 하는 운이라고 할 수 있다.

4번의 말년운이요 총운에 들어오는 살을 보면 1번의 성격궁이요 명궁에서 상충살(相沖殺)이 들어오고 있으니 이 운세는 말년에도 사람들과 어울리지 못하고 대립이 많을 수 있는 운이요, 또는 자신의 마음이나 성격을 스스로 억제하지 못하고 모든 일을 다른 사람에게 풀려고 할 수 있는 운이라 피곤할 수 있는 사람이다.

4번 총운이요 말년운에 들어오는 살을 보면 3번의 부부궁이요 재물궁에서 상충살(相沖殺)이 들어오고 있으니 말년에 부부갈등이 있을 운이요, 부부간에 충돌이 많이 있을 수 있다. 또는 부부나 가족들과의 관계에서 자신의 뜻대로 모든 일을 풀어가려고 할 수 있는 운으로 부부나 가족들과도 뜻을 이루지 못하고 헤어질 수 있는 운이다. 또한 말년에도 이성문제로 구설수가 발생할 수 있는 운이요, 또는 재물로 인하여 사람들과 마찰이 많을 수 있을 운이다.

예 32) 1998년 1월 10일 인시생(寅時生)이면

    1. 戊寅 : 3.沖, 2.3.祿, 3.馬

    2. 甲寅 : 3.沖, 2.3.祿, 3.馬

    3. 甲申 : 1.2.4.沖, 1.2.4.馬

    4. 丙寅 : 3.沖, 2.3.祿, 3.馬

1번의 명궁이요 초년궁이요 성격궁에 들어오는 살을 보면 2번의 인덕궁이요 부모궁에서 녹(祿)이 들어오고 있으니 초년에 부모의 덕이나 정이 좋을 운이요, 또한 인덕이 있어 많은 사람들의 총애를 받으면서 성장할 수 있는 운이다. 또한 1번은 성격이요 2번은 인덕운이라 어려서부터 대인관계에서 성격이 원만하여 주위에 많은 친구나 동료가 따를 수 있는 운이라 인덕이 많을 운이라 할 수 있다.

1번에 들어오는 살을 보면 3번의 부부궁이요 재물궁에서 상충살(相沖殺)과 녹(祿)과 역마살(驛馬殺)이 들어오고 있는 운이나 여기서 들어오고 있는 상충살(相沖殺)은 악의 살이 아니고 녹(祿)이나 역마살(驛馬殺)을 더욱 강하게 자극하는 살로 초년에 재물의 운이 아주 좋을 운을 더욱 좋은 운으로 만들어주는 상충살(相沖殺)이다. 이 운세는 초년에는 부모의 덕이나 정이 있고 재물에 덕이 있으며 인덕이 있고 주위에 좋은 친구를 많이 두고 지내는 운으로 아주 좋은 운이다. 또한 초년에 학업의 운이 좋은 운이라 많은 학문을 연마할 수 있는 운이요, 또한 초년에 출세의 운이 있을 운이다. 또는 초년에 재물이나 사업으로 인하여 사방으로 분주하게 활동을 많이 하여 많은 재물을 모을 수 있는 운이라고 할 수 있을 운이다. 또한 이 운세는 초년부터 의식주생활에는 어려움을 모르면서 생활할 수 있는 운으로 매사가 순조로워 편안한 운이라고 할 수 있을 운이다.

2번의 인덕운이요 부부궁에 들어오는 살을 보면 2번의 인덕궁이요 부모궁인 자체에서 녹(祿)이 들어오고 있으니 인덕이 좋을 운으로 주위에 많은 친구나 동료들이 있을 운이요, 부모의 덕이나 정이 좋을 운으로 편안한 가정생활을 할 수 있는 운이다. 또한 이 나이에는 이성을 알 수 있는 나이로 주위에 많은 이성친구가 있을 수 있을 운이다.

2번에 들어오는 살을 보면 3번의 부부궁이요 재물궁에서 상충살(相沖殺)에 녹(祿)에 역마살(驛馬殺)이 들어오고 있는 운이나 여기서 상충살(相沖殺)은 나쁜 살이 아니요, 녹(祿)이나 역마살(驛馬殺)을 더욱 좋은 살로 만들어주는 운이라고 할 수 있으니 대인관계에서 분주할 수 있는 운이요, 대인관계로 인하여 많은 재물을 얻을 수 있을 운으로 천금을 얻을 수 있을 운이요, 재물복이 대길한 운이다. 또한 좋은 부부의 인연은 매우 좋을 운으로 부부간에 화합을 할 수 있을 인연을 만날 수 있을 운이요, 부부의 정이 있고 부부간에 인덕이 많을 수 있는 운이다.

3번의 부부궁이요 재물궁에 들어오는 살을 보면 1번의 성격궁이요 명궁에서 상충살(相沖殺)에 역마살(驛馬殺)이 들어오고 있으니 재물에 대한 욕심이 많을 운이요, 출세에 대한 욕망이 많을 수 있는 운으로 마음이 항상 분주하며 복잡할 수 있는 성격이다.

3번에 들어오는 살을 보면 2번의 인덕궁이요 부모궁에서 들어오는 살을 보면 상충살(相沖殺)에 역마살(驛馬殺)이 들어오고 있으니 재물을 얻기 위한 일로 인하여 많은 사람들과 어울리고 분주할 수 있을 운으로 사업이 바쁜 사람이다.

3번에 들어오는 살을 보면 4번의 말년운이요 총운에서 들어오는 살을 보면 상충살(相沖殺)에 역마살(驛馬殺)이 들어오고 있는 운이다. 4번은 총운으로 앞에서 들어오는 살을 더욱 강화시킬 수 있는 살로 이 운에서는 재물을 구하는 일로 분주할 수 있는 일을 더욱 강하게 자극하는 운이라고 할 수 있을 운이다.

4번 총운이요 자손운이요 말년운을 보면 2번에서 녹(祿)이 들어오고 있으니 말년에 대인관계가 대길한 운이요, 말년에도 인덕이 있어 주위에 많은 사람들이 따를 운이라 할 수 있는 운이다. 또한 4번은 자손궁이요 2번은 인덕궁이라 말년에 자손들에게 존경을 받고 화목한 가정에서 지낼 수 있을 운이 있다.

4번에 들어오는 살을 보면 3번의 부부궁이요 재물궁에서 상충살(相沖殺)에 녹(祿)에 역마살(驛馬殺)이 들어오고 있으니 말년운세도 사업이 분주할 수 있는 운이요, 말년에도 재물로 인하여 사방으로 분주하게 활동을 많이 할 수 있는 운이다. 또한 3번은 재물이요, 4번은 자손궁이라 말년에 자손들의 덕이 많아 자손들의 보살핌 속에서 편안한 생활을 할 수 있을 운이다.

예 33) 2006년 4월 6일 해시생(亥時生)이면
    1. 丙戌 : 3.沖
    2. 癸巳 : 4.沖, 1.祿, 2.3.貴
    3. 壬辰 : 1.沖, 3.魁
    4. 辛亥 : 2.沖, 1.貴, 3.祿

 1번의 성격궁이요 조상궁이요 명궁에 들어오는 살을 보면 3번의 재물궁에서 상충살(相沖殺)이 들어오고 있는 운이다. 초년에는 부모가 또한 재물이라 이 운세는 초년에는 부모와 의견이 맞지 않아 다툴일이 많이 있을 운이요, 또는 부모와 이별수가 있을 운이다. 또는 부모나 조상의 업을 유지하지 못하고 타관으로 떠돌며 생활할 수 있을 운이다. 또한 초년에 금전이나 재물로 인하여 어려움도 있을 수 있는 운이다.

 2번의 부모궁이요 인덕궁에 들어오는 살을 보면 2번 자체에서 귀(貴)가 들어오고 있는 운이다. 귀(貴)는 두 가지의 뜻이 있으니 하나는 외롭다, 없다, 부족하다는 운으로 쓸쓸한 것을 말하는 운이요, 하나는 고귀하여 상대가 없다, 대적할만한 것이 없다는 것이 있으니 여기서는 대인관계에 있어서 외롭다, 허전하다고 할 수 있을 운이다. 또는 2번은 부모궁이라 부모의 정이 외로울 수 있을 운이다.

2번에 들어오는 살을 보면 1번의 성격궁이요 명궁에서 녹(祿)이 들어오고 있으니 부모는 나에게 배풀고 도와주려고 하는 운이나 내가 거부하는 격이요.(1번에 3번의 상충살 때문에) 주위에 인덕은 있을 운이라 대인관계는 원만한 운이라고 할 수 있는 운이다.

2번에 들어오는 살을 보면 3번의 부부궁이요 재물궁에서 귀(貴)가 들어오니 재물을 모으기 어렵고 항상 재물이 부족한 운이요, 마음으로부터 재물에 대한 근심이 떠날 날이 없을 운이다.

2번에 들어오는 살을 보면 4번 총운에서 상충살(相沖殺)이 들어오고 있는 운이다. 4번 총운은 앞에서 들어오는 살을 강하게 밀어주는 살로 2.3번에서 들어오는 귀(貴)를 강하게 밀어주는 역할을 하는 운이라 인덕이 없으며 재물에 어려움이 있을 운을 더욱 강하게 하는 운이라고 할 수 있다.

3번의 부부궁이요 재물궁에 들어오는 살을 보면 3번 자체에서 괴강살이 들어오고 있으니 재물에 대한 욕심이 많을 운이요, 재물에 관한 일이라면 다른 사람에게 양보하는 것을 싫어할 운이라고 할 수 있을 운이다. 또한 부부간에도 서로 아끼고 사랑으로 지내기보다는 자신의 고집대로 생활하려고 할 수 있는 운이다.

3번의 부부궁이요 재물궁에 들어오는 살을 보면 1번에서 상충살(相沖殺)이 들어오니 재물욕심이 많고 재물로 인하여 다른 사람과 의가 상할 일이 있을 운이며 재물에 대해서는 양보가 없을 운이다.

4번 총운이요 말년운에 들어오는 살을 보면 1번의 명궁이요 성격궁에서 귀(貴)가 들어오고 있으니 말년이 외롭고 쓸쓸할 운이다.

4번에 들어오는 살을 보면 2번에서 상충살(相沖殺)이 들어오고 있으니 말년에 인덕이 없어 외로울 운이다. 또한 2번은 인덕궁이요, 4

번은 자손궁이라 말년에 자손의 정이나 덕을 받기 어려울 운이요, 자손과 멀리 헤어져서 살아갈 운이 있다.

4번에 들어오는 살을 보면 3번의 부부궁이요 재물궁에서 녹(祿)이 들어오고 있으니 말년에도 재물에는 어려움 없이 지낼 수 있는 운이요, 또는 좋은 인연을 새로이 만날 수 있는 운이라고 할 수 있는 운이다. 또는 말년에 자손과 헤어져 살아가는 운이나 자손의 도움으로 재물이나 생활에는 어려움 없이 지낼 수 있을 운이다.

예 34) 1947년 1월 27일 오시생(午時生)이면

    1. 丁亥 : 2.破
    2. 壬寅 : 1.破
    3. 丁卯 : 4.破
    4. 丙午 : 3.破

1번의 초년궁이요 명궁이요 성격궁에 들어오는 살을 보면 2번의 부모궁이요 인덕궁에서 파산(破殺)이 들어오고 있으니 초년시절에 건강이 약한 운이거나 신병치례를 자주할 수 있는 운이요, 또는 죽을 고비도 넘길 수 있을 운이다. 또한 초년에는 부모덕이 없어 부모와 이별할 수 있는 운이요, 또한 인덕이 부족하여 많은 사람과 어울리지 못할 수 있는 운이요, 초년에는 성격이 안정감이 없고 불안한 운으로 변덕이 많을 수 있어 이중성격을 쓸 수 있는 사람이다.

2번의 부모궁이요 인덕궁에 들어오는 살을 보면 1번의 성격궁이요 명궁에서 파살(破殺)이 들어오고 있으니 부모와 정없어 이별수가 있을 운이요, 사람들과 어울리지 못하는 성격으로 외롭게 지낼 수 있는 운이며, 사람들을 만나는 것을 기피할 수 있는 운이다.

 3번의 부부궁이요 재물궁에 들어오는 살을 보면 4번 총운에서 파살(破殺)이 들어오고 있으니 부부의 인연이 없고 만나는 인연도 오래가지 못하고 헤어지는 운이요, 또한 재물을 모으지 못하고 사방에 흩어버릴 수 있는 운이다. 이 운에 녹(祿)이나 복덕(福德)이나 용덕(龍德)이 같이 동주(同住)하면 사업을 사방에 벌려놓고 일을 하는 사람이라고 할 수 있다.

 4번 총운이요 말년운이요 자손궁에 들어오는 살을 보면 3번의 재물궁에서 파살(破殺)이 들어오고 있으니 말년운이 외로울 운이요, 말년에 재물로 인하여 어려움이 따를 수 있을 운이요, 또한 말년에 부부간에 이별하고 외로울 운이 있다고 할 수 있는 운이다. 또한 4번은 자손궁이라 말년에 자손들과 이별할 수 있는 운이요, 3번은 재물이라 말년에 자손에게 받는 재물덕이 없을 운이라고 할 수 있다. 그러나 이 운에 녹(祿)이나 복덕(福德) 등이 같이 동주(同住)하면 반대로 좋아지는 운으로 말년에 자손들이 사방에서 도와주는 운이요, 말년에 많은 재물이나 사업을 사방에 벌려놓을 운이라고 할 수 있다.

예 35) 1939년 5월 10일 묘시생(卯時生)이면

      1. 己卯 : 2.3.破

      2. 庚午 : 1.4.破

      3. 甲午 : 1.4.破

      4. 丁卯 : 2.3.破

1번의 명궁이요 초년궁이요 성격궁에 들어오는 살을 보면 2번의 부부궁이요 인덕궁에서 파살(破殺)이 들어오고 있으니 초년시절에 부모와의 정이나 덕이 없을 운이요, 초년시절에 부모와 이별할 수 있는 운이다. 또한 초년시절에는 인덕이 없어 대인관계가 어렵고 대인관계에서 성격이나 마음이 안정되지 못하고 항상 불안한 운이다. 또한 조상이나 부모의 업을 유지하지 못할 운이다.

1번에 들어오는 살을 보면 3번의 부부궁이요 재물궁에서 파살(破殺)이 들어오니 초년시절에는 부모도 재물이라 초년에 부모덕이 없고 어려움이 많을 운이요, 초년에 재물복이 없어 생활에 어려움이 많이 따를 수 있는 운이다. 또한 초년에 버는 모든 재물은 끝까지 유지하지 못하고 실패가 있을 수 있다.

2번의 인덕궁이요 부모궁에 들어오는 살을 보면 1번의 명궁이요 성격궁에서 파살(破殺)이 들어오고 있으니 부모와 성격이 맞지 않아 이별수가 있을 운이요, 대인관계에 있어서 마음이 안정감이 없고 불안한 운으로 사람들과 어울리지 못할 수 있는 운이다. 또는 사람을 상대하려고 하면 마음이 불안하여 긴장이 많을 운이요, 심하면 사람들을 기피하려고 할 수 있는 운이다.

2번에 들어오는 살을 보면 4번 총운에서 파살(破殺)이 들어오고 있으니 4번은 앞에서 들어오는 살을 강하게 작용시키는 운으로 1번에서 들어오는 살을 더욱 강화시키는 운이라고 할 수 있을 운이다.

3번의 부부궁이요 재물궁에 들어오는 살을 보면 1번의 성격궁이요 명궁에서 파살(破殺)이 들어오고 있으니 부부간에 정이 없고 부부의 꼴을 보기 싫어하는 운으로 한 배우자와 오래가지 못하고 자주 바뀔수 있는 성격이요, 또는 부부의 인연이 없을 운이요, 또한 재물을 관리하지 못하고 흩어버릴 수 있는 운이요, 또한 재물에 어려움이 많을 수 있는 운이요, 재물이 안정되지 못하고 성패가 많을 수 있는 운으로 생활에 어려움이 많을 운이다. 그러나 복(福)이나 녹(祿)이 동주(同住)하면 대길한 운으로 보아야 할 것이다.

3번에 들어오는 살을 보면 4번 총운에서 파살(破殺)이 들어오는 운이나 4번 총운은 앞에서 들어오는 살을 강하게 밀어주는 살로 여기서는 1번에서 들어오는 살을 더욱 강하게 작용시킨다.

4번 총운이요 말년운이요 자손궁에 들어오는 살을 보면 2번의 인덕궁에서 파살(破殺)이 들어오니 말년에 인덕이 없을 운이요, 말년에 가까운 사람을 잃고 외로울 운이다. 또한 4번은 자손궁이라 말년에 자손의 덕이 없고, 부모로서 인정을 얻기 어려울 운이다.

4번에 들어오는 살을 보면 3번의 부부궁이요 재물궁에서 파살(破殺)이 들어오고 있으니 말년에 부부의 정을 잃고 덕을 잃을 운이요, 또는 말년에 재물복이 없어 어렵게 생활할 수 있는 운이다. 또한 4번은 자손궁으로 말년에 자손들에게 받을 재물덕이 없어 어렵게 생활할 수 있는 운이라고 할 수 있다. 이러한 운에 복(福)이나 녹(祿) 등이 동주(同住)하면 반대로 대길한 운이라고 할 수 있으니 주의하여 판단하기 바란다.

예 36) 1943년 6월 26일 미시생(未時生)이면

    1. 癸未 : 3.破, 3.福德

    2. 己未 : 3.破, 3.福德

    3. 丙戌 : 1.2.4.破

    4. 乙未 : 3.破, 3.福德

1번의 성격궁이요 명궁이요 초년궁에 들어오는 살을 보면 3번의 부부궁이요 재물궁에서 파살(破殺)과 복덕운(福德運)이 들어오고 있으니 초년에 부모의 풍파가 발생할 수 있는 운이나 새로운 좋은 인연을 만날 수 있는 운이요, 또한 초년시절에 재물에 어려움이 한 번 발생할 수 있으나 다시 전화위복이 되는 운으로 한 번의 어려운 고비를 넘기고 나면 대길한 운이라고 할 수 있다. 또한 학업도 재물이라 파살(破殺)이 있으니 한 가지 학업에 전념하지 못하고 많은 학문을 대할 수 있는 운이나 복덕(福德)이 있어 해가 되지 않을 운이다. 또는 학업이 중단이 될 수 있으나 새로운 학문으로 성공할 수 있는 운이 있다. 예를 들면 학업을 중단해도 새로운 기술분야로 성공할 수도 있을 것이요, 학업을 중단하고 운동 분야로 성공할 수도 있기 때문이다. 여기서 주의할 것이 있으니 이 운세는 어디까지나 마음으로 느끼는 운이라는 것을 알아야 한다. 즉 마음의 여유를 말하고 있는 것이다.

2번의 부모궁이요 인덕궁에 들어오는 살을 보면 3번의 부부궁이요 재물궁에서 파살(破殺)에 복덕(福德)이 들어오니 부부간에 한 번 실패한 후에 좋은 인연을 만날 수 있는 운이요, 또한 많은 사람들을 사방에서 알고 지낼 수 있는 운이라 주위에 친구들이 많이 있을 수 있는 운이다. 또한 주위의 사람들로 인하여 재물의 풍파가 한 번 있을 운이나 주위의 도움으로 다시 대성할 운이라고 할 수 있다.

3번의 부부궁이요 재물궁에 들어오는 살을 보면 1.2.4번에서 파살(破殺)이 들어오고 있으니 1번은 성격궁이 명궁으로 재물이 안정감이 없고 사방에 일을 벌릴려고 하는 성격이다. 또한 부부궁도 안정되지 못하고 부부간에 풍파가 발생할 수 있는 운이다.

3번에 2번의 인덕궁에서 파살(破殺)이 들어오고 있으니 재물때문에 주위의 가까운 사람들을 잃을 수 있는 운이요, 부부간에도 인덕과 정이 없을 운이요, 또한 부부가 정없이 의무적으로 살아가는 운이다. 또는 많은 사람들과 교제하면서 지낼 운으로 많은 이성을 사귀면서 살아갈 운이 있다.

3번에 4번 총운에서 파살(破殺)이 들어오고 있으니 4번 총운은 앞에서 들어오는 살을 강하게 밀어주는 살로 이 운에서는 1.2번에서 들어오는 살을 강하게 밀어주는 작용을 하는 운이라고 할 수 있다.

4번 총운이요 말년운이요 자손궁에 들어오는 운을 보면 3번의 부부궁이요 재물궁에서 파살(破殺)에 복덕(福德)이 들어오는 운이라 말년에 사방에 사업을 벌리고 지낼 수 있는 운이요, 또한 말년에도 많은 이성을 상대하면서 생활할 수 있는 운이다. 따라서 말년에 부부의 풍파가 있을 수 있는 운이나 자손들에게 받는 재물복은 좋을 운이요, 편안하게 지낼 수 있는 운이다.

예 37) 1927년 5월 15일 오시생(午時生)이면
    1. 丁卯 : 2.4.破, 2.4.福
    2. 丙午 : 1.3.破, 1.3.祿, 4.自刑
    3. 己卯 : 2.4.破, 2.4.福
    4. 庚午 : 1.3.破, 1.3.祿, 4.自刑

1번의 명궁이요 성격궁이요 초년궁에 들어오는 살을 보면 2번의 인덕궁이요 부모궁에서 파살(破殺)과 복덕(福德)이 들어오고 있으니 초년에 부모로 인하여 풍파가 있을 운이요, 그러나 어려움이 따를 수 있는 운이나 해가 되는 운은 아니요 전화위복으로 덕이 되는 운이다. 예를 들면 부모와 이별하고 새로운 부모를 만나게 되는 것이 나에게 덕이 되고 도움을 줄 수 있는 사람으로 새로운 부모를 만날 수 있는 운등을 말하고 있는 것으로 길한 운이다. 또한 2번은 인덕궁으로 대인관계에 있어서 하나를 잃으면 하나를 얻을 수 있는 운이요, 또는 많은 친구나 동료들을 사방에 두고 지낼 수 있는 운이요, 또는 많은 사람들이 나를 따르는 운이라고 할 수 있다.

1번에 들어오는 살을 보면 4번 총운에서 파살(破殺)에 복덕(福德)이 들어오고 있는 운이다. 4번은 총운으로 앞에서 들어오는 살들을 강하게 작용시키는 살이라 이 운에서는 2번의 인덕궁이요 부모궁에서 들어오는 살을 더욱 강하게 밀어주는 운이라고 할 수 있다.

2번의 부모궁이요 인덕궁에 들어오는 살을 보면 1번의 명궁이요 성격궁에서 파살(破殺)에 녹(祿)이 들어오고 있으니 대인관계에서 많은 사람들과 어울리려고 하는 성격이요, 많은 친구를 사방에 두고 지내려고 할 수 있는 운이며, 또한 알고 지낼 수 있는 사람을 많은 장소나 기관이나 직장인들에게 뜻을 가지고 살아가려고 하는 성격으로 마당발이라고 할 수 있다.

2번에 들어오는 살을 보면 3번의 부부궁이요 재물궁에서 파살(破殺)에 녹(祿)이 들어오고 있으니 많은 친구를 알고 지낼 수 있는 운이요, 2번은 인덕이요, 3번은 부부궁이라 이 운세는 많은 이성교제가 있을 수 있는 사람이다. 또는 사귀고 지내는 이성의 사람이 사방에 있을 수 있는 운으로 우리 속말로 표현하면 끼가 많이 있는 사람이라고 할 수 있는 운이다.

2번에 들어오는 살을 보면 4번 총운에서 자형살(自刑殺)이 들어오고 있는 운이다. 자형살(自刑殺)은 스스로 손해를 보는 살이 자형살(自刑殺)이요, 또는 고집이나 집착을 말하기도 하는 살이다. 여기서의 운세를 보면 1번과 3번에서 들어오는 살에 대하여 강한 집착을 가지고 살아가는 운이요, 욕심이 많은 운으로 다른 사람의 말을 들으려고 하지 않고 자신의 주관 또는 고집대로 처리하려고 할 수 있는 운이 강한 사람이다.

3번의 부부궁이요 재물궁에 들어오는 살을 보면 2번의 인덕궁이요 부모궁에서 파살(破殺)에 복덕운(福德運)이 들어오고 있으니 부부의 인연을 사방에 맺고 살아갈 수 있는 운이요, 또는 많은 사람들이 협력하여 도와주는 운이라 길한 운이라고 할 수 있는 운으로 인덕이 있는 운이다.

3번에 들어오는 살을 보면 4번 총운에서 파살(破殺)에 복덕(福德)이 들어오고 있는 운이나 4번 총운은 앞에서 들어오는 살을 더욱 강하게 밀어주는 살이라 이 운에서는 2번에서 들어오는 살을 더욱 강하게 작용시키는 운이라고 할 수 있다.

4번 총운이요 말년운이요 자손궁에 들어오는 살을 보면 1번의 성격궁이요 명궁에서 파살(破殺)에 녹(祿)이 들어오고 있으니 말년에 좋은 성격으로 무난하게 지낼 수 있는 성격이요, 말년에 많은 사람들과 어울리면서 지낼 수 있는 운이 있다.

4번에 들어오는 살을 보면 3번의 부부궁이요·재물궁에서 파살(破殺)에 녹(祿)이 들어오고 있으니 말년에 많은 재물을 사방에 두고서 편안하게 지낼 수 있는 운이요, 말년에도 많은 이성들로부터 호감을 가지고 지낼 수 있는 운이다. 또한 3번은 재물이요, 4번은 자손궁이라 말년에 자손들의 도움이 좋을 운이요, 사방에서 자손들이 협조하는 운이라 어려움이 없을 운이다.

4번에 들어오는 살을 보면 4번 자체에서 자형살(自刑殺)이 들어오고 있으니 말년에도 자신의 주장이 강하고 의지가 강한 성격이요, 말년에도 자신의 재물을 자기가 관리하면서 지낼 수 있는 운이다. 자형살(自刑殺)은 욕심으로 말년에도 이성의 욕심이나 재물에 대한 욕심이 많이 있는 운이라고 할 수 있다.

예 38) 1914년 10월 19일 인시생(寅時生)이면
　　　1. 甲寅 : 2.破, 1.祿
　　　2. 乙亥 : 1.3.4.破, 1.3.4.福
　　　3. 丙寅 : 2.破, 1.祿
　　　4. 庚寅 : 2.破, 1.祿

1번의 명궁이요 성격궁이요 초년궁에 들어오는 살을 보면 1번 자체에서 녹(祿)이 들어오고 있으니 초년에는 성격은 무난하니 좋은 성격이요, 성격에 녹(祿)이 있어 다른 사람에게 지는 것을 싫어하고 익기(意氣)가 강한 운이요, 마음 씀씀이가 크다고 할 수 있는 성격이다. 또한 1번은 조상궁이라 초년시절에는 조상의 업이나 덕이 좋을 운이요, 또는 조상들의 사랑과 보살핌 속에서 편안하게 성장할 수 있는 운이다.

1번에 들어오는 살을 보면 2번의 인덕궁이요 부모궁에서 파살(破殺)이 들어오고 있으니 초년에 부모의 정이나 덕은 없을 운이요, 또는 부모를 잃을 운이 있으며, 부모와 이별수가 있을 운이다. 아니면 초년에는 인덕이 없고 대인관계가 어려운 운이다. 전체적으로 말하

면 초년에 부모를 잃거나 이별하고, 조상들의 도움으로 성장할 수 있는 운이라고 하는 운이다. 그러나 성격이 기가 죽어지내는 성격이 아니요, 활달하게 지낼 수 있는 성격을 지닌 운이라 할 수 있다.

2번의 부모궁이요 인덕궁에 들어오는 살을 보면 1번의 성격궁이요 명궁에서 파살(破殺)에 복덕(福德)이 들어오고 있으니 부모와 이별하고 새로운 부모를 만날 수 있는 운이나 그 운이 나쁘지 않고 길한 운으로 새로운 부모와의 관계가 좋을 수 있는 운이다.

2번에 들어오는 살을 보면 3번의 부부궁이요 재물궁에서 파살(破殺)에 복덕(福德)이 들어오고 있으니 대인관계에서 많은 친구나 동료를 사방에 두고 지낼 수 있는 운이요, 또한 인덕이 많아 주위에 많은 사람들이 따르는 운이라고 할 수 있는 운이다. 또한 3번은 부부궁이라 많은 이성과 교제가 있을 수 있는 운이나 나에게 해가되는 사람이 없이 협조를 하는 사람이라고 할 수 있을 운이다.

2번에 들어오는 살을 보면 4번 총운이요, 자손궁에서 파살(破殺)에 복덕운(福德運)이 들어오고 있으니 자손과 함께 지내기 어려운 운으로 이별수가 있을 운이나 덕을 받을 운이다. 4번은 총운으로 앞에서 들어오는 살을 더욱 강하게 밀어주는 성격의 운으로 여기서는 1번과 3번에서 들어오는 운을 더욱 강하게 작용하고 있는 운이다.

3번의 부부궁이요 재물궁에 들어오는 살을 보면 1번의 명궁에서 녹(祿)이 들어오고 있으니 재물에 대한 욕심이 많을 운이요, 재물에 대한 덕이 있을 운이다. 또한 부부간에도 원만한 성격으로 어려움 없이 지낼 수 있는 운이다.

3번에 들어오는 살을 보면 2번의 인덕궁이요 부모궁에서 파살(破殺)이 들어오고 있으니 부모의 이별이 있을 운이요, 재물을 한 곳에 모아 관리하지 못하고 사방에 흩어놓을 수 있는 성격이 있다. 또한 3번은 부부궁이요, 2번은 인덕궁이라 부부의 이별이 있을 운이요, 또는 많은 이성교제가 있을 수 있는 운이다.

4번 총운이요 말년운이요 자손궁에 들어오는 살을 보면 1번의 명궁이요 성격궁에서 녹(祿)이 들어오고 있으니 말년에도 성격이 무난하여 많은 사람들과 화합하면서 지낼 수 있는 운이요, 또한 건강면에서도 어려움 없이 편안하게 지낼 수 있는 운이다.

4번에 들어오는 살을 보면 2번의 부모궁이요 인덕궁에서 파살(破殺)이 들어오고 있으니 말년에 많은 사람들과 교제하면서 지낼 수 있는 운이다. 또한 4번은 자손궁으로 말년에 자손들과 이별이 있고 떨어져 지낼 운이 있으나 덕은 좋을 운이다.

예 39) 1915년 3월11일 술시생(戌時生)이면

      1. 乙卯 : 2.害
      2. 庚辰 : 1.害
      3. 乙酉 : 4.害
      4. 丙戌 : 3.害

1번의 명궁이요 성격궁이요 초년궁에 들어오는 살을 보면 2번의 부모궁이요 인덕궁에서 해살(害殺)이 들어오니 초년에 부모덕을 잃을 운이요, 또한 대인관계에서 덕이 없어 손해를 보는 일이 많고 마음이 상할 일이 발생할 수 있는 운이다. 또는 초년에 다른 사람들에게 생명의 위협을 받을 수도 있는 운이다. 또한 다른 사람의 일이나 다른 사람들 때문에 건강을 잃거나 생명이 위험할 수도 있다.

2번의 인덕궁이요 부모궁에 들어오는 살을 보면 1번의 명궁이요 성격궁에서 해살(害殺)이 들어오니 부모와 성격이 맞지 않아 손해 보는 일이 많을 수 있는 운이요, 대인관계에서도 성격이 맞지 않아 손해를 많이 볼 일이 발생하는 운이나 이것은 자신의 성격탓으로 손해를 보는 운이라고 할 수 있다. 또한 부모나 다른 사람들과 화합을 이루지 못하고 팩하는 성격이 있어 손해를 볼 수 있다고 할 수 있다.

 3번의 부부궁이요 재물궁에 들어오는 살을 보면 4번 총운에서 해살(害殺)이 들어오고 있으니 부부간에도 인연이 적고, 부부의 화합이 어려워 부부갈등이 많을 수 있는 운이요, 재물에서도 자신의 성격탓으로 손해를 보는 일이 많이 발생할 수 있는 운이라고 할 수 있으니 이러한 일들은 본인의 성격에서 보는 손해라고 할 수 있다.

 4번 총운이요 자손궁이요 말년궁에 들어오는 살을 보면 3번의 부부궁이요 재물궁에서 해살(害殺)이 들어오고 있으니 말년에도 부부의 정이나 덕이 없고, 잃는 것이 많을 수 있는 운이다. 또한 말년에 재물에 있어서도 얻는 것 보다는 손해를 많이 볼 수 있는 운이라 말년까지 어려울 수 있는 운이요, 또한 4번은 자손궁이라 말년에 자손의 덕이 없고, 심하면 자손으로부터 해를 당할 수도 있을 운이다.

예 40) 1922년 8월 6일 유시생(酉時生)이면

　　1. 壬戌 : 2.3.4.害
　　2. 己酉 : 1.害
　　3. 丁酉 : 1.害
　　4. 己酉 : 1.害

1번의 초년궁이요 명궁이요 성격궁에 들어오는 살을 보면 2번의 인덕궁이요 재물궁에서 해살(害殺)이 들어오고 있으니 초년에 부모의 덕이나 정을 잃을 수 있는 운이요, 또는 초년에 대인관계로 인하여 손해를 볼 수 있는 운으로 인덕과 정이 없을 운이다. 또한 1번은 명궁이라 초년에 다른 사람들로 인하여 생명에 위험이 있을 수도 있을 운이요, 건강을 해칠 수도 있을 운이다.

1번에 들어오는 살을 보면 3번의 부부궁이요 재물궁에서 해살(害殺)이 들어오고 있으니 초년에는 부모가 재물로 이 운에서는 초년에 부모로 인하여 어려운 일을 당할 수 있는 운이요, 또는 초년에 생활에 어려움이 있을 수도 있는 운이다. 또한 학업도 재물이라 초년에 학업이 어렵고 학업이 중단될 수 있는 운이라고 할 수 있다.

1번에 들어오는 살을 보면 4번 총운에서 해살(害殺)이 들어오고 있는 운이나 4번 총운은 앞에서 들어오는 살을 더욱 강하게 작용시키는 살로 이 운에서는 2.3번에서 들어오는 해살(害殺)을 더욱 강하게 작용시키는 살이라고 할 수 있다.

2번의 인덕궁이요 부모궁에 들어오는 살을 보면 1번의 명궁이요 성격궁에서 해살(害殺)이 들어오고 있으니 부모와 의견이 맞지 않아 손해를 볼 수 있는 일이 많을 수 있는 운이요, 또는 대인관계에서 다른 사람들과 화합을 이루지 못하여 손해를 볼 수 있는 일이 많이 발생할 수 있는 운이다.

3번의 부부궁이요 재물궁에 들어오는 살을 보면 1번의 명궁이요 성격궁에서 해살(害殺)이 들어오고 있으니 부부간에 성격이 맞지 않아 손해를 볼 수 있을 운이요, 또는 성격탓으로 부부의 인연이 적거나 없을 수 있는 운이다. 또한 3번은 재물궁이라 재물을 쌓아두고 살지를 못하는 운이요, 재물이 있으면 있는대로 헤쳐버리면서 생활할 수 있는 운으로 생활에 어려움이 따르는 운이라고 할 수 있다.

4번의 말년궁이요 총운이요 자손궁에 들어오는 살을 보면 1번의 명궁이요 성격궁에서 해살(害殺)이 들어오고 있으니 말년에 자식덕이나 정이 없을 운이요, 또한 자신의 성격으로 자손이나 가족들이 멀어지는 운이요, 말년의 생활도 어렵고 힘들 운이다.

예 41) 1938년 1월 28일 사시생(巳時生)이면

      1. 戊寅 : 4.害

      2. 甲寅 : 4.害

      3. 庚寅 : 4.害

      4. 辛巳 : 1.2.3.害

1번의 초년궁이요 명궁이요 성격궁에 들어오는 살을 보면 4번 총운에서 해살(害殺)이 들어오고 있으니 초년시절에 어려움이 많을 운이요, 조상덕과 부모덕이 없을 운이라 매사에 힘들고 어려울 운이라고 할 수 있다.

2번의 부모궁이요 인덕궁에 들어오는 살을 보면 4번 총운에서 해살(害殺)이 들어오고 있으니 평생 인덕이 없어 어려운 일이 많을 수 있는 운이요, 또한 부모의 정이나 덕이 없을 운이라고 할 수 있다.

3번의 부부궁이요 재물궁에 들어오는 살을 보면 4번 총운에서 해살(害殺)이 들어오고 있으니 부부의 인연이 적을 운이요, 부부의 정이나 덕이 없을 운이요, 부부갈등이 많이 있을 수 있는 운이다. 또는 재물에 어려움이 있을 운이라 평생 많은 재물을 모으지 못하고 어려운 가운데서 생활할 수 있는 운이라고 할 수 있다.

4번의 말년궁이요 총운이요 자손궁에 들어오는 살을 보면 1번의 명궁이요 성격궁이요 조상궁에서 해살(害殺)이 들어오고 있으니 말년에 자신의 생명을 해칠 우려가 있는 운이요, 또는 말년에 마음을 잡지 못하고 정신이상이 있을 수 있는 운으로 말년에 정신적인 고통이 많이 있을 수 있는 운이다.

4번에 들어오는 살을 보면 2번의 인덕궁이요 부모궁에서 해살(害殺)이 들어오고 있으니 말년에 인덕을 잃을 운으로 혼자 외로울 운이요, 4번은 자손궁으로 말년에 자손으로부터 인덕을 잃고 자손들로 인하여 어려운 고통을 당할 수 있는 운이다.

4번에 들어오는 살을 보면 3번의 부부궁이요 재물궁에서 해살(害殺)이 들어오고 있으니 말년에 부부의 정이나 덕이 없을 운이요, 말년에 재물도 잃고 생활의 어려움이 많을 수 있는 운이다. 또한 말년에 자손들과 멀어지고 자손의 덕을 받지 못할 운이요, 말년에 자손들이나 부부로 인하여 해를 낭할 수도 있을 운이다.

예 42) 1956년 10월14일 신시생(申時生)이면

      1. 丙申 : 2.3.害

      2. 己亥 : 1.4.害

      3. 丁亥 : 1.4.害

      4. 戊申 : 2.3.害

1번의 초년궁이요 성격궁이요 명궁이요 조상궁에 들어오는 살을 보면 2번의 부모궁이요 인덕궁에서 해살(害殺)이 들어오고 있으니 초년에 부모의 정이나 덕을 잃을 운이요, 또한 초년에 인덕을 잃고 혼자 외로울 운으로 혈연의 덕이나 인덕이 없을 운이다.

1번에 들어오는 살을 보면 3번의 재물궁이요 부부궁에서 해살(害殺)이 들어오고 있는 운이다. 초년에는 부모가 재물로 부모의 덕이나 정이 없을 운이요, 또한 초년에 의식주생활이 어려울 운이다. 또한 초년에 학업에 어려움이 있고 학업이 중단될 수 있는 운이라고 할 수 있다.

2번의 부모궁이요 인덕궁에 들어오는 살을 보면 1번의 명궁이요 성격궁이며, 조상궁에서 해살(害殺)이 들어오고 있으니 부모와 성격이 맞지 않아 부모의 정이나 덕을 잃을 운이다. 또한 대인관계에서도 화합을 이루지 못하여 사람들과 어울리지 못하는 성격이라 혼자 외로울 수 있는 운이 있다. 또는 요즈음 말로 하면 왕따를 당할 수 있는 운이라고 할 수 있는 운이다. 또한 조상덕이 없어 초년부터 어렵고 힘들게 생활할 수 있는 운이다.

2번에 들어오는 살을 보면 4번 총운에서 해살(害殺)이 들어오고 있는 운이다. 4번 총운은 앞에서 들어오는 살을 더욱 강하게 작용시키는 운으로 이 운에서는 1번에서 들어오는 해살(害殺)을 더욱 강하게 작용시키는 운이라고 할 수 있다.

3번의 부부궁이요 재물궁에 들어오는 살을 보면 1번의 명궁이요 성격궁이요 조상궁에서 해살(害殺)이 들어오고 있으니 부부의 인연이 없고, 부부의 정이나 덕이 없을 운이며, 부부갈등이 많이 있을 수 있는 운이다. 또는 재물에 어려움이 많아 의식주생활이 어려울 운이요, 또한 재물을 모으지 못하고 흩어버릴수 있는 운이다. 또는 부부의 꼴을 못보고 자기 마음대로만 하려고 할 수 있을 운이다.

3번에 들어오는 살을 보면 2번의 인덕궁에서 해살(害殺)이 들어오니 대인관계에서 금전을 벌어 모으기 어려울 운으로 노력의 댓가가 나오지 않을 운이다. 또한 부부간에도 인덕이 없어 배우자의 정이나 덕을 받기 어려울 운이라 의무감으로 생활은 할지언정 정으로 살아가는 부부가 되기는 어려운 운이다. 또한 다른 사람들이 나의 재물을 방해하고 손해를 보게 하는 운으로 매사에 마가 많고 방해꾼이 많을 수 있는 운이다.

4번 총운이요 말년운이요 자손궁에 들어오는 살을 보면 2번의 인덕궁에서 해살(害殺)이 들어오고 있으니 말년에도 인덕이 없고 나를 헐뜯고 방해하는 사람들이 많을 수 있는 운으로 대인관계가 피곤할 수 있는 운이다. 또한 4번은 자손궁이라 말년에 자손의 정이나 덕이 없고, 심하면 자손으로 인하여 해를 볼 수도 있을 운이다.

4번에 들어오는 살을 보면 3번의 부부궁이요 재물궁에서 해살(害殺)이 들어오고 있으니 말년에 재물에 어려움이 많을 운이요, 말년에 부부의 정과 덕없이 지낼 운이요, 또는 부부로 인하여 해를 받을 수도 있는 운이다. 또한 4번은 자손궁으로 말년에 자손으로 인하여 어려움이 있을 운이요, 또는 자손의 해를 받을 수 있는 운으로 말년의 생활에 어려움이 많을 운이다.

예 43) 1902년 8월 13일 미시생(未時生)이면

    1. 壬寅 : 2.怨
    2. 己酉 : 1.怨
    3. 庚子 : 4.怨
    4. 癸未 : 3.怨

1번의 초년궁이요 명궁이요 성격궁이요 조상궁에 들어오는 살을 보면 2번의 부모궁이요 인덕궁에서 원진살(怨嗔殺)이 들어오고 있으니 초년에 부모와 이별수가 있을 운으로 부모의 정이나 덕이 없을 운이다. 또한 초년에는 인덕이 없고 사람들과 어울리지 못하고 사람들을 기피할 수 있는 성격이 있을 운으로 조용하고 한적한 곳에서 생활하려고 할 수 있는 운이다. 또는 초년에 부모에게 한을 품고 부모와 이별할 수도 있는 운이다.

　2번의 부모궁이요 인덕궁에 들어오는 살을 보면 1번의 명궁이요 성격궁에서 원진살(怨嗔殺)이 들어오고 있으니 부모의 정이나 덕이 없을 운으로 부모와 멀어질 수 있는 운이요, 또는 이별수가 있을 운이다. 또는 사람들과 어울리지 못하고 따돌림을 당할 수도 있다.

　3번의 부부궁이요 재물궁에 들어오는 살을 보면 4번 총운이요 말년운이요 자손궁에서 원진살(怨嗔殺)이 들어오고 있으니 부부의 인연이 없을 운이요, 또는 부부간에 이별수가 있을 운이다. 또는 재물과 인연이 적어 재물을 모으면서 살기 어려울 운이다.

　4번의 말년궁이요 총운이요 자손궁에 들어오는 살을 보면 3번의 부부궁이요 재물궁에서 원진살(怨嗔殺)이 들어오고 있으니 말년에도 부부의 인연이 없을 운이요, 부부의 정이나 덕이 없을 운이요, 말년에도 의식주생활에 어려움이 많을 수 있는 운이다. 또한 4번은 자손궁이라 말년에 자손들과 멀어지거나 자손과 이별수가 있을 운이요, 또는 부부간이나 자손들과 원한이 있을 수도 있는 운이다.

예 44) 1918년 10월 23일 진시생(辰時生)이면

    1. 戊午 : 3.怨
    2. 癸亥 : 4.怨
    3. 丁丑 : 1.怨
    4. 甲辰 : 2.怨

　1번의 초년궁이요 성격궁이요 명궁에 들어오는 살을 보면 3번의 재물궁에서 원진살(怨嗔殺)이 들어오고 있는 운이다. 초년시절에는 부모가 재물이라 부모와 이별수가 있을 운이요, 또는 부모의 정이나 덕이 없을 운이요, 부모와 원한이 있을 수도 있는 운이다. 또는 학업도 재물이라 초년에 학업에 어려움이 많을 수 있을 운으로 학업이 중단이 될 수도 있을 운이요, 또는 초년에 생활에 어려움이 있을 수도 있는 운이다.

　2번의 부모궁이요 인덕궁에 들어오는 살을 보면 4번 총운에서 원진살(怨嗔殺)이 들어오고 있으니 부모의 정이나 덕이 없을 운으로 이별수를 더욱 강하게 작용시키는 운이요, 대인관계에 있어서 인덕이 없고 외로울 수 있는 운을 더욱 강하게 밀어주는 살이라고 할 수 있을 것이다.

　3번의 부부궁이요 재물궁에 들어오는 살을 보면 1번의 명궁이요 성격궁이요 조상궁에서 원진살(怨嗔殺)이 들어오고 있으니 부부간에 성격이 맞지 않을 수 있는 운으로 부부가 정으로 산다기 보다 마지못해서 살아갈 수 있는 운이다. 또한 재물과 인연이 적을 수 있는 운으로 의식주생활에 어려움이 있을 수 있는 운이다.

　4번의 말년궁이요 자손궁이요 총운에 들어오는 살을 보면 2번의

부모궁이요 인덕궁에서 원진살(怨嗔殺)이 들어오니 평생 부모에게 받은 상처로 살아갈 수 있는 운이요, 또한 말년까지도 대인관계가 원만하지 못하고 사람들을 기피하면서 생활할 수 있는 운이라 고독한 운이라고 할 수 있으니 중팔자라고 할 수 있을 것이다.

예 45) 1936년 6월 18일 미시생(未時生)이면

     1. 丙子 : 2.3.4.怨

     2. 乙未 : 1.怨

     3. 己未 : 1.怨

     4. 辛未 : 1.怨

1번의 조상궁이요 명궁이요 성격궁이요 초년궁에 들어오는 살을 보면 2번의 인덕궁에서 원진살(怨嗔殺)이 들어오고 있으니 초년에 대인관계가 원만하지 못할 운으로 사람들에게 멀어지고 화합을 이루기 어려울 운이요, 성격이 사람들과 어울리는 것을 싫어하며 조용하고 적적하고 외롭고 쓸쓸한 고독을 즐길 수 있는 운이다. 또는 부모와의 정이나 덕이 없고 초년에 부모와 멀어지거나 이별수가 있을 운으로 부모와 떨어져 지내야 하는 운이라고 할 수 있다.

1번에 들어오는 살을 보면 3번의 부부궁이요 재물궁에서 원진살(怨嗔殺)이 들어오고 있는 운이나 초년에는 부모가 재물이라 초년에 부모와 이별수가 있을 운이요, 또는 초년의 의식주에 어려움이 따를 수 있는 운으로 재물과 인연이 적을 수 있는 운이다.

1번에 들어오는 살을 보면 4번 총운이요 말년궁에서 원진살(怨嗔殺)이 들어오고 있는 운이나 4번 총운은 앞에서 들어오는 살을 더욱 강하게 작용시키는 살로 이 운에서는 2.3번에서 들어오고 있는 원진살(怨嗔殺)을 더욱 강하게 작용시키는 운이라고 할 수 있다.

2번의 부모궁이요 인덕궁에 들어오는 살을 보면 1번의 성격궁이요 명궁에서 원진살(怨嗔殺)이 들어오고 있으니 부모와 화합이 어려워 부모와 함께 지내기 어려울 운으로 부모와 이별수가 있을 운이다. 또는 사람들과 어울리는 것을 싫어할 수 있는 성격으로 고독하고 외로울 수 있는 운이요, 또한 인덕이 없을 수 있는 운이다.

3번의 부부궁이요 재물궁에 들어오는 살을 보면 1번의 명궁이요 성격궁이요 조상궁에서 원진살(怨嗔殺)이 들어오고 있으니 재물과 인연이 없을 운으로 평생 재물에는 관심이 적을 수 있는 운이요, 재물을 모으기 어려울 운이다. 또한 부부의 인연이 없거나 결혼을 해도 부부간에 정이나 덕이 없을 운으로 어렵게 지낼 수 있는 운이다.

4번의 말년궁이요 자손궁이요 총운에 들어오는 살을 보면 1번의 명궁이요 성격궁에서 원진살(怨嗔殺)이 들어오고 있으니 말년에 자식들과 같이 지내지 못할 운으로 자식들과 이별수가 있을 운이요, 말년까지도 혼자 고독을 찾는 사람으로 조용하게 말없이 지낼 수 있는 사람이다.

예 46) 1958년 9월 18일 술시생(戌時生)이면

    1. 戊戌 : 3.怨

    2. 壬戌 : 3.怨

    3. 庚辰 : 1.2.4.怨

    4. 丙戌 : 3.怨

1번의 초년궁이요 명궁이요 조상궁이요 성격궁에 들어오는 살을 보면 3번의 부부궁이요 재물궁에서 원진살(怨嗔殺)이 들어오고 있으니 초년에는 의식주생활에 어려움이 있을 운이다. 또한 초년에 조상덕과 부모덕이 없으며, 조상이나 부모와 이별수가 있을 운이다. 또한 학업이 재물이라 학업이 초년에 어려움이 있을 운이요, 또는 학업이 중단이 될 수 있는 운이다. 또는 멀리 떠나 학업을 할 수 있는 운으로 유학으로 학업을 할 수 있는 운이라고 할 수 있을 것이다.

　2번의 인덕궁이요 부모궁에 들어오는 살을 보면 3번의 부부궁이요 재물궁에서 원진살(怨嗔殺)이 들어오고 있으니 이 나이에는 결혼을 할 수 있는 운으로 이 운에서는 부부간에 인격적으로 정없이 상대로부터 멀어질 운이요, 무시를 당하면서 살아갈 수 있는 운이 있다. 또는 부부간에 살아도 떨어져서 가끔씩 만나면서 생활할 수 있는 운이다. 또한 인덕궁에 재물에서 들어오는 원진살(怨嗔殺)이라 대인관계를 통하여 재물을 모으기 어려운 운으로 다른 사람들의 협조를 받기 어려운 운이다. 그래서 사업등에서 곤경에 처할 수 있을 때가 많이 발생할 수 있는 운이다.

　3번의 부부궁이요 재물궁에 들어오는 살을 보면 1번의 명궁이요 성격궁이요 조상궁에서 원진살(怨嗔殺)이 들어오니 조상으로부터 받는 재물이 없을 운이다. 그래서 스스로 자수성가를 해야 하는 운이요, 또한 재물과 인연이 적어 재물을 모으면서 생활하기 어려운 운이요, 마음으로부터 재물에 관심이 없을 수도 있을 운이다. 또는 부부의 인연이 없을 운이요, 또는 부부간에 정이나 덕이 없을 운으로 부부가 같이 지내지를 못하고 멀리 떨어져 지낼 수 있는 운이다.

　3번에 들어오는 살을 보면 2번의 부모궁이요 인덕궁에서 원진살

(怨嗔殺)이 들어오고 있으니 부모의 정이나 덕이 없을 운으로 부모의 유업을 받지 못할 운이요, 받아도 유지를 못하는 운이다. 또한 부부간에도 성격이 맞지 않을 수 있는 운이라 부부간에 헤어져서 지내야 하는 운이며, 또한 재물과 인연이 적어 같이 지내던 친구도 돈을 벌고 재물을 벌 수 있는 자리에서는 나를 따돌리고 혼자 가는 운이라고 할 수 있다.

3번에 들어오는 살을 보면 4번의 말년궁이요 총운이요 자손궁에서 원진살(怨嗔殺)이 들어오고 있는 운이나 4번 총운은 앞에서 들어오는 살을 더욱 강하게 작용하는 살로 이 운에서는 1.2번에서 들어오는 원진살(怨嗔殺)을 더욱 강하게 작용시키는 운이라고 할 수 있다.

4번의 말년궁이요 총운이요 자손궁에 들어오는 살을 보면 3번의 부부궁이요 재물궁에서 원진살(怨嗔殺)이 들어오고 있으니 말년에도 재물덕이 없어 재물로 어려움이 있을 운이다. 또한 말년에 자손의 덕이나 정이 없을 운이요, 또는 말년에도 부부의 인연이 적어 부부가 멀리 떨어져 지내거나 헤어질 운이 있다.

예 47) 1894년 1월 15일 신시생(申時生)이면

　　1. 甲午 : 2.刃, 2.官, 1.2.將, 3.年, 4.災

　　2. 丙寅 : 1.祿, 陰, 3.福, 劫, 1.2.地, 4.馬, 刑

　　3. 癸巳 : 2.祿, 刑, 害, 3.貴, 地, 1.病, 4.福, 劫, 1.2.亡

　　4. 庚申 : 4.祿, 地, 1.喪, 3.亡.刑, 破

1번의 조상궁이요 명궁이요 초년궁에 들어오는 살을 보면 1번 자체에서 장성살(將星殺)이 들어오고 있으니 출세욕이 강할 수 있는 운이요, 또는 고집이 강하고 욕심이 많을 수 있는 성격으로 심하면 오기가 많을 수 있는 운이다. 또는 다른 사람에게 지는 것을 싫어할 수 있는 운이다.

1번에 들어오는 살을 보면 2번의 인덕궁이요 부모궁에서 양인살(羊刀殺)과 관부살(官府殺)과 장성살(將星殺)이 들어오고 있는 운이나 이 운이 부모로부터 받을 복의 운인지 인덕으로 대인관계에서 오는 출세의 운인지를 알 수가 없으니 이런 경우에는 3번의 운을 다시 한 번 보아야 한다. 초년에는 3번의 재물궁이 부모운이요, 또는 부부운이기 때문이다. 3번을 보니 년살(年殺)이 들어오니 년살(年殺)은 마음의 안정이 없을 수 있는 운이요, 또는 이성으로 인하여 마음이 산란할 수 있는 운으로 이 운에서는 일찍 이성을 알고 결혼할 수 있는 운이다. 또는 대인관계가 좋을 운으로 주위에 많은 사람들이 따르는 운으로 초년 급제를 할 수 있는 운이다. 또한 부모의 정이나 덕이 좋을 수 있는 운이며 길한 운이다.

1번에 들어오는 살을 보면 3번의 부부궁이요 재물궁에서 년살(年殺)이 들어오고 있으니 초년에 이성을 알 수 있을 운이요, 또는 초년에 마음을 잡지 못하고 바람이 들 수 있는 운이다. 그러나 이러한 방황의 길로 가지 않는다면 출세의 길이 있을 수 있는 운으로 초년에 급제할 수 있을 운이다.

1번에 들어오는 살을 보면 4번의 말년궁이요 자손궁이요 총운에서 재살(災殺)이 들어오고 있으니 초년 출세에 마가 따를 수 있는 운이다. 이 운에서는 출세에 방해가 되는 방향으로 관(官)에 장성살(將星殺)에 관부살(官府殺)이 잘못하면 악의 길로 갈 수 있을 운이요, 또는 개인의 고집만 강해지고 자기만을 아는 사람으로 변할 수 있을 운이다. 또는 바른 길이 아닌 삐뚤어진 방향의 길로 나갈 수 있는 운이라 초년에 주의가 많이 필요한 운이다.

2번의 부모궁이요 인덕궁에 들어오는 살을 보면 2번 자체에서 지살(地殺)이 들어오고 있으니 주위에 많은 친구나 동료가 있을 운으로 많은 사람들과 어울릴 수 있는 운이다.

2번에 들어오는 살을 보면 1번의 명궁이요 성격궁에서 녹(祿)과 음부살(陰府殺)과 지살(地殺)이 들어오고 있으니 사람을 사귀는 것을 즐길 수 있는 성격이요, 대인관계에서 별로 말이 없을 운이거나 조용하게 일을 하는 성격으로 인덕이 좋을 운이다.

2번에 들어오는 살을 보면 3번의 부부궁이요 재물궁에서 복(福)에 겁살(劫殺)이 들어오고 있으니 대인관계로 인하여 많은 이익이 있을 운이요, 사람을 통하여 많은 재물을 얻을 수 있는 운이다. 그래서 사람 소개업이나 알선업을 하면 좋을 수 있는 운이다. 또한 3번은 부부운이라 부부의 정이 좋을 운이요, 마음에 드는 인연과 살아갈 수 있는 운이다.

2번에 들어오는 살을 보면 4번 총운이요 자손궁에서 역마살(驛馬殺)에 형살(刑殺)이 들어오니 4번 총운은 앞에서 들어오는 살을 더욱 강하게 밀어주는 운이기 때문에 이 운에서의 역마(驛馬)는 대인관계가 매우 분주할 수 있는 운이요, 형살(刑殺)은 집착하는 운이요, 매달리는 운이요, 감금을 당하는 운이나 여기서는 대인관계를 상대로 사업을 하는 일로 아주 분주할 수 있을 운이요, 그 일에 적극적으로 매달리는 운이라고 할 수 있다.

3번의 부부궁이요 재물궁에 들어오는 살을 보면 3번 자체에서 귀(貴)에 지살(地殺)이 들어오고 있으니 평생 의식주생활에서는 어려움이 없을 운이요, 사(巳)는 지혜를 나타내는 것으로 돈을 버는 일에는 머리가 잘 돌아가는 운이라 안정된 생활을 하려고 노력하는 사람이다.

3번에 들어오는 살을 보면 1번의 명궁이요 성격궁에서 병부살(病府殺)에 망신살(亡身殺)이 있는 운이라 재물로 인하여 구설을 들을 일도 있을 운이요, 재물에 욕심을 부리다 손재가 있을 수 있는 운이다. 또는 부부의 근심이나 이성문제로 가정에 풍파가 발생할 수 있는 운이다.

3번에 들어오는 살을 보면 2번의 인덕궁이요 부모궁에서 녹(祿)에 망신살(亡身殺)에 형살(刑殺)에 해살(害殺)이 들어오고 있으니 재물은 사람을 상대로하여 많은 재물은 모으면서 살아갈 수 있을 수 있는 운이나 부부의 근심이나 어려운 일이 발생할 수 있는 운이요, 아니면 반대로 부부의 정이 좋으면 대인관계에서 어렵게 하고 해를 주는 사람이 많이 발생하는 운으로 구설을 들을 일이 있을 수 있는 운이다. 또는 부부가 이별 후에 새로운 인연을 만날 수 있는 운으로 마음에 드는 좋은 인연을 만날 수 있을 운이다.

3번에 들어오는 살을 보면 4번의 말년궁이요 자손궁이요 총운에서 복덕운(福德運)에 겁살(劫殺)이 들어오고 있는 운이다. 4번의 운은 총운으로 앞에서 들어오는 살을 더욱 강하게 밀어주는 살로 이 운에서는 2번에서 들어오는 녹운(祿運)을 더욱 강하게 작용시키는 운이라고 할 수 있다.

4번 총운이요 말년궁이요 자손궁에 들어오는 살을 보면 1번의 명궁이요 성격궁에서 상문살(喪門殺)이 들어오고 있는 운이다. 말년에 가족들과 이별수가 있을 운이요, 정신적이 피해가 있을 운이다.

또한 말년에 마음을 상실하고 내마음대로 하지 못할 수 있는 운이요, 허전할 수 있는 운이다.

4번에 들어오는 살을 보면 3번의 부부궁이요 재물궁에서 망신살(亡身殺)에 형살(刑殺)에 파살(破殺)이 들어오고 있으니 말년에는 모든 재물을 탕진하여 날릴 수 있는 운이요, 또는 말년에 이성문제로 가정에 풍파가 일고 구설을 들을 일이 있을 수 있는 운이요, 다른 사람의 말을 듣지 않아 손해를 많이 볼 수 있는 운이다. 또는 4번은 자손궁이라 말년에 자손들로 인하여 망신을 살 수 있는 운이요, 자손문제로 구설을 들을 일이 있을 수 있는 운이다.

그러나 뒤의 4번운을 보면 생활의 안정을 찾는 운이라 이 운에서는 재산의 탕진으로 보아서는 안되고 이성문제나 자손문제로 보아야 할 것이다. 일단은 설명상 이러한 나올 수도 있다는 의미에서 기록했으나 앞으로도 계속해서 발생하는 문제이니 많이 연습해 숙지하기 바란다.

4번에 들어오는 살을 보면 4번 자체에서 녹(祿)에 지살(地殺)이 들어오고 있으니 말년까지도 생활에는 어려움 없이 지낼 수 있는 운이요, 안정된 생활을 할 수 있는 운이다.

예 48) 1911년 5월 25일 미시생(未時生)이면
　　　1. 辛亥 : 3..祿 4.貴, 官, 2.死, 1.4.地, 2.3.劫
　　　2. 甲午 : 1.貴, 龍, 4.祿, 病, 3.陰. 1.4.肉 2.3.將
　　　3. 壬戌 : 1.病, 2.官, 1.4.天, 2.3.華, 4.破
　　　4. 丁未 : 2.貴, 4.刃, 1.陰, 1.4.華, 2.3.伴, 3.刑, 破, 福

1번의 초년궁이요 명궁이요 조상궁에 들어오는 살을 보면 1번 자체에서 지살(地殺)이 들어오고 있는 운이다. 이 운에서는 지살(地殺)이 해(亥)에서 들어오고 있는 살로 해(亥)는 음(陰)으로 항상 말 없이 차분하면서 조용하게 지낼 수 있는 성격이다. 그러나 성격에 변화가 한 번 발동하면 걷잡지 못할 수 있는 성격이라고 할 수 있다.

1번에 들어오는 살을 보면 2번의 부모궁이요 인덕궁에서 사부살(死府殺)에 겁살(劫殺)이 들어오고 있는 운이나 부모덕이 없는 운인지 인덕의 덕이 없는 운인지 분간하기 어려운 운이다. 이런 경우에는 3번의 재물궁의 운을 보는데 여기서는 3번의 재물궁에서 녹(祿)에 겁살(劫殺)이 드는 운이라 2번의 인덕궁이요 부모궁에서 들어오는 사부살(死府殺)에 겁살(劫殺)은 부모가 아닌 인덕이 없을 운으로 주위에 가까운 사람이 없을 운이요, 믿을 사람이 없는 운이다. 또한 나에게 가깝고 친절하게 하는 사람들은 나를 이용하려고 하는 사람이라고 할 수 있을 것이다.

1번에 들어오는 살을 보면 3번의 부부궁이요 재물궁에서 녹(祿)에 겁살(劫殺)이 들어오고 있는 운이다. 여기서 겁살(劫殺)은 녹운(祿運)을 더욱 강하게 밀어주는 중성의 살이라 부모의 정이나 덕이 좋을 운이요, 또는 좋은 배우자를 만날 수 있는 운이다. 또한 학업도 재물이라 부모덕으로 많은 학문을 연마할 수 있는 운이다. 또한 초년에는 의식주생활에 어려움 없이 편안하고 안정되게 생활할 수 있는 운이다.

1번에 들어오는 살을 보면 4번 총운에서 귀(貴)에 관부살(官府殺)에 지살(地殺)이 들어오고 있으니 초년에 급제할 수 있는 운이다. 또한 초년운이 귀(貴)한 운으로 초년시절이 부모덕으로 화려한 운이나 주위에 가까운 친구나 동료가 없어 외로울 수 있거나, 다른 사람들과 화합을 못이루고 따돌림을 당할 수 있는 운이라 할 수 있다. 그래서 이 운은 고독하게 지내면서 책이나 보고 시험이나 준비나 하는 선비요 학자풍이라고 할 수 있는 성격의 소유자라고 할 수 있을 운이다. 또한 4번 총운은 앞에서 들어오는 살을 더욱 강하게 작용시키는 살로 이 운에서는 3번에서 들어오는 녹(祿)에 겁살(劫殺)로 들어오는 출세의 운을 더욱 강하게 작용하는 운이라고 할 수 있다.

2번의 인덕궁이요 부모궁에 들어오는 살을 보면 2번 자체에서 장성살(將星殺)이 들어오고 있으니 대인관계에서 다른 사람에게 지는 것을 싫어할 수 있는 운이요, 대인관계에서 출세욕이 많을 사람이요, 또한 고집이 강한 사람이다.

2번에 들어오는 살을 보면 1번의 명궁이요 성격궁이요 조상궁에서 들어오는 살을 보면 귀(貴)에 용덕(龍德)에 육해살(肉害殺)이 들어오고 있는 운이나 여기서 육해살(肉害殺)은 혈육간에 이별을 뜻하는 살이요, 귀(貴)는 외롭다고 할 수 있는 운으로 귀(貴)에 육해살(肉害殺)은 이 나이가 되면 조상과의 이별로 혼자 외로울 수 있을 운이다. 또한 1번의 용덕운(龍德運)과 귀(貴)는 2번에서 들어오는 장성살(將星殺)을 강화하는 살로 대인관계에서 출세욕이 좋은 것을 말하는 운이라 출세를 할 수 있는 운이요, 귀(貴)하게 될 수 있다고 하는 운을 말하고 있는 운이요, 또한 다른 사람에게 지는 것을 싫어하는 성격을 더욱 강하게 작용시키는 운이라고 할 수 있다.

2번에 들어오는 살을 보면 3번의 부부궁이요 재물궁에서 음부살(陰府殺)에 장성살(將星殺)이 있는 운이라 대인관계에서 자신의 출세를 위해서라면 아무도 모르게 모사를 잘할 수 있는 사람이요, 심하면 다른 사람의 일을 방해하며 모함을 일삼을 수 있을 운이다. 또는 바르지 못한 방법이나 떳떳하지 못한 일을 할 수도 있을 운이요, 또는 비밀스런 일이나 다른 사람이 모르게 하는 일을 할 수 있는 사람이라고 할 수 있는 운이다. 또한 음부(陰府)는 말이 없는 것으로 평상시 말없는 것을 말하는 것이요, 장성(將星)은 고집이라 말없는 고집불통이라고 할 수 있는 사람이다. 또는 말없이 자신의 일에만 열중하는 사람이라고 할 수 있을 운이다. 또한 3번은 부부운이라 부부간에 말못하고 지낼 수 있는 근심이 있을 수 있는 운이요, 또는 바르지 못한 사람과 인연을 맺을 수 있을 운이요, 또는 부부간에 서로 표현은 하지 않아도 상대를 위해 노력할 수 있는 운이다.

 2번에 들어오는 살을 보면 4번의 말년궁이요 자손궁이요 총운에서 녹(祿)에 병부살(病府殺)에 육해살(肉害殺)이 들어오고 있는 운이다. 4번 총운은 앞에서 들어오는 살을 더욱 강하게 작용시키는 운이라 여기서 녹(祿)으로 들어오는 운은 1번에서 들어오는 귀(貴)에 용덕운(龍德運)과 2.3번에서 들어오는 장성(將星)의 운을 더욱 강하게 작용시키는 운으로 대인관계에서 출세를 의미하는 운이다. 또한 자신의 주장이 강하다고 할 수 있는 운이다. 또한 육해살(肉害殺)은 1번에서 들어오는 육해살(肉害殺)을 더욱 강하게 하는 살로 조상과의 이별을 말하는 운이라고 할 수 있다.

 3번의 부부궁이요 재물궁에 들어오는 살을 보면 3번 자체에서 화개살(華蓋殺)이 들어오고 있는 운이다. 여기서는 재물의 화개살(華蓋殺)로서 술(戌)의 화개살(華蓋殺)은 양(陽)으로 재물관리가 분명하고 매사에 신용이 확실한 편이요, 어영부영하는 것을 싫어하며 사리가 명확한 성격이다. 또는 겉으로는 화려한 것을 즐기거나 개인플

래이가 강할 수 있는 성격으로 개성이 뚜렷한 사람이다. 또한 재물에 대한 비위를 눈감아주지 않고 의리가 분명할 수 있다. 그러나 대인관계에서는 이해심도 많은 운이다.

3번에 들어오는 살을 보면 1번의 명궁이요 성격궁에서 병부살(病府殺)에 천살(天殺)이 들어오고 있으니 재물로 인하여 마음상할 일이 많을 수 있는 운이요, 또는 부부문제로 어려움이 있을 운으로 부부의 인연이 적거나 이성을 멀리하거나 싫어할 수 있을 수 있는 성격이 있다. 또는 부부나 이성문제로 마음상할 일이 있을 수 있는 성격이다.

3번에 들어오는 살을 보면 2번의 부모궁이요 인덕궁에서 관부살(官府殺)에 화개살(華蓋殺)이 들어오고 있으니 재물문제로 관(官)을 상대할 일이 많을 수 있는 운이요, 또는 사업관계로 관(官)에 갈 일이 많이 발생할 수 있을 운이다. 또는 부부문제로 관(官)에 갈 일이 발생할 수 있을 운이다.

3번에 들어오는 살을 보면 4번의 말년궁이요 종운에서 파살(破殺)이 들어오고 있는 운이나 4번 총운은 앞에서 들어오는 살을 강하게 작용시키는 살로 이 운에서는 1번에서 들어오고 있는 병부살(病府殺)에 천살(天殺)을 더욱 강하게 할 수 있는 운이요, 또한 파(破)는 사방에 흩어버리는 살로 3번은 재물이라 재물을 사방에 흩어버릴 수 있을 운이요, 또는 일을 사방에 벌리기는 잘하는 사람이나 뒤를 감당을 못하는 운이다. 또는 많은 이성과의 관계가 있을 수 있는 운이라고 할 수 있다. 이런 경우에는 홍염살(紅艶殺)이나 음부살(陰府殺)이 있는가를 보고, 명인재의 부부운에 있는 부부의 운을 참작하면 더욱 확실한 판단을 내릴 수 있을 것이다.

4번의 말년궁이요 자손궁이요 총운에 들어오는 살을 보면 1번의 명궁이요 성격궁에서 음부살(陰府殺)에 화개살(華蓋殺)이 들어오고 있으니 성격이 마음의 심중은 확실하면서 외부로 표현을 잘 안하는 성격으로 내성적인 면도 있으나 3번에 있는 술(戌)의 화개살(華蓋殺)은 양(陽)의 화개살(華蓋殺)이라 재물이나 직장이나 사업에 있어서는 명확하며 분명한 사람이다.

4번에 들어오는 살을 보면 2번의 부모궁이요 인덕궁에서 귀(貴)에 반안살(攀安殺)이 들어오고 있으니 성격이 너무 명확하며 분명해 가까운 사람이 없을 수 있는 운이다. 그래서 대인관계가 허전하고 외로울 수 있는 운이요, 또는 음부살(陰府殺)이라 자신의 말없는 고집이나 주장을 버리지 못하는 강한 성격이다. 다시 말해 대쪽같은 성격의 소유자라고 할 수 있다. 또한 4번은 자손궁이라 말년에 자손들과 멀어질 수 있는 운으로 이별수가 있다고 할 수 있고, 자손들의 덕으로 편안하게 지낼 수 있다고 설명을 할 수 있는 운이다. 이런 경우에는 3번의 운을 다시 보면 되는데 이 운에서 3번의 운을 보면 반안(攀安)에 형살(刑殺)에 파살(破殺)이 있는 운이라 이 운에서 2번의 귀(貴)에 반안살(攀安殺)은 편안하고 좋은 일이 아닌 자손과의 이별을 뜻하는 운이라고 할 수 있다.

4번에 들어오는 살을 보면 3번의 부부궁이요 재물궁이요 복덕운(福德運)에 반안살(攀安殺)에 형살(刑殺)에 파살(破殺)이 들어오고 있는 운이다. 여기서 복덕운(福德運)이 들어오고 있는데 이 운은 재물에는 어려움이 없을 운이요, 의식주생활에도 어려움이 없을 수 있을 운이다. 또한 말년에 좋은 부부의 인연이 있어 편안할 수 있다고 할 수 있는 운이다. 그러나 3번에서 반안살(攀安殺)에 형살(刑殺)에 파살(破殺)이 들어오고 있는 운이요, 말년은 자손궁이요, 3번은 재물궁이라 말년에 자손들과 이별이 있을 운으로 말년에 자손들이 사방으로 흩어져서 외롭게 지낼 수 있을 운이다.

4번에 들어오는 살을 보면 4번 자체에서 귀(貴)와 화개살(華蓋殺)이 들어오고 있으니 말년에 어려움 없이 편안하게 지낼 수 있는 운이다.

예 49) 1945년 9월 14일 자시생(子時生)이면

      1. 乙酉 : 2.貴, 病, 肉, 害, 3.祿, 刑, 4.福 1.3.將 4.年, 破

      2. 丙戌 : 3.刀 4.弔 1.3.害

      3. 辛酉 : 2.貴, 病, 害, 肉, 3.祿, 刑, 4.福 1.3.將 4.年, 破

      4. 戊子 : 1.貴 2.喪 1.3.肉 2.災 4.將 1.3.破

1번의 명궁이요 성격궁이요 초년궁에 들어오는 살을 보면 1번 자체에서 장성살(將星殺)이 들어오고 있으니 욕심이 많고 고집이 강하며 출세욕이 많을 운이다. 또한 다른 사람에게 지는 것을 싫어할 수 있는 운으로 잘되면 출세를 할 수 있으나 불운이면 자신의 신세를 망칠 수도 있다. 이 운에서는 다음에 2번과 3번에서 들어오는 살을 살펴가면서 해설해야 한다.

1번에 들어오는 살을 보면 2번의 부모궁이요 인덕궁에서 귀(貴)에 병부살(病府殺)에 육해살(肉害殺)에 해살(害殺)이 들어오고 있으니 초년에 부모와 이별수가 있어 부모와 멀리 떨어져 지낼 수 있을 운이다. 또한 부모의 정이나 덕이 없어 외로울 수 있는 운이요, 또는 부모의 근심이 있을 수 있는 운이다. 또한 인덕이 박하여 초년에는 나를 도와줄 사람이 적을 운이라고 할 수 있다.

1번에 들어오는 살을 보면 3번의 부부궁이요 재물궁에서 녹(祿)에 장성살(將星殺)에 형살(刑殺)이 있는 운이라 초년에 사업이나 재물에 집착이 많아 열심히 노력하여 재물을 모을 수 있는 운이다. 또한 어려운 속에서도 학업에 욕심이 많아 학업을 성취할 수 있는 운이다. 또한 초년에 좋은 배우자를 만나 어려움 없이 지낼 수 있는 운으로 초년에 부모와의 정이나 덕은 없더라도 재물이나 학업이나 배우자의 덕은 있을 수 있는 운이다.

1번에 들어오는 살을 보면 4번 총운에서 복덕운(福德運)에 년살(年殺)에 파살(破殺)이 있는 운으로 4번 총운은 앞에서 들어오는 살을 강하게 밀어주는 살이다. 이 운에서 년살(年殺)에 복덕운(福德運)은 초년에 좋은 배우자를 만나 덕을 볼 수 있는 운이요, 파살(破殺)은 부모와 이별하고 인덕이 흩어져 박할 수 있는 운을 더욱 강하게 작용시키는 운이라고 할 수 있다.

2번의 부모궁이요 인덕궁에 들어오는 살을 보면 2번 자체에서 들어오는 살은 없다. 1번에서 해살(害殺)이 들어오고 있으니 조상이나 부모덕이 없을 운이요, 심하면 부모나 조상의 일로 방해가 많이 발생할 수 있는 운으로 조상덕이 없을 운이다.

2번에 들어오는 살을 보면 3번의 부부궁이요 재물궁에서 양인살(羊刃殺)과 해살(害殺)이 들어오고 있으니 부부의 생리사별이 있을 수 있는 운이요, 부부가 멀어질 수 있는 운이다. 또는 많은 재물에 손실이 발생할 수 있는 운이라고 할 수 있다. 또한 이 운에서는 인덕을 보는 운이라 부부에서 발생하는 인덕이나 정이 멀어지는 운으로 보아야 할 것이다.

2번에 들어오는 살을 보면 4번 총운에서 조객살(弔客殺)이 들어오고 있는 운이나 4번 총운은 앞에서 들어오는 살을 더욱 강하게 밀어주는 살로 이 운에서는 부부의 이별수를 더욱 강하게 작용시키는 운이라고 할 수 있다.

3번의 부부궁이요 재물궁에 들어오는 살을 보면 3번 자체에서 녹(祿)에 장성살(將星殺)에 형살(刑殺)이 들어오고 있으니 재물에 대한 욕심이 많을 수 있는 운으로 재물복이 좋은 운이요, 많은 재물을 모으고 살아갈 수 있는 운이다. 또한 부부의 인연은 박하여 한 번의 실패가 있은 후에 다시 인연을 만날 수 있는 운으로 좋은 인연을 만날 수 있을 운이다.

3번에 들어오는 살을 보면 1번의 성격궁이요 명궁에서 장성살(將星殺)이 들어오고 있으니 재물에 대한 욕심이 많을 운이요, 또한 사업을 하면 다른 사람에게 뒤떨어지는 것을 싫어할 수 있는 운이다. 또는 다른 사람들보다 앞서가기를 좋아 할 수 있는 성격이 있다. 또한 출세욕이 강한 성격이라고 할 수 있다.

3번에 들어오는 살을 보면 2번의 인덕궁이요 부모궁에서 귀(貴)에 병부살(病府殺)에 육해살(肉害殺)에 해살(害殺)이 들어오고 있으니 부모의 유업이나 정이나 덕을 바랄 수 없는 운으로 자수성가할 수 있는 운이다. 또한 부모의 근심이나 우환이나 부모와 이별수가 있을 운이요, 또는 부모로 인하여 방해가 따를 수 있는 운이다.

3번에 들어오는 살을 보면 4번 총운이요 말년궁이요 자손궁에서 복덕운(福德運)에 년살(年殺)에 파살(破殺)이 들어오고 있는 운이나 4번 총운은 앞에서 들어오는 살을 더욱 강하게 작용하는 살로 이 운에서 파살(破殺)에 복덕운(福德運)은 사방에 사업을 벌릴 수 있는 운으로 재물복이 좋을 운이요, 년살(年殺)에 복덕운(福德運)은 재물로 분주할 수 있는 운이라 할 수 있다. 또한 좋은 인연을 다시 만날 수 있는 운으로 중년에 이별하고 다시 만날 수 있는 운을 강하게 작용시키는 운이라고 할 수 있는 운이다. 또는 자손들이 사방으로 나가 활동할 운으로 덕이 될 수 있는 운이라고 할 수 있다.

4번의 말년궁이요 자손궁이요 총운에 들어오는 살을 보면 1번의 명궁이요 성격궁에서 귀(貴)에 육해살(肉害殺)에 파살(破殺)이 있는 운이라 말년에는 혈육간에 이별하고 혼자 외롭고 쓸쓸하게 지낼 수 있는 운이요, 마음이 허전할 수 있는 운이다.

4번에 들어오는 살을 보면 2번의 인덕궁에서 상문살(喪門殺)에 재살(災殺)이 들어오고 있으니 말년에 인덕이 없어 협조자가 없을 운이요, 또한 4번은 자손궁이라 말년에 자손의 정이나 덕을 받지 못하고 외롭게 떨어져 지낼 수 있는 운이다.

4번에 들어오는 살을 보면 3번의 부부궁이요 재물궁에서 육해살(肉害殺)에 파살(破殺)이 들어오고 있으니 말년에 부부의 이별로 인하여 혼자 외로울 수 있는 운이요, 또는 말년에 자식들과 이별하고 외로울 수 있는 운이다.

4번에 들어오는 살을 보면 4번 자체에서 장성살(將星殺)이 들어오고 있으니 말년에도 자존심과 고집이 강하여 자신의 신세를 스스로 망칠 수 있는 운이다.

예 50) 1968년 2월 15일 해시생(亥時生)이면

    1. 戊申 : 2.貴 2.死 3.喪 4.福 1.地 2.4.劫 3.馬 4.害 2.怨

    2. 乙卯 : 2.祿 3.貴 3.福 1.龍 1.肉 2.4.將 3.年 1.怨 3.破

    3. 壬午 : 1.弔 4.龍 1.災 2.4.肉 2.破

    4. 辛亥 : 3. 祿 2.陰 3.死 1.亡 2.4.地 3.劫 1.害

  1번의 초년궁이요 명궁이요 성격궁이요 조상궁에 들어오는 살을 보면 1번 자체에서 지살(地殺)이 들어오고 있으니 성격이 급하면서도 차분하며 안정감이 있을 성격이요, 다른 사람들의 의견을 들어줄 줄 아는 성격이라고 할 수 있다.

  1번에 들어오는 살을 보면 2번의 인덕궁이요 부모궁에서 귀(貴)에 사부살(死府殺)에 겁살(劫殺)에 해살(害殺)이 들어오고 있는 운이다. 그러나 이러한 칠살(七殺)들이 인덕을 해하는 살인지, 부모궁의 덕을 해하는 살인지를 알 수 없는 운이다. 이런 경우에는 3번의 재물궁을 보아야 하는데 초년에는 3번의 재물궁이 부모운이기 때문이다. 3번의 재물궁을 보면 상문살(喪門殺)에 역마살(驛馬殺)만 있는 운으로 이 운에서도 확실하게 답변하기 어려운 운이다. 이런 경우에는 또다시 2번의 운을 보는데 2번에서 보면 1번에서 육해살(肉害殺)이 들어오고, 3번을 보면 3번의 2번은 부모궁으로 육해살(肉害殺)이 있는 운이라 1번의 2번에서 들어오는 사부살(死府殺)이나 원진살(怨嗔殺) 등은 초년에 부모를 잃을 운이나 부모의 정이나 덕이 없을 운으로 보아야 한다. 또한 부모와 멀어지며 놀랠 수 있는 운이니 부모의 이혼도 생각할 수 있는 운이다.

  1번에 들어오는 살을 보면 3번의 부부궁이요 재물궁에서 상문살

(喪門殺)에 역마살(驛馬殺)이 들어오고 있으니 초년에 의식주문제로 분주하게 활동하는 운이요, 또는 학업도 재물이라 초년에 여러 학교로 전학을 다니면서 생활할 수 있을 운이다.

1번에 들어오는 살을 보면 4번 총운에서 복덕(福德)에 해살(害殺)이 있는 운이나 4번 총운은 앞에서 들어오는 살을 더욱 강하게 밀어주는 작용을 하는 운으로 이 운에서의 원진살(怨嗔殺)은 부모와 정이나 덕이 없을 운을 강하게 밀어주는 운이요, 의식주생활을 어렵게 할 수 있는 운이다. 여기서의 복덕(福德)은 2번을 보면 2번 자체에서 녹(祿)이 들어오고 있으니 인덕이 있을 운으로 인덕이 좋을 것을 말한 운이라고 할 수 있다.

2번의 부모궁이요 인덕궁에 들어오는 살을 보면 2번 자체에서 녹(祿)이 들어오고 있으나 부모덕인지 인덕궁의 덕인지를 알 수가 없으니 여기서 1번의 조상궁을 보면 육해살(肉害殺)에 원진살(怨嗔殺)이 있는 것을 볼 수 있는데, 이 운 때문에 2번 자체의 녹(祿)은 부모궁의 덕이라고는 할 수 없고 인덕이 좋을 운이라고 할 수 있다.

2번에 들어오는 살을 보면 3번의 부부궁이요 재물궁에서 귀(貴)에 복덕운(福德運)에 년살(年殺)에 파살(破殺)이 들어오니 이 나이에는 결혼을 할 수 있는 운이라 부부의 인연이 좋을 운으로 덕과 정이 있는 배우자를 만날 수 있는 운이다. 또한 많은 사람들이 협조하여 사업을 성취할 수 있는 운이라고 할 수 있다. 이 운에서 파살(破殺)이 있는데 이 파살(破殺)은 사방에 사업장을 벌리는 운이라고 할 수 있다. 왜냐하면 또다른 해가 되는 칠살(七殺)이 없기 때문이다.

2번에 들어오는 살을 보면 4번의 말년궁이요 자손궁이요 총운에서 장성살(將星殺)이 들어오고 있는 운이나 4번 총운은 앞에서 들어오는 살을 강하게 밀어주는 살이다. 이 운에서는 2번에서 들어오는 녹(祿)과 3번의 복덕(福德)을 더욱 강하게 작용하는 살로 인덕이 있고, 대인관계에서 자신의 주장이 강하고, 또한 재물에 대한 욕심이 많을 수 있는 운이라고 할 수 있다. 또한 2번 자체에서 들어오는 장성(將星)을 더욱 강하게 작용시키는 운이라고 할 수 있는 운이다.

3번의 부부궁이요 재물궁에 들어오는 살을 보면 3번 자체에서 드는 살은 없는 운이다.

3번에 들어오는 살을 보면 1번의 명궁이요 성격궁이요 조상궁에서 조객살(弔客殺)에 재살(災殺)이 들어오고 있으니 조상의 업을 유지하지 못할 수 있는 운이요, 부모나 조상덕이나 정이 없을 운이다.

3번에 들어오는 살을 보면 2번의 부모궁이요 인덕궁에서 육해살(肉害殺)에 파살(破殺)이 들어오고 있으니 부모와 이별수가 있을 운이요, 또는 부부의 인연이 없고 부부의 정이나 덕이 없을 운으로 부부간에 생리사별이 있을 운이다. 또한 혈육간에 정없이 지낼 수 있는 운이다.

4번에 들어오는 살을 보면 4번 총운에서 용덕(龍德)이 들어오고 있는 운이다. 이 운에서 2번을 보면 사방에 사업을 벌리면서 살아가는 운이라고 했는데, 여기서 용덕운(龍德運)은 사업을 확장하며 벌리기를 잘할 수 있는 운이기 때문이다. 또한 부부나 혈육의 정은 없더라도 사업은 성취할 수 있는 운이다.

4번의 말년궁이요 총운이요 자손궁에 들어오는 살을 보면 1번의 명궁이요 성격궁에서 망신살(亡身殺)에 해살(害殺)이 들어오고 있으니 말년에 마음을 잃고 구설을 들을 일이 있을 운이다.

4번에 들어오는 살을 보면 2번의 인덕궁에서 음부살(陰府殺)에 지살(地殺)이 들어오고 있으니 말년에 말없이 조용하게 지낼 수 있는 운이요, 또는 다른 사람에게 말할 수 없는 일을 할 수 있을 운이다. 또는 말년에 다른 사람들이 모르는 이성문제가 있을 수 있는 운이다. 또한 4번은 자손궁이요, 2번은 인덕궁이라 말년에 자손의 일로 말못할 일이 있을 수 있는 운이다.

 4번에 들어오는 살을 보면 3번의 부부궁이요 재물궁에서 녹(祿)에 사부살(死府殺)에 겁살(劫殺)이 들어오고 있는 운이다. 이 운에서 3번의 사부살(死府殺)은 2번에서 보면 인덕을 잃을 운이 있으니 여기서는 말년에 부부간에 이별수가 있거나 자식을 잃을 수 있는 운이다. 녹(祿)은 재물을 말하고 있는 운으로 부부나 자식은 잃어도 재물은 얻을 수 있다고 할 수 있는 운이다.

 4번에 들어오는 살을 보면 4번 자체에서 지살(地殺)이 들어오고 있으니 말년에도 의식주에는 어려움 없이 순탄할 수 있을 운이요, 안정된 생활을 할 수 있는 운이다.

예 51) 1995년 8월 3일 유시생(酉時生)이면

　　　1. 乙亥 : 4.貴 3.陰 4.喪 1.3.地 2.亡 4.馬 2.害
　　　2. 甲申 : 1.貴, 福, 害, 3.死 4.病 1.3.劫 2.地 4.亡, 3.怨
　　　3. 辛卯 : 1.祿 1.官 2.龍 1.3.將 2.肉 4.災 2.怨 4.沖
　　　4. 丁酉 : 3. 祿 1.弔 1.3.災 2.年 4.將 3.沖

　1번의 명궁이요 초년궁이요 성격궁이요 조상궁에 들어오는 살을 보면 1번 자체에서 지살(地殺)이 들어오고 있으니 성격은 말이 없고 온순하며 조용한 성격이요, 다른 사람들의 어려움을 들어줄 수 있는 성격이요, 조용하게 때를 기다릴 줄 아는 운이라고 할 수 있다.

　1번에 들어오는 살을 보면 2번의 부모궁이요 인덕궁에서 망신살(亡身殺)에 해살(害殺)이 있는 운이라 이 운은 인덕에서 해를 보는 살인지, 부모궁에서 해를 보는 살인지가 분명하지 않는 운이다. 이런 경우에는 3번의 재물궁의 운을 보는데 초년에는 부모가 재물이기 때문이다. 이 운에서 3번의 재물궁을 보면 음부살(陰府殺)에 지살(地殺)이 들어오고 있으니 부모의 일로 말못할 일이 있을 수 있는 운이요, 부모의 근심이 있을 운이다. 그래서 이 운에서 망신살(亡身殺)에 해살(害殺)은 부모로 인하여 구설을 들을 일이 발생할 수 있는 운이요, 심하면 부모의 이별이나 이혼할 수도 있을 운이다.

　1번에 들어오는 살을 보면 3번의 부부궁이요 재물궁에서 음부살(陰府殺)에 지살(地殺)이 들어오고 있으니 초년에 부모의 근심걱정이 있을 수 있는 운이다. 또는 의식주생활이 활발하지 못하고 어려움 속에서 말못하고 생활할 수 있는 운이다. 또한 학업도 재물이라 초년에 다른 사람이 모르는 색다른 학업을 할 수도 있는 운으로 남모르는 기술이나 재능을 익힐 수 있는 운이라고 할 수 있다.

　1번에 들어오는 살을 보면 4번의 말년궁이요 총운에서 상문살(喪門殺)에 역마살(驛馬殺)이 들어오고 있는 운이나 4번 총운은 앞에서 들어오는 살을 더욱 강하게 밀어주는 살이다. 이 운에서는 2번의 망신살(亡身殺)과 3번의 음부살(陰府殺)을 강하게 하는 운으로 부모로 인하여 근심이 있을 운이요, 또는 말못할 일을 더욱 강하게 작용하는 운이요, 또한 역마살(驛馬殺)은 분주하게 떠도는 살로 몸이 안정되지 못하고 많이 활동할 운이다. 또는 부모의 이혼으로 많은 곳을 떠돌면서 생활할 수 있는 운이다.

2번의 부모궁이요 인덕궁에 들어오는 살을 보면 2번 자체에서 지살(地殺)이 들어오니 대인관계가 원만하며 많은 사람들과 어울리는 것을 좋아할 수 있는 운이요, 사람들과 어울려도 말없이 조용하며 자신의 일만 성실하게 이행하는 운이라고 할 수 있다.

2번에 들어오는 살을 보면 1번의 명궁이요 성격궁이요 조상궁에서 귀(貴)에 복덕(福德)에 겁살(劫殺)에 해살(害殺)이 들어오고 있는 운이나 이 운에서 귀(貴)와 복덕(福德)과 겁살(劫殺)은 2번 자체의 운에서 지살(地殺)이 들어오고 있는데 이 운은 1번의 운을 더욱 강하게 하는 운으로 대인관계가 좋을 운이요, 많은 사람들과 사귀는 것을 즐기는 운이요, 인덕도 있을 운이다. 1번에서 들어오는 살 중에 해살(害殺)이 있는데 이 살은 부모덕이 없을 운으로 부모로 인하여 대인관계에서 어려움이 따를 운이라고 할 수 있다.

2번에 들어오는 살을 보면 3번의 부부궁이요 재물궁에서 사부살(死府殺)에 겁살(劫殺)에 원진살(怨嗔殺)이 들어오고 있으니 많은 재물을 모으기 어려운 운이요, 3번은 부부궁이요 2번은 인덕궁이라 부부의 인연이 없을 운이요, 결혼을 해도 부부의 정이나 덕이 없을 운이라고 할 수 있다.

2번에 들어오는 살을 보면 4번의 말년궁이요 자손궁이요 총운에서 병부살(病府殺)에 망신살(亡身殺)이 들어오고 있는 운이나 4번 총운은 앞에서 들어오는 살을 강하게 작용시키는 살이다. 이 운에서는 부부의 인연이 없는 운을 강하게 하는 운이요, 이성문제나 부모의 일로 구설수가 있을 운이요, 망신을 당할 수 있는 운이다.

3번의 부부궁이요 인덕궁에서 들어오는 살을 보면 3번 자체에서 장성살(將星殺)이 들어오니 재물과 출세에 욕심이 있을 운이다. 또한 일이나 학업도 많이 할 운이다. 또한 재물이나 사업에 대해서는 자신의 주장을 관철하려고 할 수 있는 운으로 심하면 주위에 적을 많이 둘 수도 있는 운이다.

3번에 들어오는 살을 보면 1번의 명궁이요 성격궁이요 조상궁에서 녹(祿)에 관부(官府)에 장성살(將星殺)이 들어오고 있으니 출세욕이 강한 운이다. 만일 관운(官運)을 잡는다면 대성할 수 있는 운이다. 또한 매사에 자신의 주장이 강하고 욕심이 많을 운이다. 또는 매사에 의욕이 강하고 포부가 큰 사람이라고 할 수 있다.

3번에 들어오는 살을 보면 2번의 부모궁이요 인덕궁에서 용덕운(龍德運)에 육해살(肉害殺)에 원진살(怨嗔殺)이 들어오니 이 운에서 육해살(肉害殺)에 원진살(怨嗔殺)은 부모와 이별수가 있을 운이요, 또는 나의 뜻을 위하여 부모와 멀어질 운으로 심하면 부모와 원한을 살 수 있는 운이다. 또는 3번은 부부궁이요, 2번은 인덕운으로 부부의 인연이 박하여 부부의 이별수가 있을 운이다. 또한 이 운에서 용덕운(龍德運)은 대인관계에서 많은 친구나 동료를 얻을 수 있는 운이요, 부모덕을 받을 수 있는 운이다.

3번에 들어오는 살을 보면 4번 총운이요 말년궁이요 자손궁에서 재살(災殺)과 상충살(相沖殺)이 들어오고 있다. 4번 총운은 앞에서 들어오는 살을 강하게 작용하는 살로 이 운에서는 부모의 이별이나 부부의 이별을 강하게 밀어주는 살이라고 할 수 있다.

4번의 말년궁이요 총운이요 자손궁에 들어오는 살을 보면 1번의 명궁이요 성격궁에서 조객살(弔客殺)에 재살(災殺)이 들어오니 말년에는 의지를 잃고 내마음을 내마음대로 할 수가 없는 운이요, 또는 마음이나 자존심마저도 버리고 지낼 수 있는 운이다.

4번에 들어오는 살을 보면 2번의 인덕궁에서 년살(年殺)이 들어오니 마음이 산란하고 불안할 수 있는 운이요, 또는 4번은 자손궁이요, 2번은 인덕궁이라 말년에 자손의 일로 마음을 잡지 못하고 방황할 수 있는 운이다.

4번에 들어오는 살을 보면 3번의 부부궁이요 재물궁에서 녹(祿)에 재살(災殺)에 상충살(相沖殺)이 들어오고 있다. 이 운에서 3번의 녹운(祿運)은 말년에 재물의 안정을 나타내는 운으로 말년운이 편안할 운이요, 또는 말년에 새로운 인연을 만나 자손들과는 멀어지나 새로운 인생을 살 수 있는 운이다. 또한 이 운에서 재살(災殺)에 상충살(相沖殺)은 4번은 자손궁이요, 3번은 재물운으로 말년에 자손의 정이나 덕이 없을 운이라고 말할 수 있다.

4번에 들어오는 살을 보면 4번 자체에서 장성살(將星殺)이 들어오고 있으니 말년에도 자신의 주장이 강하고, 고집이 강하며, 매사를 자신의 마음대로 처리를 하려고 하니 다른 사람들과 화합이 어려울 운이다.

예 52) 2008년 4월 26일 오시생(午時生)이면
    1. 戊子 : 2.龍, 1.將, 2.肉, 3.4.災, 3.4.沖
    2. 丁巳 : 1.祿, 劫, 4.貴, 1.死, 3.4.病, 2.地, 3.4.亡
    3. 庚午 : 1.刃, 災, 2.祿, 年, 3.4.將, 1.沖
    4. 壬午 : 1.刃, 2.祿, 年, 1.災, 沖, 3.4.將

1번의 명궁이요 초년궁이요 성격궁이요 조상궁에 들어오는 살을 보면 1번 자체에서 장성살(將星殺)이 들어온다. 고집이 강하며 다른 사람을 무시하고 이용하려고 할 수 있는 성격이요, 또한 겉으로는 점잖고 진실된 것처럼 행동할 수 있으나 속으로는 다른 경우가 많다. 자신의 이익을 위해서는 상대방의 입장은 생각하지 않고 않고 자신의 뜻대로 행동을 할 수 있는 성격이다. 다시 말해 약삭빠르게 행동하는 기회주의자 같을 수 있는 운이다.

1번에 들어오는 살을 보면 2번의 부모궁이요 인덕궁에서 용덕(龍德)에 육해살(肉害殺)이 들어오고 있는 운이다. 용덕(龍德)은 길한 운이요, 육해살(肉害殺)은 혈육간의 이별수를 말하는 운이다. 이 운에서 육해살(肉害殺)은 부모와의 이별수를 말하는 운이라 부모의 정이나 덕이 없을 운이요, 용덕운(龍德運)은 인덕은 좋은 운이라고 할 수 있으니 초년에 부모를 잃고 다른 사람의 보살핌 속에서 성장할 수 있을 운이다.

1번에 들어오는 살을 보면 3번의 부부궁이요 재물궁에서 재살(災殺)에 상충살(相沖殺)이 들어오고 있는 운이다. 초년에는 부모가 재물이라 이 운에서는 부모와의 이별수를 더욱 강하게 작용하는 운이요, 또는 초년에 의식주생활에 어려움이 따를 수 있는 운으로 고생이 많이 있을 수 있는 운이요, 또는 학업도 재물이라 초년에 학업에 어려움이 있으며 학업이 중단될 수 있는 운이다.

1번에 들어오는 살을 보면 4번의 말년궁이요 총운에서 재살(災殺)에 상충살(相沖殺)이 들어오고 있는 운이다. 4번 총운은 앞에서 들어오는 살을 더욱 강하게 작용시키는 운으로 이 운에서는 부모와의 이별을 강하게 밀어주는 운이요, 초년에 부모의 정이나 덕이 없을 운으로 어렵게 지낼 수 있을 운이다.

2번에 들어오는 살을 보면 2번 자체에서 지살(地殺)이 들어오니 대인관계는 원만할 운이요, 또한 해가 없을 운이다. 또한 많은 사람들의 의견을 조용하게 들어줄수 있는 성격이요, 대인관계에서 안정되고 차분한 성격으로 좋을 운이다. 또한 지혜와 생각이 좋을 운으로 쓸데없는 행동을 하지 않고 안정되며 편안한 생각을 많이 하는 사람이라고 할 수 있다.

2번의 부모궁이요 인덕궁에 들어오는 살을 보면 1번의 명궁이요 성격궁에서 녹(祿)에 사부살(死府殺)에 겁살(劫殺)이 들어오니 녹(祿)은 길한 운이요, 사부살(死府殺)은 흉한 살로 여기서의 녹운(祿運)은 대인관계에서 길한 운으로 인덕이 풍부한 운이요, 사부살(死府殺)은 부모와의 이별을 말하는 운으로 부모의 정이나 덕을 잃을 수 있는 운을 말하고 있다. 또한 1번은 조상덕이라 조상덕도 없는 운이라고 할 수 있다.

2번에 들어오는 살을 보면 3번의 부부궁이요 재물궁에서 병부살(病府殺)에 망신살(亡身殺)이 들어오고 있으니 부부의 인연이 적어 부부의 근심이 있을 운이요, 부부의 정이나 덕이 적을 수 있는 운이다. 또는 이성문제로 망신을 당할 수 있을 운이요, 이성문제로 구설수에 오를 수 있는 운이다. 또한 재물에도 어려움이 많을 수 있는 운으로 재물에 욕심을 내거나 다른 사람을 이용해 재물을 챙기려다 망신을 당할 수 있을 운이요, 또는 구설을 들을 수 있는 운이니 이런 사람이 잘못되면 사기꾼이 되는 경우가 많다.

2번에 들어오는 살을 보면 4번의 말년궁이요 총운이요 자손궁에서 귀(貴)에 병부살(病府殺)에 망신살(亡身殺)이 들어오고 있는 운이나 4번 총운은 앞에서 들어오는 살을 더욱 강하게 밀어주는 살로 이 운에서는 3번에서 들어오는 병부살(病府殺)에 망신살(亡身殺)을 더욱 강하게 작용시키는 운이다. 또한 이 운에서의 귀(貴)는 외롭다, 쓸쓸하다, 허전하다, 혼자이다 등으로 어려움을 나타내는 운이다.

3번의 부부궁이요 재물궁에 들어오는 살을 보면 3번 자체에서 장성살(將星殺)이 들어오고 있으니 재물과 사업에 대한 욕심이 많을 운이다. 또한 출세를 좋아할 수 있는 운으로 나서기를 좋아하는 사람이다. 또는 재물에 관한 일이라면 다른 사람에게 지는 것을 싫어하는 성격으로 재물에 대해서는 양보가 없을 운이다. 이런 사람은 입찰관계에 개입하는 경우가 많거나 사회단체 등에서 이름을 내려고 하는 사람도 많다.

3번에 들어오고 있는 살을 보면 1번의 명궁이요 성격궁에서 재살(災殺)에 양인살(羊刃殺)에 상충살(相沖殺)이 들어오고 있는 운이다. 여기서 양인살(羊刃殺)은 재물에 대해서는 냉정하며 인정이 없는 성격이요, 여기서 상충살(相沖殺)은 1번에서 들어오고 있는 양인살(羊刃殺) 등을 더욱 강하게 하는 살이다. 그래서 이 운에서 재살(災殺)은 손해를 보는 성격으로 사람이 융통성이 적고 자신의 이익만을 챙기려고 하다가 손해를 많이 볼 수 있는 운이다. 또는 3번은 부부궁으로 부부간에 이혼할 수 있는 운이라고 할 수 있다.

3번에 들어오고 있는 살을 보면 2번의 부모궁이요 인덕궁에서 녹(祿)에 년살(年殺)이 들어오고 있으니 한 번의 이혼한 후에 다시 좋은 인연을 만날 수 있는 운으로 해롭지 않다.

3번에 들어오는 살을 보면 4번 총운에서 장성살(將星殺)이 들어오고 있는 운이나 4번 총운은 앞에서 들어오는 살을 더욱 강하게 밀어주는 살로 이 운에서는 재물에 대한 욕심을 말하는 3번의 장성살(將星殺)과 2번에서 들어오는 녹운(祿運)으로 이별한 후에 다시 만날 수 있는 운을 강하게 작용시키는 운이라고 할 수 있다.

　4번의 말년궁이요 총운이요 자손궁에 들어오는 살을 보면 1번의 명궁이요 성격궁에서 양인살(羊刃殺)에 재살(災殺)에 상충살(相沖殺)이 들어오고 있으니 말년에도 인정이 없고 냉정한 성격으로 손해를 볼 수 있는 운이다.

　4번에 들어오는 살을 보면 2번의 인덕궁에서 녹(祿)에 년살(年殺)이 들어오고 있으니 말년에도 인덕이 있을 운이다. 또한 4번은 자손궁이요, 2번은 인덕궁이라 말년에 자손의 정이나 덕이 있을 운이다.

　4번에 들어오는 살을 보면 3번의 부부궁이요 재물궁에서 장성살(將星殺)이 들어오고 있으니 말년에도 재물에 대한 욕심이 많을 운이요, 또한 말년에도 자신의 고집대로 모든 일을 해결하려고 할 수 있는 운이다.

　4번에 들어오는 살을 보면 4번 자체에서 장성살(將星殺)이 들어오고 있다. 이 운은 앞에서 들어오는 3번의 장성살(將星殺)을 강하게 밀어주는 살로 말년까지도 재물에 대한 욕심이 많으며 사업에서 미련을 버리지 못하고 직접 챙기려고 할 수 있는 운이다.

예 53) 1980년 2월 5일 해시생(亥時生)이면

　　1. 庚申 : 1.祿, 地 2.死, 怨, 4.福, 害 2.4.劫 3.亡, 刑, 破

　　2. 己卯 : 3.4.貴 1.龍, 肉, 怨 3.弔, 災 4.官 2.4.將

　　3. 癸巳 : 1.福, 2.喪, 1.劫, 破 2.4.馬 3.地 4.沖

　　4. 癸亥 : 2.陰 1.亡, 害 2.4.地 3.馬, 沖

　1번의 명궁이요 조상궁이요 성격궁에 들어오는 살을 보면 1번 자체에서 녹(祿)에 지살(地殺)이 들어오고 있으니 안정되고 편안한 성격으로 모나지 않는 운이요, 조상덕이 있을 운이다.

1번에 들어오는 살을 보면 2번의 부모궁이요 인덕궁에서 사부살(死府殺)에 겁살(劫殺)에 원진살(怨嗔殺)이 들어오고 있으니 초년에 부모와 이별수가 있어 멀리 떨어져 지낼 수 있는 운이요, 또는 부모의 정이나 덕을 잃고 살아갈 수 있는 운이다. 또한 인덕이 없어 혼자 외롭게 지낼 수 있는 운이다.

1번에 들어오는 살을 보면 3번의 부부궁이요 재물궁에서 망신살(亡身殺)에 형살(刑殺)에 파살(破殺)이 들어오고 있으니 초년에 부모와의 관계가 어렵고 부모의 이별수가 있으니 부모의 이혼이 있을까 염려된다. 또는 초년에 가정을 떠날 수 있으니 학업에 어려움도 있을 수 있는 운이다.

1번에 들어오는 살을 보면 4번 총운에서 복덕운(福德運)에 겁살(劫殺)에 해살(害殺)이 들어오고 있는 운이나 4번 총운은 앞에서 들어오는 살을 더욱 강하게 작용시키는 운으로 이 운에서의 복덕운은 1번에 들어 있는 녹운(祿運)과 지살(地殺)이 있어 안정된 성격을 더욱 차분하고 안정되게 밀어주는 운이요, 겁살(劫殺)에 해살(害殺)은 부모를 잃고 외로울 2번의 사부살(死府殺)과 원진살(怨嗔殺)을 더욱 강하게 작용시키는 운이라고 할 수 있다. 그러나 1번의 녹(祿)과 총운의 복(福)이 있는 운이라 초년에 의식주생활에는 어려움이 없을 운이다.

2번의 인덕궁이요 부모궁에 들어오는 살을 보면 2번 자체에서 장성살(將星殺)이 들어오니 대인관계에서 지는 것을 싫어할 수 있는 운이요, 자신의 뜻을 관철시키기 위해 노력하는 사람이요, 자존심이 강한 운이요, 출세욕이 많은 사람이라고 할 수 있다.

 2번에 들어오는 살을 보면 1번의 조상궁이요 명궁이요 성격궁에서 용덕운(龍德運)에 육해살(肉害殺)에 원진살(怨嗔殺)이 들어오고 있는 운이나 용덕(龍德)은 길한 운이요, 육해살(肉害殺)과 원진살(怨嗔殺)은 흉한 운이다. 여기서의 용덕운(龍德運)은 초년의 성격이 좋은 1번의 녹운(祿運)과 4번 총운에서 들어오는 복덕운(福德運)을 강하게 하는 운으로 인덕이 좋을 운이요, 대인관계가 원만할 운이요, 또한 육해살(肉害殺)과 원진살(怨嗔殺)은 1번에 들어오는 2번의 사부살(死府殺)과 원진살(怨嗔殺)과 3번의 파살(破殺)을 강하게 하는 살로 이 운에서는 부모와의 이별수를 강하게 하는 운이요, 또는 조상이나 부모 형제에 관한 일로 손해를 볼 수 있는 운이라고 할 수 있다.

 2번에 들어오는 살을 보면 3번의 부부궁이요 재물궁에서 귀(貴)에 조객살(弔客殺)에 재살(災殺)이 들어오니 재물과 인연이 적어 많은 재물을 모으지 못할 운이요, 인덕에 대한 재물의 운이 없어 사업이나 재물에 관련이 있는 일에서는 사람들의 덕이나 도움을 얻기 어려운 운이라고 할 수 있다. 또한 이 나이에는 결혼을 할 수 있는 운으로 결혼의 인연이 없을 운이요, 결혼을 해도 부부의 정이나 덕이 없을 운이다.

 2번에 들어오는 살을 보면 4번 총운에서 귀(貴)에 관부살(官府殺)에 장성살(將星殺)이 들어오고 있으니 출세에 대한 욕심이 많을 운으로 관직으로 출세를 할 수 있는 운이다. 또한 4번 총운은 앞에서 들어오는 살을 더욱 강하게 밀어주는 살로 이 운에서는 1번의 용덕운(龍德運)과 2번의 장성운(將星運)을 더욱 강하게 밀어주는 운으로 대인관계에서 우위를 차지하려고 할 수 있는 운을 더욱 강하게 밀어주는 운이라고 할 수 있다.

3번의 부부궁이요 재물궁에서 들어오는 살을 보면 3번 자체에서 지살(地殺)이 들어오니 평생 생활에 안정을 추구하는 운이요, 모험과 투기는 싫어할 수 있는 운으로 평생 생활에 어려움 없이 지낼 수 있는 운이다. 또한 3번은 부부궁이라 부부의 생활도 안정감이 있고 부부간에 정이나 의리를 지키면서 편안한 가정을 만들면서 살아가려고 노력하는 운이라 할 수 있다.

3번에 들어오는 살을 보면 1번의 명궁이요 성격궁에서 복덕운(福德運)에 겁살(劫殺)에 파살(破殺)이 들어오고 있으니 재물에 대한 욕심이 많을 수 있는 운으로 사방에 사업을 벌릴 수 있는 성격이다.

3번에 들어오는 살을 보면 2번의 부모궁이요 인덕궁에서 상문살(喪門殺)에 역마살(驛馬殺)이 들어오니 부부의 정이나 덕을 잃을 운으로 심하면 부부간에 이별할 수도 있을 운이요, 2번은 부모궁이라 부모의 성을 딩할 수도 있을 운이나.

3번에 들어오는 살을 보면 4번의 말년궁이요 자손궁이요 총운에서 역마살(驛馬殺)에 상충살(相沖殺)이 들어온다. 이 운에서는 1번의 복덕(福德)과 파살(破殺)을 강화할 수 있는 운으로 사업을 사방에 벌리고 분주하게 활동할 수 있는 운이요, 또는 부부의 이별수를 강하게 작용시키는 운이라고 할 수 있는 운이다.

4번의 말년궁이요 총운이요 자손궁에 들어오는 살을 보면 1번의 명궁이요 성격궁에서 망신살(亡身殺)에 해살(害殺)이 들어오고 있으니 말년에 건강에 문제가 있을 운이요, 말년에 건강이나 성격때문에 구설을 들을 일이 있을 운이다.

4번에 들어오는 살을 보면 2번의 인덕궁이요 부모궁에서 음부살(陰府殺)에 지살(地殺)이 들어오고 있으니 말년에 말없이 조용하게 지낼 수 있는 운이다. 또한 4번은 자손궁이요 2번은 인덕궁이라 말년에 말없는 가운데 안정된 생활을 할 수 있도록 자손들에게 협조받을 수 있는 운이다.

4번에 들어오는 살을 보면 3번의 부부궁이요 재물궁에서 역마살(驛馬殺)에 상충살(相沖殺)이 들어오고 있으니 말년에도 사방으로 활동을 많이 할 수 있는 운이요, 또는 말년에 자손들의 일로 분주할 수 있을 운이다.

4번에 들어오는 살을 보면 4번 자체에서 지살(地殺)이 들어오고 있으니 말년에도 생활에는 어려움이 없을 운이요, 말년에도 조용하며 편안하게 생활할 수 있는 운이다.

32. 살을 종합하여 정리하고 설명하는 방법

여기서 주의할 것은 귀(貴), 역마살(驛馬殺), 복덕운(福德運), 파살(破殺), 양인살(羊刃殺) 등은 당사주에서 설명하는 살과 십이지신살(十二支神殺)에서 나오는 살이 각각 다르다는 것이다. 혼동하지 않기 바란다.

( )안에 있는 살은 당사주에서 나오는 살이요, **표의 상량(商量)은 부부운이나 십이지신살(十二支神殺)의 재물에서 보는 부부운과는 다른 것이다. 만일 십이지신살(十二支神殺)에서 정확한 해답이 없

을 경우에 당사주에서 나오는 운을 첨가하여 보면 더욱 확실한 해법을 찾을 수 있기에 같이 기록한다. 보조역할로 활용하면 도움이 되는 경우가 많을 것이다.

예 1) 1943년 11월 20일 술시생(戌時生)이면

*上梁 **金1, 木2, 水2, 火O, 土3

1. 癸未 :(馬) 1.華, 白虎 2.龍, 天, 怨, 害, 貴 3.弔, 月, 寡宿
　　　　　　4.福, 貴, 伴, 破, 刑, 寡宿

2. 甲子 :(文) 1.祿, 死, 年, 怨, 害, 桃花 2.將 3.貴, 破 4.喪, 災
　　　　　　**3.自縊, 鬼門

3. 己酉 :(貴) 1.喪, 災, 空 2.福, 年, 破, 桃花 3.將 4.肉, 害, 病, 空
　　　　　　*1.淫慾 2.自縊, 鬼門

4. 甲戌 :(藝) 1.天.破 2.月, 弔, 寡, 空 3.伴, 害 4.華 *白虎

　1번의 명궁이요 성격궁이요 조상궁이요 초년궁에 늘어오는 살을 보면 1번 자체에서 화개살(華蓋殺)이 들어오고 있는 운이나 미(未)의 화개살(華蓋殺)이다. 미(未)는 음(陰)의 화개살(華蓋殺)이니 속마음은 정확하나 겉으로 발설을 않고 속으로 삭이는 내성적인 성격이다. 또한 마음을 한 번 먹으면 변화가 없는 운으로 의리를 존중하며 신용이 있고 말은 하지 않아도 마음의 의지가 변함없을 운이다. 또한 1번 자체에서 백호살(白虎殺)이 들어오고 있으니 초년의 건강에 어려운 고비가 있을 수 있는 운이요, 또는 조상과의 이별이 있을 수 있는 운이다. 또는 성격면에서 매사를 자포자기하는 성격이 있을 수도 있는 운이다.

1번에 들어오는 살을 보면 2번의 인덕궁이요 부모궁에서 용덕운(龍德運)에 천살(天殺)에 원진살(怨嗔殺)에 해살(害殺)에 귀(貴)가 들어오고 있는 운이다. 용덕(龍德)은 길한 운이요, 귀(貴)는 중성의 운으로 주위의 변화에 따라 성격이 변화하는 운으로 길운도 될 수 있고, 또는 흉운도 될 수 있다. 이 외에 다른 살들은 흉한 살로 이 운에서는 인덕이 좋고 부모궁이 흉한지. 부모궁이 좋고 인덕이 흉한 운이지 알 수 없다. 이런 경우에는 3번의 재물궁을 보는데 초년에는 부모가 재물이기 때문이다. 3번의 재물궁을 보면 조객살(弔客殺)에 월살(月殺)에 과숙살(寡宿殺)이 들어오고 있으니 이 운에서 2번에서 들어오는 살 중에서 용덕운(龍德運)은 인덕의 운이요, 형제의 운이요, 친구나 동료의 운이라고 할 수 있는 운이다. 그러나 천살(天殺)에 원진살(怨嗔殺)에 해살(害殺)은 부모를 잃을 수 있는 살로 부모와의 이별수가 있을 운이다. 이 운에서의 귀(貴)는 외롭다, 허전하다, 쓸쓸하다 등을 나타내는 운이다. 따라서 1번 자체에서 들어온 백호살(白虎殺)은 부모의 비명횡사를 말하는 운이라고 할 수 있다.

1번에 들어오는 살을 보면 3번의 부부궁이요 재물궁에서 조객살(弔客殺)에 월살(月殺)에 과숙살(寡宿殺)이 들어오고 있는 운이다. 초년에는 부모가 재(才)인데 이 운에서는 월살(月殺)이 드는 운으로 월살(月殺)은 혈육간의 이별을 말하는 살로 부모를 잃을 운이요, 또는 혈육간의 이별을 말하는 운이다. 따라서 이 운은 초년에 부모를 잃고 혼자 외롭게 지낼 수 있는 운이라고 할 수 있다.

1번에 들어오는 살을 보면 4번 총운에서 복덕운(福德運)에 귀(貴)에 반안살(攀安殺)에 파살(破殺)에 형살(刑殺)에 과숙살(寡宿殺)이 들어오고 있는 운이나 4번 총운은 앞에서 들어오는 살을 강하게 밀어주는 살로 복덕운(福德運)은 인덕이 좋을 운을 더욱 강하게 작용시키는 운이요, 또한 1번은 성격이라 성격이 무난하며 원만해 좋은 성격이라고 할 수 있는 운이다. 그래서 1번 자체에서 들어오고 있는 화개살(華蓋殺)을 강하게 밀어주는 운이라고 할 수 있는 운이요, 반안살(攀安殺)이나 파살(破殺)이나 형살(刑殺)이나 과숙살(寡宿殺) 등은 부모와의 이별을 강하게 하는 살로 가족과 이별하고 혼자 외로울 수 있다고 하는 운이다.

2번의 부모궁이요 인덕궁에 들어오는 살을 보면 2번 자체에서 장성살(將星殺)이 들어오니 대인관계에서 욕심이 많을 수 있는 운이요, 또는 다른 사람에게 지는 것을 싫어하는 성격으로 자신의 주장을 강하게 내세우는 성격이요, 또한 자존심이 강한 운이라고 할 수 있는 운이다. 명인재의 부부운에서 보면 2번에 문(文)이 들어 있는 운으로 영리한 것을 나타내고 있으니 문(文)에 장성(將星)으로 문장이나 글로 출세할 수 있는 운이요, 사람들을 상대함에 있어서 두뇌회전이 빠른 사람이라고 할 수 있는 운이요, 또한 자(子)는 약삭빠른 것으로 임기응변이 능하다고 할 수 있는 운이다. 또는 성격이 자존심이 강할 수도 있는 사람으로 존경을 받고 대접을 받으려고 하는 사람이요 잘난체를 잘할 수 있는 운이다.

2번에 들어오는 살을 보면 1번의 명궁이요 성격궁이요 조상궁에서 녹(祿)에 사부살(死府殺)에 년살(年殺)에 원진살(怨嗔殺)에 해살(害殺)에 도화살(桃花殺)이 들어오니 이 운에서 녹운(祿運)은 좋은 운이요, 다른 살들은 좋다고 할 수가 없는 살로 1번에서 들어오는 녹운(祿運)은 성격이 좋은 것을 말하고 있는 운이요, 또한 인덕이 좋은 것을 말하고 있는 운이다. 그러나 그외의 다른 살들은 부모덕을 잃고 마음을 잡지 못하는 운을 강하게 하는 운이다. 또는 부모와 다름없는 사람들로 인하여 덕을 보지 못하고 손해를 보는 살로 마음에 한을 심어줄 수 있는 운이라고 할 수 있다.

 2번에 들어오는 살을 보면 3번의 부부궁이요 재물궁에서 귀(貴)에 파살(破殺)이 들어오고 있으니 재물을 모으기 어려운 운이요, 재물이 흩어지는 운이다. 또한 부부운으로 보면 부부생활에 안정감이 없을 운이다. 그래서 여기서의 파살(破殺)은 많은 사람과의 관계를 말하는 운으로 끼가 많을 운이요, 또는 부부의 인연이 없거나 부부의 정이나 덕이 없을 운으로 결혼하면 가정을 유지하기 어려울 운이다. 또한 3번의 부부궁에서 자액살(自縊殺)과 귀문살(鬼門殺)이 들어오니 여기서의 자액살(自縊殺)은 내가 스스로 부부의 인덕을 자르는 운이요, 부부의 덕을 죽이는 운이라고 할 수 있을 운이요, 귀문살(鬼門殺)은 정신불안이나 정신착란 등을 말하는 운으로 대인관계가 안정감이 없고 이성문제에 있어서 차분하지 못하고 천방지축으로 생활할 수 있는 운으로 가정의 풍파를 말하고 있는 운이다. 또한 이 운은 대인관계의 문제로 자살을 하는 경우도 발생할 수 있는 운이다. 또는 신과 관련이 있는 일을 할 수 있는 운이다.

 2번에 들어오는 살을 보면 4번 총운에서 상문살(喪門殺)에 재살(災殺)이 들어오고 있는 운이나 4번 총운은 앞에서 들어오는 살을 강하게 밀어주는 살로 이 운에서는 1번에서 들어오는 사부살(死府殺)에 원진살(怨嗔殺)에 해살(害殺) 등을 강하게 밀어주는 살이요, 또한 자액살(自縊殺)에 귀문살(鬼門殺)을 강하게 작용시키는 운이라고 할 수 있는 운이다.

 3번의 부부궁이요 재물궁에 들어오는 살을 보면 3번 자체에서 장성살(將星殺)이 들어오고 있으니 재물에 대한 욕심이 많을 운이요, 재물이 유(酉)로서 금(金)을 나타내고 있으니 재물관계로 풍파가 있고 쇠는 강한 것으로 재물에 대해서는 자신의 주장을 꺾지 않을 수 있는 운이다. 그래서 부부도 재물로서 명인재의 부부운의 부부궁을 보면 상량살(商量殺)이 들어오고 있는 운이 겸하고 있는 운이라 이성의 욕심이 많을 수 있는 운이요, 이성문제가 복잡할 수 있을 운이다.

3번에 들어오는 살을 보면 1번의 명궁이요 성격궁에서 상문살(喪門殺)에 재살(災殺)에 공망살(空亡殺)이 들어오고 있는 운이나 재물의 유(酉)가 공망살(空亡殺)을 맞고 있는 운으로 재물때문에 마음이 항상 불안하고 번잡할 수 있는 운이다. 또한 재물욕심은 많으나 실속이 없을 운으로 마음이 항상 허전하고 쓸쓸할 수 있는 운이다. 또한 1번에서 음욕살(淫慾殺)이 들어오고 있으니 마음이 항상 음침하고, 사람을 가리지 않고 끼를 부릴 수 있는 성격이요, 내 것만 주고 잃는 것이 없는 운이라고 할 수 있다.

3번에 들어오는 살을 보면 2번의 인덕궁에서 복(福)에 년살(年殺)에 파(破)에 도화살(桃花殺)이 들어오고 있으니 주위에 많은 사람들이 따르는 운이다. 여기서 복덕운(福德運)은 많은 사람들이 따르는 운이요, 3번은 부부궁이요 2번은 인덕궁이라 많은 사람들과 관계를 맺으면서 살아갈 운이요, 년살(年殺)에 파살(破殺)에 도화살(桃花殺)은 많은 사람들에게 내 것만 돌려주는 것이라고 할 수 있다. 파(破)는 부서진다, 벌어진다, 열린다는 의미로 많은 사람들에게 자신의 정조나 지조를 내어주는 운이라고 할 수 있다. 또한 2번에서 자액살(自縊殺)에 귀문살(鬼門殺)이 들어오고 있는 운이나 자액(自縊)은 매달린다는 뜻으로 옳치 못한 생활이나 바르지 못한 생활에서 손을 떼지 못하고 살아갈 수 있는 운이요, 또는 이성문제로 자살할 수도 있다고 할 수 있다. 또한 귀문살(鬼門殺)이 들어오고 있는데 귀문살(鬼門殺)은 사람을 상대로 하는 운으로 신과 관계된 일을 할 수 있다. 종교지도자, 수행자, 광적인 신앙자, 기문둔갑, 무당, 법사, 지관 등을 할 수 있다.

3번에 들어오는 살을 보면 4번의 말년궁이요 총운에서 육해살(肉害殺)에 병부살(病府殺)에 해살(害殺)에 공망살(空亡殺)이 들어오니 부부간에 이별수를 뜻하는 운이요, 이성문제로 내 것만 주고 덕을 보지 못하는 운이요, 또한 의식주생활에 어려움이 있을 수 있는 운이다.

4번의 말년궁이요 자손궁이요 총운에 들어오는 살을 보면 1번의 명궁이요 성격궁에서 천살(天殺)에 파살(破殺)이 들어오고 있으니 말년에 마음을 잃고 정처없는 생활을 할 수 있는 운이요, 말년에 마음을 잡지 못하고 심하면 정신적인 질병이 따를 수 있는 운이다.

4번에 들어오는 살을 보면 2번의 인덕궁에서 월살(月殺)에 조객살(弔客殺)에 공망살(空亡殺)이 들어오고 있다. 말년에 인덕이 없을 운이요, 말년에 가까운 사람들과 이별하고 외롭게 지낼 운이다. 또한 4번은 자손궁으로 말년에 자손들의 정을 얻지 못하고 자손들과 이별수가 있을 운으로 자손의 덕이나 정을 받지 못할 운이다.

4번에 들어오는 살을 보면 3번의 부부궁이요 재물궁에서 반안살(攀安殺)에 해살(害殺)이 들어오고 있으니 말년에 부부의 인연이 없을 운이요, 말년에 재물을 잃고 의식주생활이 어려울 수 있는 운이다. 또한 4번은 자손궁으로 말년에 자손들에게 재물덕을 받지 못하고 생활에 어려움이 있을 수 있다.

4번에 들어오는 살을 보면 4번 자체에서 화개살(華蓋殺)이 들어오니 자존심만 있을 운이요, 여러 사람 앞에 바르지 못한 방법으로 나타날 수 있는 운이요, 말년생활이 어려울 수 있는 운이다. 또한 말년에 백호살(白虎殺)이 들어오고 있어 말년에 비명횡사를 당할 수 있는 운이다.

**五行으로 설명하면 생활은 안정되어 편안하게 살아갈 수 있는 운이나 결혼생활에는 풍파가 있을 수 있는 운이다.

예 2) 1956년 1월 25일 오시생(午時生)이면

**重夫 **金3, 木1, 水1, 火2, 土1

1. 丙申 :(孤) 1.地 2.死, 劫, 怨 3.病, 亡, 孤 4.喪, 馬
　　　　　　 *2.自縊, 鬼門
2. 辛卯 :(孤) 1.龍, 肉, 怨 2.將 3.貴, 災, 沖 4.福, 年, 破, 桃,
　　　　　　 *1.自縊, 鬼門
3. 癸酉 :(孤) 1.貴, 年, 逃 2.祿, 災, 沖 4.肉 *1.紅艶.
4. 戊午 :(權) 1.弔, 災 2.貴, 肉, 破, 空 3.福, 年, 桃 4.將

1번의 명궁이요 조상궁이요 성격궁이요 초년궁에 들어오는 살을 보면 1번 자체에서 지살(地殺)이 들어오니서 신(申)은 급한 것을 나타내고 있는 것이요, 지살(地殺)은 안정되고 편안한 것이요, 도한 모든 것을 포용할 수 있는 운으로 성격이 급하면서도 매사를 안정되게 해결할 줄 아는 성격이요, 또한 다른 사람의 이야기를 들어줄줄 아는 성격이다. 또한 유순한 성격이면서도 경우에 많지 않으면 가만히 있지를 못하는 분명한 성격이라고 할 수 있다. 또한 성격이 불같이 급하면서도 뒤끝이 없는 사람이다.

1번에 들어오는 살을 보면 2번의 부모궁이요 인덕궁에서 사부살(死府殺)에 겁살(劫殺)에 원진살(怨嗔殺)이 들어오고 있는 운이나 이 운으로는 부모운인지 인덕에서 오는 살인지 알 수 없으니 이런 경우에는 초년에는 부모가 재물이기 때문에 3번의 재물궁에서 들어오는 살을 보는데 이 운에서 3번을 보니 병부살(病府殺)에 망신살(亡身殺)에 고진살(孤辰殺)이 들어오고 있는 운이다. 그러나 이 역시 부부의 인연의 살인지 재물의 살인지를 알 수가 없다. 이런 경우에는 다시 역으로 보는데 2번에 1번에서 들어오는 살을 보니 육해살(肉害殺)이 들어오고 있는 운이요, 3번에 2번을 보니 육해살(肉害殺)이 들어오니 이 운에서는 초년에 부모와 헤어지는 운으로 멀리 떨어져 살아야 하는 운이요, 부모의 정이나 덕이 없을 운이다. 또한 인덕이 없을 운으로 가까운 사람이 없고 믿을 사람이 없을 운이요, 또한 초년에 친구들과 어울리기 어려울 운이다. 또한 초년에 인덕궁이요 부모궁에서 자액살(自縊殺)에 귀문살(鬼門殺)이 들어오고 있으니 초년에 대인관계의 문제로 정신적인 우환을 얻을 수 있을 운이요, 또는 평생 풍파가 따를 수 있는 운으로 액운이 있는 운이다. 또는 초년에 부모나 친구와의 문제로 생명을 잃을 수 있을 운이다.

1번에 들어오는 살을 보면 3번의 부부궁이요 재물궁에서 병부살(病府殺)에 망신살(亡身殺)에 고진살(孤辰殺)이 있는 운이라 초년에 부모로 인하여 구설을 들을 일이 있을 운이요, 초년에 부모의 근심걱정이 있을 운으로 혼자 외로울 수 있는 운이다. 또한 초년에 의식주생활이 어려울 수 있다고 할 수 있는 운이다. 또한 재물은 학업도 재물이라 초년에 학업에 어려움이 있고 학업이 중단될 가능성이 있는 운이라고 할 수 있다.

 1번에 들어오는 살을 보면 4번 총운에서 상문살(喪門殺)에 역마살(驛馬殺)이 들어오고 있는 운이나 4번의 운은 총운으로 앞에서 들어오는 살을 더욱 강하게 작용시키는 운으로서 이 운에서 4번의 상문살(喪門殺)은 초년에 부모와의 이별을 말하는 2번의 사부살(死府殺)과 겁살(劫殺)과 원진살(怨嗔殺)을 강하게 하는 살이요, 또한 인덕이 없을 것을 강하게 하는 살이요, 3번에서 오는 살을 강하게 하는 살로 생활에 어려움을 가중시키는 운이라고 할 수 있는 운이요, 역마살(驛馬殺)은 앞의 살들을 더욱 강하게 재촉하는 운이라고 할 수 있다.

 2번의 부모궁이요 인덕궁에서 들어오는 살을 보면 2번 자체에서 장성살(將星殺)이 들어오고 있으니 대인관계에서 고집과 주관이 강하여 욕심이 많을 수 있는 성격이요, 또한 외모는 순진하고 약해 보이나 외유내강의 성격이요, 자존심이 강힐 수 있는 운이나.

 2번에 들어오는 살을 보면 1번의 조상궁이요 성격궁이요 명궁에서 용덕운(龍德運)에 육해살(肉害殺)에 원진살(怨嗔殺)이 들어오고 있는 운이다. 이 운에서 육해살(肉害殺)에 원진살(怨嗔殺)은 부모와의 이별수를 강하게 하는 살이요, 용덕운(龍德運)은 내가 다른 사람의 인덕은 없어서 못받더라도 다른 사람과 좋은 마음으로 지낼 수 있는 성격으로 호인지상이라고 할 수 있는 운이다. 그러나 2번 자체에서 오는 장성살(將星殺)이 있으니 고집이 강하며 욕심도 많은 성격이라고 할 수 있다. 또한 1번에서 자액살(自縊殺)에 귀문살(鬼門殺)이 들어오고 있으니 대인관계가 불안하고 풍파가 있을 운이요,

사람들에게 마음을 상하고 정신적인 고통을 받을 운이요, 나의 마음을 알아주지 않을 운으로 다른 사람들에게 인정받기 어려운 운이다.

2번에 들어오는 살을 보면 3번의 부부궁이요 재물궁에서 귀(貴)에 재살(災殺)에 상충살(相沖殺)이 들어오니 많은 재물을 모으면서 생활 하기는 어려운 운이요, 재물이 생기더라도 나가는 운이라고 할 수 있다. 또한 3번은 부부운이요, 2번은 인덕이라 부부간에 정과 덕이 없을 운이요, 부부의 인연이 박할 수 있는 운이다. 또한 재물관계로 마찰이 많이 발생할 수 있는 운으로 나를 도와주는 사람이 없을 운이다.

2번에 들어오는 살을 보면 4번의 말년궁이요 자손궁이요 총운에서 복덕운(福德運)에 년살(年殺)에 파살(破殺)에 도화살(桃花殺)이 들어오고 있는 운이나 4번 총운은 앞에서 들어오는 살을 강하게 작용시키는 살로 이 운에서 파살(破殺)은 부모와의 이별을 강하게 하는 운으로 1번의 육해살(肉害殺)과 원진살(怨嗔殺)을 강하게 하는 살이요, 3번의 부부의 인연이 없을 운을 강하게 밀어주는 운이요, 년살(年殺)에 도화살(桃花殺)에 파살(破殺)은 부부의 이별로 인하여 마음을 잡지 못할 수 있는 운을 강하게 작용하는 운이다. 또는 주위에 많은 이성은 따르는 운이나 마음만 산란할 뿐 도와주는 사람이 없다고 할 수 있는 운이요, 복덕운(福德運)은 본인이 대인관계에서 덕을 베푸는 1번의 용덕운(龍德運)을 강하게 작용시키는 운이라고 할 수 있다.

3번의 부부궁이요 재물궁에 들어오는 살을 보면 3번 자체에서 장성살(將星殺)이 들어오고 있으니 재물에 대한 욕심이 많을 수 있는 운이나 또한 재물로 풍파도 있을 수 있는 운이다. 또는 부부의 풍파나 갈등이 있을 수 있는 운이요, 또는 사업으로 출세도 할 수 있을 운이다. 또한 출세욕이 많을 수 있는 운이다.

3번에 들어오는 살을 보면 1번의 명궁이요 성격궁이요 조상궁에서 귀(貴)에 년살(年殺)에 도화살(桃花殺)이 들어오고 있으니 재물에 치장을 많이 할 수 있는 성격이요, 화려한 장식을 좋아할 수 있는 운이요, 이성문제로 사치를 잘할 수도 있는 사람이다. 또는 사업은 어려워도 겉으로 화려하게 장식하며 선전할 수 있는 사람이요, 또는 많은 이성을 찾아 방황할 수 있는 성격 등이 있다. 그러나 이 운에서는 많은 이성문제로 인하여 마음을 잡지 못할 운으로 보아야 한다. 왜냐하면 1번에서 홍염살(紅艶殺)이 같이 들어오고 있기 때문이다.

3번에 들어오는 살을 보면 2번의 인덕궁이요 부모궁에서 녹(祿)에 재살(災殺)에 상충살(相沖殺)이 들어오니 이 운에서 녹운(祿運)은 많은 이성을 만날 수 있는 운이요, 또는 많은 사람들을 통하여 많은 재물을 모을 수 있다고 할 수 있는 운이다. 또한 재살(災殺)에 상충살(相沖殺)은 부부간에 이별수를 말하는 살로 부부의 정이나 넉이 없을 운이요, 부부간에 갈등이 많이 있을 수 있는 운이다.

3번에 들어오는 살을 보면 4번 총운이요 말년궁이요 자손궁에서 육해살(肉害殺)이 들어오고 있다. 4번 총운은 앞에서 들어오는 살을 더욱 강하게 작용시키는 살로 이 운에서는 부부의 이별수를 더욱 강하게 밀어주는 운이다. 또한 4번은 자손궁으로 자손들과의 이별을 말하고 있는 운이다.

4번의 말년궁이요 자손궁이요 총운에 들어오는 살을 보면 1번의 명궁이요 성격궁이요 조상궁에서 조객살(弔客殺)에 재살(災殺)이 들어오고 있으니 평생 조상이니 부모덕이 없을 운이요, 또한 말년에

마음을 잃을 운으로 의기소침할 성격이요, 자신의 주장과 뜻을 펴기
어려울 운이다.

　4번에 들어오는 살을 보면 2번의 부모궁이요 인덕궁에서 귀(貴)에
육해살(肉害殺)에 파살(破殺)에 공망살(空亡殺)이 들어오고 있으니
말년에 혈육간에 이별수가 있을 운이요, 말년에 인덕을 잃고 외로울
수 있는 운이다. 또한 4번은 자손궁이라 말년에 자손의 덕과 정을
잃을 수 있는 운이요, 말년에 마음을 잡지 못하고 정처없을 운이다.

　4번에 들어오는 살을 보면 3번의 부부궁이요 재물궁에서 복덕운
(福德運)에 년살(年殺)에 도화살(桃花殺)이 들어오니 말년에도 사
치를 좋아할 수 있는 운이요, 또한 말년에도 많은 이성이 따를 수 있
는 운이요, 말년에 안정되고 편안하게 생활할 수 있는 운이다. 또한
말년에 성격은 죽어 있는 운으로 자신의 뜻대로 하지는 못하더라도
복덕운(福德運)이 들어오고 있으니 생활은 안정될 운이다.

**오행(五行)으로 설명하면 똑똑한 사람이라고 할 수는 있으나 토
(土)와 목(木)이 적으니 노력만큼 소득은 없을 운이요, 재물이 생기
더라도 새나가는 운이다. 그러나 어렵게 사는 운은 아니라고 할 수
있다.

예 3) 1972년 10월 10일 진시생(辰時生)이면
**保守 **金3, 木0, 水3, 火0, 土2
1. 壬子 :(貴) 1.刃, 將 2.桃花, 年, 死 3.喪, 災 4.陰, 將
2. 辛亥 :(寅) 1.祿, 病, 亡 2.地 3.劫, 孤 4.龍, 亡, 怨, 鬼門
3. 庚戌 :(福) 1.弔, 月, 寡 2.病, 寡, 3.華 4.月, 沖 *魁, 紅艶
4. 庚辰 :(藝)1.官, 華 2.死, 怨, 鬼門 3.月, 沖 *自縊, *魁

1번의 초년궁이요 조상궁이요 명궁이요 성격궁에 들어오는 살을 보면 1번 자체에서 양인살(羊刃殺)에 장성살(將星殺)이 들어오니 초년에 몸을 상할 수 있는 운이요, 심하면 골을 상할 수 있을 운이다. 약은 사람으로 자신의 이익을 위해서는 수단과 방법을 가리지 않을 수 있는 사람이요, 겉으로는 점잖고 의젓하게 행동하면서 매사에 욕심이 많을 수 있는 성격이요, 겉과 속이 다를 수 있는 사람으로 심하면 이중성격이 있을 수 있다. 또한 다른 사람에게 지는 것을 싫어할 수 있는 운이요, 또한 다른 사람들에게 존경을 받는 것을 좋아하는 사람으로 아는 것이 없어도 많이 아는 것처럼 행동하면서 대우받으려고 할 수 있는 사람이다. 또한 양인살(羊刃殺)이 있어서 성격이 냉정하고 차가운 사람이다.

1번에 들어오는 살을 보면 2번의 부모궁이요 인덕궁에서 도화살(桃花殺)에 년살(年殺)에 사부살(死府殺)이 들어오고 있는 운이나 이 운에서는 인덕의 손실을 말하는 운인지, 부모덕이 없는 운인지를 알 수가 없는 운이다. 이런 경우에는 3번의 재물궁에서 들어오는 살을 보는데 초년에는 부모가 재물이라 3번의 재물궁에서 들어오는 살을 보면 상문살(喪門殺)에 재살(災殺)이 들어오니 이 운에서는 초년에 부모와의 이별수가 있을 운이요, 부모의 정이나 덕이 없을 운이다. 또한 도화살(桃花殺)과 년살(年殺)은 초년에 대인관계에서 마음을 잡지 못하고 산란할 수 있는 운이요, 사치를 좋아하며 치장을 즐길 수 있는 성격이다.

1번에 들어오는 살을 보면 3번의 부모궁이요, 재물궁에서 상문살(喪門殺)에 재살(災殺)이 들어오고 있으니 초년에 부모와의 이별을 뜻할 수 있는 운이요, 또는 초년에 생활에 어려움이 있을 것을 말하는 운이다. 또한 학업도 재물이라 초년에 학업에 어려움이 있을 운으로 학업이 중단되는 경우도 많다.

1번에 들어오는 살을 보면 4번의 말년궁이요 총운에서 음부살(陰府殺)에 장성살(將星殺)이 들어오고 있는 운이다. 4번 총운은 앞에서 들어오는 살을 강하게 작용시키는 살로 이 운에서는 3번에서 들어오는 상문살(喪門殺)에 재살(災殺)을 강하게 작용킨다. 또한 음부(陰府)에 장성살(將星殺)은 총운에서 들어오는 살로 평생 고집이 강할 수 있는 운이요, 또는 욕심이 많을 수 있는 운이요, 또는 자신의 이익을 위해서는 수단과 방법을 가리지 않을 수 있는 성격이 있다. 또한 음부살(陰府殺)이 있어 속마음을 겉으로는 표현하지 않고 내색을 않는 운으로 차분하며 의젓하고 좋은 사람처럼 행동하면서 다른 마음을 쓰는 운이라고 할 수 있다.

2번의 부모궁이요 인덕궁에 들어오는 살을 보면 2번 자체에서 지살(地殺)이 들어오니 대인관계에서 말이 없고 조용한 성격으로 그 속마음을 알 수 없는 사람이다.

2번에 들어오는 살을 보면 1번의 명궁이요 조상궁이요 성격궁에서 녹(祿)에 병부살(病府殺)에 망신살(亡身殺)이 들어온다. 이 운에서 녹운(祿運)은 1번의 장성살(將星殺)과 음부살(陰府殺)을 강하게 하는 살로 대인관계에서 욕망을 나타내는 운이요, 병부살(病府殺)에 망신살(亡身殺)은 1번의 3번에서 들어오는 상문살(喪門殺)에 재살(災殺)을 강하게 하는 운으로 부모를 잃고 구설을 들을 일을 말하고 있는 운이다. 또한 대인관계에서의 성격이 병부(病府)에 망신살(亡身殺)이라 사람들과 어울리지 못하고 자기만을 아는 운이다.

2번에 들어오는 살을 보면 3번의 부부궁이요 재물궁에서 겁살(劫

殺)에 고진살(孤辰殺)이 들어오고 있으니 대인관계에서 충격적인 일로 외롭고 허전할 수 있는 일이 발생할 수 있을 운이요, 또는 대인관계로 재물에서 큰 변화가 있을 운이다. 또는 3번은 부부궁으로 부부의 인연이 적고 외로울 수 있는 운으로 부부의 정이나 덕이 없을 운이라고 할 수 있다.

2번에 들어오는 살을 보면 4번의 말년궁이요 총운에서 용덕운(龍德運)에 망신살(亡身殺)에 원진살(怨嗔殺)에 귀문살(鬼門殺)이 들어오니 4번 총운은 앞에서 들어오는 살을 더욱 강하게 밀어주는 살이라 이 운에서 망신(亡身)에 원진살(怨嗔殺)은 부모와의 이별을 강하게 작용시키는 운이요, 귀문살(鬼門殺)은 대인관계에서 정신적인 충격이 있을 수 있는 운이다. 심하면 대인관계가 불안하고 대인관계에서 풍파가 발생할 수 있는 운으로 정신적인 우환이 있을 수 있는 운이다. 그러나 용덕운(龍德運)은 1번에서 들어오는 녹운(祿運)을 강하게 작용시키는 운이라고 할 수 있다.

3번의 부부궁이요 재물궁에 들어오는 살을 보면 3번 자체에서 화개살(華蓋殺)이 들어오고 있으니 재물에 대한 욕심이 많을 수 있는 운이요, 재물관리가 분명하고 명확한 성격이요, 겉으로 장식을 잘할 수 있는 운으로 위장술에 능한 사람이라고 할 수 있다. 또는 부부관계가 어렵고 복잡할 수 있는 운으로 결혼을 여러 번 할 수 있다.

3번에 들어오는 살을 보면 1번의 명궁이요 성격궁이요 조상궁에서 조객살(弔客殺)에 월살(月殺)에 과숙살(寡宿殺)이 들어오고 있으니 초년에 부모를 잃고 외로울 수 있을 운이요, 또는 부부간에 성격차이로 이별수가 있을 운으로 혼자 외로울 운이 있다.

3번에 들어오는 살을 보면 2번의 인덕궁이요 부모궁에서 병부살

(病府殺)에 과숙살(寡宿殺)이 들어오고 있으니 부부간에 인덕이 없고 정이나 덕이 없을 운으로 외롭고 허전할 수 있는 운이다. 또한 2번은 부모궁이라 부모와의 이별하는 운이라고 할 수도 있다.

3번에 들어오는 살을 보면 4번의 말년궁이요 총운이요 자손궁에서 월살(月殺)에 상충살(相沖殺)이 들어오니 자손과 멀어질 수 있는 운이요, 또한 4번 총운은 앞에서 들어오는 살을 강하게 밀어주는 살로 월살(月殺)은 부모와의 이별수를 강하게 하는 살이요, 부부의 이별을 강하게 하는 살이라고 할 수 있는 운이요, 상충살(相沖殺)은 앞에 들어오는 월살(月殺)을 더욱 강하게 밀어주는 살이라고 할 수 있다. 또한 3번의 부부궁이요 재물궁에 괴강살과 홍염살(紅艶殺)이 들어오고 있으니 재물에 대한 욕심이 많을 수 있는 운으로 재물에 있어서는 누구의 말도 들으려 하지를 않고 자신의 고집대로 처리할 수 있는 운이다. 또한 홍염살(紅艶殺)은 바람끼가 많을 수 있는 살로 이성문제로 부부의 갈등이 많을 수 있는 운이요, 가정풍파가 있을 수 있는 운이요, 괴강은 이러한 성격을 더욱 강하게 작용시키는 운으로 볼 수 있다.

4번의 말년궁이요 총운이요 자손궁에 들어오는 살을 보면 1번의 명궁이요 성격궁에서 관부살(官府殺)에 화개살(華蓋殺)이 들어오고 있으니 말년에 관(官)에 들어갈 수 있을 운이요, 말년에 출세를 할 수도 있을 운이요, 말년에 욕심이 많아 구설을 들을 수도 있다.

4번에 들어오는 살을 보면 2번의 부모궁이요 인덕궁에서 사부살(死府殺)에 원진살(怨嗔殺)이 들어오고 있으니 말년에 가까운 사람을 잃을 운이요, 믿은 사람이 배신이 있을 수 있는 운이며, 말년에 인덕을 잃을 수 있는 운이다. 또한 4번은 자손궁이라 말년에 자손을 잃거나 자손과 멀어질 운이요, 또는 말년에 귀문살(鬼門殺)이 들어오고 있으니 정신을 잃을 수 있는 운이요, 또는 질병에 걸릴 수 있는 운으로 중풍이나 치매 등을 조심해야 한다.

4번에 들어오는 살을 보면 3번의 부부궁이요 재물궁에서 월살(月殺)에 상충살(相冲殺)에 자액살(自縊殺)이 들어오니 말년에 가족과의 이별수가 있을 운이요, 4번은 자손궁으로 말년에 자손을 잃고 멀어질 운이다. 또한 말년에 자결할 수도 있는 운이다.

예 4) 1970년 7월 24일 오시생(午時生)이면
**重夫 *金2, 木1, 水0, 火3, 土2
1. 庚戌 : (藝) 1.華 2.喪, 月 3.福, 伴, 刑, 寡 4.官, 華 **魁, 紅艶
2. 甲申 : (奸) 1.祿, 弔, 馬 2.地 3.龍, 亡, 空 4.喪, 馬, 孤, **紅艶
3. 丁丑 : (破) 1.貴, 天 2.貴, 死, 伴 3.華 4.龍, 天, 怨, 害 **白虎
           4.自縊, 鬼門
4. 丙午 : (刃) 1.陰, 將 2.弔, 災, 空 3.祿, 死, 年, 怨, 害, 桃 4.祿.將
           **3.自縊, 鬼門

1번의 명궁이요 조상궁이요 초년궁에 들어오는 살을 보면 1번 자체에서 화개살(華蓋殺)이 들어오고 있는 운이나 술(戌)의 화개(華蓋)는 양(陽)의 화개살(華蓋殺)이라 성격이 매사에 정확하고 의리가 있으며 자기가 한 번 한 말은 책임질 줄 아는 사람이요, 또한 개성이 강한 사람이다. 그래서 다른 사람들의 모방이나 다른 사람의 말에 따르기 보다는 자신의 생각대로 행동할 수 있는 사람이다. 또한 고집이 강하며, 마음 속에 넣어두고 숨기기를 싫어하여 매사를 정확하게 처리하는 성격이다. 또한 거짓이 없고 진실된 사람이라고 할 수 있다. 또한 1번 자체의 살로 괴강살에 홍염살(紅艶殺)이 들어오고 있다. 괴강살은 다른 사람에게 지는 것을 싫어할 수 있는 운이요, 자신의 주장을 강하게 밀어대는 성격이라고 할 수 있는 운이다. 또한 홍염살(紅艶殺)은 화려한 것을 좋아할 수 있는 운으로 겉으로 사치를 즐길 수 있는 성격이요, 여러 사람 앞에 나서는 것을 잘하는 성격이다.

1번에 들어오는 살을 보면 2번의 인덕궁이요 부모궁에서 상문살(喪門殺)에 월살(月殺)이 들어오니 월살(月殺)은 혈육간의 이별수를 말하는 운이라 초년에 부모와 떨어져 살아갈 수 있는 운이요, 또는 양부모 모시고 살아갈 수 있는 운이다.

1번에 들어오는 살을 보면 3번의 부부궁이요 재물궁에서 복덕운(福德運)에 반안살(攀安殺)에 형살(刑殺)에 음욕살(淫慾殺)에 과숙살(寡宿殺)이 들어오고 있다. 이 운에서 복덕(福德)에 반안살(攀安殺)은 초년운이 의식주는 안정되고 편안하다고 할 수 있는 운이요, 또한 과숙살(寡宿殺)은 외로운 살로 초년에 3번의 재물궁은 부모를 말하는 것으로 이 운에서는 부모와의 이별수로 인하여 외로울 수 있다고하는 것을 말하는 운이요, 형살(刑殺)은 "집착한다. 매달린다. 의지한다 등의 뜻으로 학업도 재물이라 학업에 열중하고 전념 할 수 있다고 하는 운이다.

1번에 들어오는 살을 보면 4번 총운에서 관부살(官府殺)에 화개살(華蓋殺)이 들어오고 있으니 초년에 출세길이 있을 운이요, 또는 초년에 관대를 찰 수 있는 운으로 초년운이 화려한 운이라고 할 수 있다. 이 운을 종합해보면 초년에 부모를 떠나 학업에 열중하여 뜻을 성취할 수 있는 운으로 대길한 운이라고 할 수 있다.

 2번의 부모궁이요 인덕궁에 들어오는 살을 보면 2번 자체에서 지살(地殺)이 들어오고 있으니 대인관계가 원만하며 다른 사람의 이야기를 들어줄 줄 아는 성격이요, 모든 것을 포용할 줄 아는 성격으로 무난한 성격이다. 그러나 마음에 들지 않으면 여지없이 벼락을 낼 줄도 아는 성격이요, 경우를 아는 성격이요, 사리를 구분할 줄 아는 성격이라고 할 수 있다.

 2번에 들어오는 살을 보면 1번의 명궁이요 성격궁이요 조상궁에서 녹(祿)에 조객살(弔客殺)에 역마살(驛馬殺)이 들어오니 녹(祿)에 역마살(驛馬殺)은 많은 사람들과 어울리며 화합할 수 있는 운이요, 많은 사람들과 활동하려고 분주할 운이다. 조객살(弔客殺)은 부모와의 이별을 뜻하는 운이요, 혼자 외로울 수 있는 운이다.

 2번에 들어오는 살을 보면 3번의 부부궁이요 재물궁에서 용덕운(龍德運)에 망신살(亡身殺)에 공망살(空亡殺)이 들어오니 용덕운(龍德運)은 대인관계에서 많은 재물을 얻을 수 있는 운이요, 또는 많은 친구를 둘 수 있는 운이라고 할 수 있는 운이다. 또한 공망살(空亡殺)이 늘어오고 있는데 금(金)에서 들어오는 공망살(空亡殺)이다. 금(金)은 치면 시끄럽다, 요란하다라고 할 수 있는 것으로 용덕운(龍德運)을 더욱 강하게 작용시키는 운이라고 할 수 있다. 그러나 망신살(亡身殺)은 이 나이에는 이성을 알고 결혼을 할 수 있는 나이로서 3번은 부부운이라 이성문제로 구설수가 있을 운이다.

 2번에 들어오는 살을 보면 4번의 말년궁이요 자손궁이요 총운에서 상문살(喪門殺)에 역마살(驛馬殺)에 홍염살(紅艶殺)에 고진살(孤辰殺)이 들어오니 4번 총운은 앞에서 들어오는 살을 강하게 작용하는 살로 상문살(喪門殺)과 고진살(孤辰殺)은 부모와의 이별수를 말할 수 있을 운이요, 또는 3번에서 들어오는 망신살(亡身殺)로 이성 관계에서 이별할 수 있는 살로 외롭고 허전하며 쓸쓸할 운이다. 또한 역마살(驛馬殺)에 홍염살(紅艷殺)이 들어오고 있는데 홍염살(紅艷殺)은 화려하다, 치장한다, 바람끼가 많다 등을 나타낸다. 이 운에서의 역마살(驛馬殺)에 홍염살(紅艷殺)은 자신의 출세를 위하여 치장하고 장식하는 일로 분주할 수 있는 살이요, 또는 많은 사람들을 만나기 위하여 치장하고 분주할 수 있는 운이다. 또한 천박한 사람은 많은 이성과 바람을 피우기 위해 분주할 운이다.

　3번의 부부궁이요 재물궁에 들어오는 살을 보면 3번 자체에서 화개살(華蓋殺)이 들어오고 있는 운이나 축(丑)은 음(陰)의 화개살(華蓋殺)로 재물관리가 분명하며 자신의 사업을 위하여 정확하게 일을 처리하는 사람이요, 매사가 분명하며 속으로는 자신의 주관이나 생각을 갖고 있으면서도 발설하지 않을 수 있는 성격이요, 부부 문제나 사업에 대해서는 내색을 하지 않을 사람으로 참는 성격이라고 할 수 있다. 또한 3번 자체에서 백호살(白虎殺)이 들어오니 백호살(白虎殺)은 비명횡사를 뜻하는 운으로 재물은 나의 소속된 물건으로 재물은 부부나 금전으로 부부의 이별을 말할 수 있을 운이요, 또는 사업의 실패를 말할 수 있는 운이다. 또한 4번 총운에서 자액살(自縊殺)에 귀문살(鬼門殺)이 들어오고 있으니 부부간이나 재물 관계로 인하여 마음을 잃고 풍파가 있을 수 있는 운이요, 심하면 건강을 해칠 수 있는 운이다. 또는 내 것을 잃고 마음과 몸을 상할 수 있는 운이다.

　3번에 들어오는 살을 보면 1번의 명궁이요 성격궁에서 귀(貴)에 천살(天殺)이 들어오고 있는 운이나 천살(天殺)은 잃는 운이요, 귀(貴)는 외로울 수 있는 운이다. 부부의 이별수가 있을 수 있는 운으로 혼자 외로울 수 있는 운이요, 마음의 정처를 잃을 수 있는 운으로 안정감이 없을 운이다. 또는 재물이나 재능을 상실할 수도 있는 운으로 마음을 잡지못할 수 있는 운이다.

3번에 들어오는 살을 보면 2번의 부모궁이요 인덕궁에서 귀(貴)에 사부살(死府殺)에 반안살(攀安殺)이 들어오니 이 운에서 2번은 인덕궁이요, 3번은 부부궁이라 사부살(死府殺)에 반안살(攀安殺)은 부부의 이별을 말하는 운으로 부부의 정이나 덕을 잃을 수 있는 운이요, 또는 가까운 사람을 잃을 수 있는 운으로 외로울 수 있다.

3번에 들어오는 살을 보면 4번의 말년궁이요 자손궁이요 총운에서 용덕운(龍德運)에 천살(天殺)에 원진살(怨嗔殺)에 해살(害殺)이 들어오고 있다. 4번 총운은 앞에서 들어오는 살을 더욱 강하게 작용시키는 운이다. 이 운에서 용덕운(龍德運)은 3번의 화개살(華蓋殺)을 강하게 작용하는 살이라고 할 수 있고, 천살(天殺)에 원진살(怨嗔殺)에 해살(害殺)은 2번에서 늘어오고 있는 부부의 이별수나 가까운 사람과의 이별수를 강하게 밀어주는 운이라고 할 수 있다.

4번의 말년궁이요 총운이요 자손궁에 들어오는 살을 보면 1번의 명궁이요 성격궁에서 음부살(陰府殺)에 장성살(將星殺)이 들어오고 있으니 말년에는 말이 없고 고집이 강할 수 있을 운이요, 올바르지 못한 일이나 다른 사람에게 말하지 못하는 일로 자신의 고집대로 생활할 수 있는 운이다.

4번에 들어오는 살을 보면 2번의 인덕궁이요 부부궁에서 조객살(弔客殺)에 재살(災殺)에 공망살(空亡殺)이 들어오고 있다. 이 운에서 조객살(弔客殺)에 재살(災殺)은 손해를 볼 수 있는 살로 말년에 대인관계에 있어서 덕을 받지 못하고 마음을 잃을 수 있는 운이요, 정을 잃을 수 있는 운이라고 할 수 있으며, 공망살(空亡殺)은 화(火)에 있는 공망살(空亡殺)로 화(火)는 치면 사방으로 번지는 성격이라 말년에 많은 이성을 만날 수 있는 운이나 나를 협조하고 도와주는 사람이 아니라 나를 이용하며 마음과 정을 빼앗아 가는사람으로 손재수를 말하고 있다.

4번에 들어오는 살을 보면 3번의 부부궁이요 재물궁에서 녹(祿)에 사부살(死府殺)에 년살(年殺)에 원진살(怨嗔殺)에 해살(害殺)에 도화살(桃花殺)이 들어오고 있는 운이나 이 운에서 도화살(桃花殺)에 년살(年殺)은 많은 이성교제가 있을 운이요, 또는 조용하게 있고 싶으나 많은 사람들이 모여드는 운이라고 할 수 있다. 또한 사부살(死府殺)에 원진살(怨嗔殺)에 해살(害殺)은 많은 사람들이 생기며 따르는 운이나 덕은 없고 해가 될 운이다. 녹(祿)은 많은 사람들이 모여드는 것을 말하는 운이라고 할 수 있다. 또한 3번에서 들어오고 있는 운을 보면 자액살(自縊殺)에 귀문살(鬼門殺)이 있어 부부문제나 이성문제로 풍파가 많이 발생할 수 있는 운이요, 마음을 상할 일이 있을 운이다. 심하면 이성이나 재물로 인하여 말년에 생명이 위태로울 수 있는 운이다.

4번에 들어오는 살을 보면 4번 자체에서 녹(祿)에 장성살(將星殺)이 들어오고 있으니 말년에도 자신의 주장대로 행동하는 사람으로 고집이 강할 수 있는 운이라고 할 수 있다. 또한 3번에서 녹(祿)이 들어오고, 4번 총운에서 녹(祿)이 들어오고 있다. 말년까지도 의식주생활에는 어려움 없이 지낼 수 있는 운이다.

예 5) 1990년 1월 11일 축시생(丑時生)이면

**和合 **金1, 木4, 水O, 火1, 土2

1. 庚午 :(福) 1.將 2.官, 將 3.官, 將 4.貴, 死, 怨, 害, 年, 桃
 　　　**4.自縊, 鬼門

2. 戊寅 :(福) 1.陰, 地 2.地 3.祿, 地 4.劫, 貴, 孤,

3. 壬寅 :(奸) 1.陰, 地 2.地 3.祿, 地, 寡 4.劫, 貴, 孤辰

4. 辛丑 :(文) 1.貴, 龍, 天, 怨, 害, 自縊, 鬼門 2.貴, 病, 天
 　　　　3.貴, 病, 天, 寡宿 4.華

　1번의 조상궁이요 명궁이요 성격궁이요 초년궁에 들어오는 살을
보면 1번 자체에서 장성살(將星殺)이 들어오고 있으니 성격이 강하
면서도 웅장하고 다른 사람에게 지는 것을 싫어하는 성격이요, 또한
자신의 주관이 강하며 의욕과 의지가 큰 성격이요, 굽힐줄 모르는
성격이요, 출세욕이 많은 사람이다.

　1번에 들어오는 살을 보면 2번의 부모궁이요 인덕궁에서 관부살
(官府殺)에 장성살(將星殺)이 들어오고 있으니 대인관계에서 우위
를 차지하려고 하는 운이요, 다른 사람들을 통솔하면서 살아가려고
하는 운이요, 성격과 주관이 강한 사람이라고 할 수 있는 운이다. 또
한 인덕이 좋을 운이요, 부모덕이 좋을 운이라고 할 수 있다.

　1번에 들어오는 살을 보면 3번의 부부궁이요 재물궁에서 관부살
(官府殺)에 장성살(將星殺)이 들어오니 초년에 부모의 정과 덕이
좋을 운이요, 조상덕으로 출세할 수 있는 운이요, 학업도 성취할 수
있는 운이요, 또한 재물에 어려움이 없을 운으로 의식주생활은 어려
움이 없을 운이다. 또한 학업도 재물이라 학업운이 좋을 운으로 낳

은 학업을 이룰 수 있는 운이다. 또한 초년에 출세가 좋을 운으로 출세욕이 많을 사람이다.

1번에 들어오는 살을 보면 4번의 말년궁이요 자손궁이요 총운에서 귀(貴)에 사부살(死府殺)에 원진살(怨嗔殺)에 해살(害殺)에 자액살(自縊殺)에 귀문살(鬼門殺)이 들어오고 있는 운이요, 또한 4번에서 자액살(自縊殺)에 귀문살(鬼門殺)이 들어오고 있으니 초년에 마음을 잃고 풍파가 있을 수 있는 운이요, 초년에 몸과 마음을 망칠 수 있는 운이다. 심하면 생명에 지장이 있을 수 있는 운으로 자살을 할 수 있는 운이 있다. 그래서 4번 총운에서 들어오는 모든 살은 흉한 살이요, 이런 살들은 자액살(自縊殺)과 귀문살(鬼門殺)을 강하게 작용시킬 수 있는 살이라고 할 수 있는 운이다. 아니면 신과 관계된 일을 할 수 있는 사람이다.

2번의 부모궁이요 인덕궁에 들어오는 살을 보면 2번 자체에서 지살(地殺)이 들어오니 대인관계가 원만하게 좋을 수 있는 운이요, 대인관계에서 다른 사람의 의견을 들어줄 줄 아는 사람으로 마음과 뜻이 큰 사람이라고 할 수 있다.

2번에 들어오는 살을 보면 1번의 명궁이요 성격궁이요 조상궁에서 음부살(陰府殺)에 지살(地殺)이 들어오고 있으니 조상의 은덕이 말없이 좋을 운이요, 조상의 그늘로 안정되게 생활할 수 있는 운이다. 또는 대인관계에서 별로 말이 없고 조용하게 지낼 수 있는 운이다.

2번에 들어오는 살을 보면 3번의 부부궁이요 재물궁에서 녹(祿)에 지살(地殺)이 들어오고 있으니 부모덕으로 의식주생활은 안정되고 편안할 수 있는 운이요, 또는 대인관계에서 많은 재물을 얻을 수 있는 운으로 생활에 여유가 있을 수 있는 사람이다. 또는 3번은 부부궁이라 이 나이에는 결혼할 수 있는 운으로 마음에 드는 좋은 배우자를 만날 수 있을 운이다. 또한 대인관계에서 자신의 지혜를 충분히 발휘할 수 있는 사람이라고 할 수 있다.

 2번에 들어오는 살을 보면 4번의 말년궁이요 총운에서 겁살(劫殺)에 고진살(孤辰殺)에 귀(貴)가 들어오고 있는 운이나 4번 총운은 앞에서 들어오는 살을 더욱 강하게 밀어주는 운으로 이 운에서 겁살(劫殺)에 귀(貴)는 앞의 1번의 음부(陰府)에 지살(地殺)과 3번의 녹(祿)에 지살(地殺)을 더욱 강하게 작용시키는 운이라고 할 수 있을 운이요, 고진살(孤辰殺)은 사람이 귀(貴)하게 되면 상대가 적은 것으로 이 운에서는 사람이 귀(貴)하게 되어 지낼 수 있는 사람이 한정되어 외롭다고 할 수 있다.

 3번의 부부궁이요 재물궁에 들어오는 살을 보면 3번 자체에서 녹(祿)에 지살(地殺)이 들어오고 있으니, 재물복이 좋은 사람으로 많은 재물을 희롱할 수 있는 운이요, 또한 지위도 재물이요 출세로 높은 지위에 오를 수 있는 운이요, 부모덕으로 많은 학업을 연마할 수 있는 운이요, 또는 3번은 부부궁이라 부부의 생활이 안정되고 편안할 수 있는 운으로 편안한 가정을 꾸릴 수 있는 운이다.

 3번에 들어오는 살을 보면 1번의 명궁이요 성격궁에서 음부(陰府)에 지살(地殺)이 들어오고 있으니 재물에 있어서 말이 없는 성격이요, 또는 많은 재물이 있어도 내색하지 않는 성격이요, 또는 많은 재물을 숨겨두고 살아갈 수 있는 운이다. 또한 부부간에 말이 없고 조용하게 지낼 수 있는 운이라고 할 수 있다.

 3번에 들어오는 살을 보면 2번의 부모궁이요 인덕궁에서 지살(地殺)이 들어오니 부모덕이 안정되고 편안할 수 있는 운이요, 또한 대인관계가 원만하여 안정되고 편안할 수 있는 운이다. 또한 대인관계를 통하여 많은 재물을 얻을 운이다.

3번에 들어오는 살을 보면 4번 총운에서 겁살(劫殺)에 귀(貴)에 고진살(孤辰殺)이 들어오고 있는 운이나 4번 총운은 앞에서 들어오는 살을 강하게 작용시키는 살로 이 운에서 귀(貴)에 겁살(劫殺)은 1번의 음부(陰府)에 지살(地殺)을 강하게 하는 살이요, 3번의 녹(祿)에 지살(地殺)을 강하게 작용하는 살이다. 고진살(孤辰殺)은 지위가 높아 상대할 수 있는 사람이 한정되어 있다고 할 수 있는 운이다.

4번에 들어오는 살을 보면 1번의 명궁이요 성격궁에서 귀(貴)에 용덕(龍德)에 천살(天殺)에 원진살(怨嗔殺)에 해살(害殺)이 들어오고 있는 운이요, 또한 자액살(自縊殺)에 귀문살(鬼門殺)이 들어오고 있으니 말년에 고귀하며 점잖을 성격으로 선비다운 풍모와 지혜로움을 갖추나 마음을 잃고 혼자 외롭게 지낼 수 있을 운이요, 또한 말년에 마음을 잡지 못하고 풍파가 있을 수 있는 운이다. 또한 말년에 스스로 몸을 망칠 수 있을 성격이다.

4번에 들어오는 살을 보면 2번의 부모궁이요 인덕궁에서 귀(貴)에 병부살(病府殺)에 천살(天殺)이 들어오니 말년에 인덕을 잃을 운으로 가까운 사람을 잃을 수 있는 운이요, 4번은 자손궁으로 자손의 덕이나 정을 잃을 수 있는 운이다.

4번에 들어오는 살을 보면 3번의 부부궁이요 재물궁에서 귀(貴)에 병부살(病府殺)에 천살(天殺)에 과숙살(寡宿殺)이 들어오고 있으니 말년에 재물과 권세를 잃을 운이요, 말년에 외롭고 허전할 수 있는 운이요, 말년에 부부의 이별수가 있어 외로울 운이다. 또한 4번은 자손궁으로 말년에 자손을 잃어 허전할 수 있을 운이다.

4번에 들어오는 살을 보면 4번 자체에서 화개살(華蓋殺)이 들어오니 여기서의 화개살(華蓋殺)은 축(丑)으로 음(陰)에 해당하는 운이라 말년에 말이 없고 자신의 마음이나 주관은 명확하나 겉으로 말을 하지 못하고 뜻만 보고 살아갈 수 있는 운이다.

예 6) 1992년 10월 28일 신시생(申時生)이면
 **保守 **金3, 木1, 水3, 火0, 土1
1. 壬申 :(孤) 1.地 2.福, 劫, 害 3.馬, 沖 4.地
2. 辛亥 :(文) 1.祿, 亡, 害, 空 2.地, 空, 3.祿, 福, 劫 4.亡
3. 壬寅 :(孤) 1.馬, 刑, 沖 2.貴, 亡, 空 3.地 4.馬, 刑, 沖
4. 戊申 :(奸) 1.地 2.福, 劫, 害 3.馬, 沖, 4.地

1번의 초년궁이요 명궁이요 조상궁이요 성격궁에 들어오는 살을 보면 1번 자체에서 지살(地殺)이 들어오니 차분하며 안정된 성격이요, 다른 사람의 이야기를 들어줄 수 있는 성격이요, 진실되며 거짓이 없을 운이다. 또한 안정된 생활을 추구하는 성격으로 올바르지 못한 일이나 마음에 들지 않는 일을 보면 짚고 넘어가는 성격이라고 할 수 있다.

1번에 들어오는 살을 보면 2번의 부모궁이요 인덕궁에서 복덕운(福德運)에 겁살(劫殺)에 해살(害殺)이 들어오고 있는 운이나 복덕(福德)은 길한 운이요, 해살(害殺)은 손재를 말하는 운이다. 이 운에서는 부모운이 좋은지 나쁜지를 알 수가 없는 운이요, 인덕이 좋은지 나쁜지를 알 수가 없다. 이런 경우에는 3번의 재물궁을 보는데 3번의 재물궁이 초년에는 부모운으로 부모가 제물이 되기 때문이다. 3번의 재물운을 보면 역마살(驛馬殺)에 상충살(相沖殺)이 들어오고 있으니 2번의 해살(害殺)은 초년에 부모와 이별수를 말하는 운이요, 2번의 복덕운(福德運)은 인덕이 좋을 운으로 초년에 부모와 떨어져 지내되 인덕은 좋을 수 있는 운이다. 여기서의 겁살(劫殺)은 이러한 운을 더욱 강하게 밀어주는 운이라고 할 수 있다.

1번에 들어오는 살을 보면 3번의 부부궁이요 재물궁에서 역마살(驛馬殺)에 상충살(相沖殺)이 들어오고 있으니 초년에 많은 활동을 할 수 있는 운이요, 초년에 재물을 모으려고 많은 노력을 할 수 있는 운이다. 또는 초년에 의식주 문제로 여기저기 돌아다닐 운이다.

1번에 들어오는 살을 보면 4번의 말년궁이요 총운에서 지살(地殺)이 들어오고 있는 운이나 4번 총운은 앞에서 들어오는 살을 강하게 작용하는 살로 이 운에서는 1번 자체에서 들어오고 있는 지살(地殺)을 더욱 강하게 작용시키는 운이요, 또한 지살(地殺)은 생활의 안정을 뜻하는 운으로 초년에 부모와 이별하고 사방으로 활동하면서 어려움 없이 살아갈 수 있는 운이다. 또한 성격이 무난하여 편안하게 마음을 쓰면서 살아가는 운이라고 할 수 있다.

2번의 부모궁이요 인덕궁에 들어오는 살을 보면 2번 자체에서 지살(地殺)에 공망살(空亡殺)이 들어오니 대인관계는 안정되나 2번은 부모궁으로 부모의 정이나 덕을 받지 못할 수 있는 운이다.

2번에 들어오는 살을 보면 3번의 부부궁이요 재물궁에서 녹(祿)에 겁살(劫殺)에 복덕(福德)이 들어오니 대인관계에서 덕이나 정이 있어 많은 재물을 얻을 수 있는 운이요, 또는 결혼할 수 있는 나이로 좋은 사람과 인연을 맺을 수 있는 운이다.

2번에 들어오는 살을 보면 1번의 조상궁이요 명궁이요 성격궁에서 녹(祿)에 망신살(亡身殺)에 해살(害殺)에 공망살(空亡殺)이 들어오고 있는 운이나, 이 운에서 녹운(祿運)은 성격이 좋을 운으로 대인관계에서 인덕이 있을 운이라고 할 수 있다. 그러나 망신살(亡身殺)이나 해살(害殺)이나 공망살(空亡殺) 등은 부모의 덕과 정이 없을 운이요, 부모에게 얻는 것이 없을 운이요, 부모로 인하여 구설을 들을 운이다.

2번에 들어오는 살을 보면 4번의 말년궁이요 총운에서 망신살(亡身殺)이 들어오고 있는 운이나 4번 총운은 앞에서 들어오는 살을 더욱 강하게 작용시키는 운으로 이 운에서는 1번에서 들어오는 공망살(空亡殺)에 해살(害殺)에 망신살(亡身殺)을 강하게 작용시키는 운이라고 할 수 있다.

3번의 부부궁이요 재물궁에 들어오는 살을 보면 3번 자체에서 지살(地殺)이 들어오고 있으니 평생 재물에는 어려움이 없을 운으로 안정되게 생활할 운이다. 또한 부부생활도 안정되어 편안한 가정을 꾸리면서 살아갈 수 있는 운이다.

3번에 늘어오는 살을 보면 1번의 명궁이요 싱격궁에서 역마살(驛馬殺)에 형살(刑殺)에 상충살(相冲殺)이 들어오고 있으니 재물을 모으기 위하여 사방으로 분주하게 활동할 수 있는 사람이다. 또한 형살(刑殺)이 있으니 재물과 사업에 대한 욕심이 많을 사람이다.

3번에 들어오는 살을 보면 2번의 부모궁이요 인덕궁에서 귀(貴)에 공망살(空亡殺)에 망신살(亡身殺)이 들어오니 재물관계로 활동을 많이 하나 댓가가 적을 운이요, 또는 재물이나 사업문제로 구설을 들을 수 있는 운이요, 부부문제로 풍파가 발생하거나 구설을 들을 수 있는 운이다.

3번에 들어오는 살을 보면 4번 총운에서 역마살(驛馬殺)에 형살(刑殺)에 상충살(相沖殺)이 들어오고 있는 운이나 4번 총운은 앞에서 들어오는 살을 강하게 밀어주는 살로 이 운에서 역마살(驛馬殺)에 상충살(相沖殺)은 1번에서 들어오는 역마살(驛馬殺)에 상충살(相沖殺)을 강하게 작용시키는 운이요, 형살(刑殺)은 1번의 형살(刑殺)과 3번의 지살(地殺) 등을 강하게 밀어주는 살이라고 할 수 있다.

4번의 말년궁이요 총운이요 자손궁에 들어오는 살을 보면 1번의 명궁이요 성격궁에서 지살(地殺)이 들어오고 있으니 이 사람은 평생 성격이 무난하여 많은 사람들과 어울리며 살아갈 수 있는 사람이요, 모든 사람들의 이야기를 수용할 줄 아는 사람으로 덕인이라고 할 수 있다.

4번에 들어오는 살을 보면 2번의 부모궁이요 인덕궁에서 복덕운(福德運)에 겁살(劫殺)에 해살(害殺)이 들어오고 있다. 여기서 복덕운(福德運)은 인덕이 좋아 많은 친구나 동료가 있을 운이요, 해살(害殺)은 부모의 덕이나 정이 없이 성장할 운이라고 할 수 있다. 또한 4번은 자손의 운으로 3번을 보니 역마살(驛馬殺)에 상충살(相沖殺)이 있는 운이다. 여기서 2번의 운을 자손의 인덕운으로 보면 해살(害殺)이 드는 격으로 자손의 정이나 덕이 부족할 수 있는 운이라고 할 수 있다.

4번에 들어오는 살을 보면 3번의 부부궁이요 재물궁에서 역마살(驛馬殺)에 상충살(相沖殺)이 들어오니 말년에도 재물관계로 분주할 운이요, 또는 말년에는 자손들과 멀리 떨어져서 살아갈 수 있는 운이요, 또는 3번은 부부궁이라 말년에 부부가 멀리 떨어져 지낼 운이다.

4번에 들어오는 살을 보면 4번 자체에서 지살(地殺)이 들어오니 평생 안정된 생활 속에서 어려움 없이 무사하게 지낼 수 있는 운이다. 초년에 약간의 고생은 있을 수 있으나 성격이 좋을 운으로 많은 사람들과 어울리면서 편안하게 평생을 보낼 수 있을 운이다.

예 7) 1989년 5월 14일 유시생(酉時生)이면
**相俠 **金4, 木0, 水0, 火2, 土2
1. 己巳 : (文) 1.地 2.病, 亡 3.祿, 福, 劫, 破 4.陰, 地
2. 庚午 : (刃) 1.祿, 年, 桃 2.將 3.弔, 災 4.福, 年, 桃
3. 戊申 : (藝) 1.貴, 亡, 刑, 破 2.祿, 馬, 喪, 孤 3.地, 孤 4.病, 亡
4. 辛酉 : (馬) 1.官, 將 2.刃, 肉 3.年, 桃 4.祿, 將

1번의 명궁이요 초년궁이요 성격궁이요 조상궁에 들어오는 살을 보면 1번 자체에서 지살(地殺)이 들어오니 사람이 지혜가 좋은 사람이요, 머리가 영리한 사람으로 안정된 성격이요, 조용한 성격이나 마음에 들지 않으면 큰소리도 칠 수 있는 사람이요, 상대방의 잘잘 못을 구분하여 해결도 할 줄아는 성격이다. 또한 초년의 생활에 큰 변화가 없이 안정된 생활을 할 수 있는 운이다.

1번에 들어오는 살을 보면 2번의 부모궁이요 인덕궁에서 병부살 (病府殺)에 망신살(亡身殺)이 들어오고 있는 운이나, 이 살이 부모에 해당되는 운인지 대인관계의 인덕에서 들어오는 살인지 알 수가 없는 운이다. 이런 경우에는 3번의 운을 다시 보는데 3번은 재물운으로 초년에는 부모가 재물이기 때문이다. 이 운에서 3번을 보면 녹

(祿)에 복덕운(福德運)에 겁살(劫殺)에 파살(破殺)이 들어오고 있으니 2번의 병부살(病府殺)에 망신살(亡身殺)은 대인관계의 인덕에서 오는 살로 볼 수 있는 운이며 인덕이 적을 운이라고 할 수 있는 운이요, 또는 3번에서 들어오는 살이 파살(破殺)이 있는 운이라 부모에게 이혼 등이 있을 수 있는 운으로 부모 때문에 망신을 살 수 있는 운이요. 구설을 들을 수 있는 운이라고 할 수 있다. 그러나 부모가 이혼하더라도 녹(祿)과 복(福)이 있어 학업이나 생활에는 어려움이 없을 운이라고 할 수 있다.

1번에 들어오는 살을 보면 3번의 부부궁이요 재물궁에서 녹(祿)에 복덕(福德)에 겁살(劫殺)에 파살(破殺)이 들어오니 초년에 재물복이 좋을 운이요, 의식주에는 어려움이 없을 운이다. 또한 학업도 재물이라 초년부터 많은 학문을 연마할 수 있는 운으로 길한 운이라고 할 수 있다.

1번에 들어오는 살을 보면 4번 총운에서 음부(陰府)에 지살(地殺)이 들어오니 초년에 말이 없을 운이요, 초년에 생활은 안정되고 편안할 수 있을 운이다. 또는 초년에는 자신의 의사나 매사를 마음먹은대로 하지 못하고 위축될 수 있는 운이다.

2번의 부모궁이요 인덕궁에 들어오는 살을 보면 2번 자체에서 장성살(將星殺)이 들어오니 대인관계에서 다른 사람에게 지는 것을 싫어할 수 있는 운이요, 대인관계에서 자신의 주장이 강할 수 있는 운이다. 또한 인덕이 있을 수 있는 운이다.

2번에 들어오는 살을 보면 1번의 명궁이요 성격궁이요 조상궁에서 녹(祿)에 년살(年殺)에 도화살(桃花殺)이 들어오니 많은 사람들과 어울리면서 지낼 수 있는 운이요, 인덕이 좋아 많은 사람들이 따를 수 있는 운이다. 또한 결혼할 수 있는 나이로 많은 이성이 따를 수 있는 운이요, 많은 이성교제가 이루어질 수 있는 운이다.

　2번에 들어오는 살을 보면 3번의 부부궁이요 재물궁에서 조객살(弔客殺)에 재살(災殺)이 들어온다. 대인관계에서 사기를 당할 수 있는 운이요, 또한 이성교제는 많아도 도움이 될 사람은 없을 운이요, 많은 재물을 모으지 못하고 재물로 인한 풍파가 많을 운이다.

　2번에 들어오는 살을 보면 4번의 말년궁이요 총운에서 복(福)에 년살(年殺)에 도화살(桃花殺)이 들어오고 있는 운이다. 4번 총운은 앞에서 들어오는 살을 강하게 작용시키는 운으로 이 운에서는 1번에서 들어오는 녹(祿)에 년살(年殺)에 도화살(桃花殺)을 강하게 작용하는 살이라고 할 수 있다.

　3번의 부부궁이요 재물궁에서 들어오는 살을 보면 3번 자체에서 지살(地殺)에 고진살(孤辰殺)이 들어오니 재물관계는 안정된 운으로 적으나마 조용하게 지내려고 할 수 있는 운이요, 또는 부부갈등으로 혼자 외롭게 지낼 수 있을 운이다.

　3번에 들어오는 살을 보면 1번의 명궁이요 성격궁에서 귀(貴)에 망신살(亡身殺)에 형살(刑殺)에 파살(破殺)이 들어오고 있으니 부부간에 이별수가 있을 운이요, 이별 후에 혼자 외로울 수 있는 운이다. 또한 재물에 욕심을 부리다 구설을 들을 일이 있을 운이요, 망신을 살 수 있는 운이라고 할 수 있다. 또한 많은 이성의 교제가 있을 수 있는 운으로 마음을 잡지 못하고 들떠 있을 운이요, 마음이 안정되지 않고 정처없을 사람이다.

　3번에 들어오는 살을 보면 2번의 인덕궁에서 녹(祿)에 역마살(驛馬殺)에 상문살(喪門殺)에 고진살(孤辰殺)이 들어오니 인덕이 좋아 많은 사람이 따를 수 있으나 소득이 없을 운으로 외로울 수 있는 운이다. 이 사람은 춤선생을 하면 길할 수 있는 운이다

 3번에 들어오는 살을 보면 4번의 말년궁이요 총운에서 병부살(病府殺)에 망신살(亡身殺)이 들어오니 4번 총운은 앞에서 들어오는 살을 더욱 강하게 작용시키는 운이다. 이 운에서는 1번에서 들어오는 망신살(亡身殺)과 파살(破殺)과 2번의 역마살(驛馬殺)과 상문살(喪門殺)과 고진살(孤辰殺)을 강하게 작용시키는 운이요, 부부의 이별수와 대인관계에서 노력의 댓가가 없을 운을 더욱 강하게 작용시키는 운이라고 할 수 있다.

 4번에 들어오는 살을 보면 1번의 명궁이요 성격궁에서 관부(官府)에 장성살(將星殺)이 들어오고 있으니 평생 자신의 고집대로 살아갈 운이요, 자신의 주장대로 처리할 수 있는 운으로 자기만 아는 사람이요, 욕심이 많을 수 있는 사람이다.

 4번에 들어오는 살을 보면 2번의 부모궁이요 인덕궁에서 양인살(羊刃殺)에 육해살(肉害殺)이 들어오고 있으니 부모의 이별수가 있을 운이요, 또한 2번은 인덕의 운이라 사람은 많이 모여들어도 인덕이 없을 운으로 외로울 운이다. 또는 4번은 자손궁으로 자손과의 이별수가 있을 운이요, 자손의 인덕이 없을 운이다.

 4번에 들어오는 살을 보면 3번의 부부궁이요 재물궁에서 년살(年殺)에 도화살(桃花殺)이 들어오니 한평생 안정된 생활을 하기 어려울 운이요, 재물에 풍파가 많을 수 있는 운이다. 또한 평생 이성으로 끼를 많이 부릴 수 있는 운이요, 평생 주위에 많은 사람들이 따를 수 있는 운이다. 이런 사람은 춤선생이나 아가씨 사업을 하면 길한 운이다.

4번에 들어오는 살을 보면 4번 자체에서 녹(祿)에 장성살(將星殺)이 들어오고 있으니 한평생 생활에는 어려움 없이 지낼 수 있을 운이요, 자신의 주장이나 고집이 강할 수 있는 운이요, 욕심이 많을 수 있는 운이다.

33. 신수 보는 방법

신수를 보는 방법은 본인의 사주를 정리한 후에 신수를 보고자 하는 당년의 해로 풀어낸다. 여기서 주의할 것은 이 신수를 보는 사람의 위치를 알아야 한다. 이 사주가 학생일 수도 있는 일이요, 사업가일 수도 있는 일이요, 주부나 노동자 또는 정치가일 수도 있기 때문이다.

예 1) 아래의 사주를 병술년(丙戌年)에 푼다면
　　　1943년 8월 21일 자시생(子時生)이면
　　　1. 癸未 : 福, 伴, 刑, 破, 寡, 空
　　　2. 辛酉 : 貴, 病, 肉, 害
　　　3. 辛巳 : 祿, 龍, 亡, 怨, 鬼門
　　　4. 戊子 : 喪, 災

이 사람의 병술년(丙戌年)의 신수는 명궁이요, 건강면에서 보면 형살(刑殺)에 파살(破殺)에 공망살(空亡殺)은 건강을 잃을 운이요, 또는 신병을 얻을 수 있는 운이요, 복(福)에 반안살(攀安殺)로 반안살

(攀安殺)은 비명횡사를 나타내는 살이요, 복(福)이라고 하는 것은 다른 살들로 인하여 생명을 잃고 심신이 우환의 경지에 든다고 할 수 있는 운이다.

여기서 주의할 것은 계미생(癸未生)은 모두 건강이 좋지 않은 운이요, 생명이 위험한 운이라고 보아서는 안된다고 하는 것이다. 그래서 명궁을 볼 때는 그 가족들의 운을 보아서 가족들의 신수 중에서 인덕이나 재물궁에서 파살(破殺)이나 형살(刑殺)이나 사부살(死府殺) 등이 있으면 이 사람의 운이 좋지 않을 수 있다고 할 수 있으나 가족 중에 칠살(七殺)이 없으면 큰 어려움은 없고 심신의 고통이나 피로가 있을 것으로 보아야 한다.

2번의 인덕운을 본다면 귀(貴)에 병부살(病府殺)에 육해살(肉害殺)에 해살(害殺)이 들어오는 운으로 이 사주는 병술년(丙戌年)에 가까운 사람을 잃을 수 있는 운이요, 믿은 사람에게 배신당할 수 있는 운이요, 대인관계에서 어려움이 있을 운으로 외로울 수 있는 운이다.

3번의 부부궁이요 재물궁에 들어오는 살을 보면 녹(祿)에 용덕운(龍德運)에 망신살(亡身殺)에 원진살(怨嗔殺)에 귀문살(鬼門殺)이 들어오는 운으로 재물에 욕심을 부리다 구설이 생길 수 있는 운이요, 다른 사람의 원망을 들을 수 있는 운이요, 또는 재물로 인하여 사람이 마음을 잡지 못할 일이 생긴다. 또한 귀문살(鬼門殺)이 들어서 방황을 할 수 있고, 마음에 변화가 많이 발생할 수 있는 운이다.

4번 총운이요, 자손궁을 보면 상문살(喪門殺)에 재살(災殺)이 들어오니 자손에 근심이 있을 운이요, 또는 손아래 사람으로 인하여 손재가 발생할 수 있는 운이다.

*만일 이 사주가 진학하려고 하는 학생이라면 진학에 안정이 되지 않아 많은 학교에 원서를 접수하나 구설이 되고 풍파가 있어 망신당하고 구설을 들을 수 있는 운이다.

*만일 이 사주가 직장을 구하는 사람이라면 많은 회사에 이력서는 재출하겠으나 결실을 보기 어려운 운이다. 만약에 들어간다고 해도 오래 버티지 못할 수 있는 운이다.

*만일 이 사주가 가장이라면 자손과 이별수가 있을 운으로 심하면 자식에게 해를 받을 수도 있는 운이다. 또한 2번은 부모궁이라 부모가 살아계신다면 부모와의 이별수가 있을 운이요, 부모의 우환이 있을 수 있는 운이다.

*만일 이 사주가 결혼한 남자라면 아내가 바람을 피울 수 있을 운으로 구설수에 오를 운이요, 망신을 당할 수 있는 운이다. 재물이라는 것은 내가 아니고 나에게 소속된 물건이라고 하는 것을 잊어서는 안된다. 그러나 홍염살(紅艶殺)이나 음욕살(淫慾殺)이 들면 자신의 바람끼로 인하여 구설을 들을 운으로 보니 주의하기 바란다.

*만일 이 사주가 공직자라면 비리에 연루되어 구설을 들을 운이요, 또는 모함을 받아 풍파에 휘말릴 수 있을 운이다.

예 2) 아래의 사주를 무오년(戊午年)에 푼다면

1927년 3월 17일 오시생(午時生)이면

1. 丁卯 : 破, 福, 年
2. 甲辰 : 寡, 弔, 月, 紅艶
3. 壬午 : 刑, 將
4. 丙午 : 刑, 將

이 사주는 무오년(戊午年)에 마음이 편안하며 좋은 일로 마음이 분주하고 들뜰 운이다.

2번의 인덕에 들어오는 운을 보면 가까운 사람을 잃을 운이요, 가까운 사람들과 멀어지는 운으로 홍염살(紅艶殺)이 들어오고 있으니 결혼을 할 수 있을 운이다.

3번에 들어오는 살을 보면 형살(刑殺)에 장성살(將星殺)이라 형살(刑殺)은 집착한다, 매달린다, 구속된다는 뜻이요, 장성살(將星殺)은 출세나 성공을 뜻하는 살로 이 운에서는 부부의 인연을 맺을 수 있는 운으로 결혼을 의미하는 운이다.

4번 총운이요 자손궁에서 들어오는 살을 보면 형살(刑殺)에 장성살(將星殺)이 들어오고 있으니 자손의 일로 분주할 수 있을 운이요, 3번의 운을 강하게 하는 운으로 자손의 결혼운이 있을 운이다.

*이 사주가 자녀를 둔 사람이라면 자손의 경사가 있을 운이다. 2번의 귀(貴)에 병부살(病府殺)에 육해살(肉害殺)에 해살(害殺)은 가족의 이별을 뜻하는 운으로 자손이 배우자를 만나 나와의 관계가 멀어지는 것을 말하는 운이다.

*이 사주가 직장을 구하려는 사람이라면 가족을 떠나 먼 곳에서 직장을 구할 수 있는 운이다.

*진학을 하려고 하는 학생이라면 가족과 떨어져 먼 곳에 있는 학교에 진학할 수 있는 운이다.

*군입대를 앞두고 있는 사람이라면 가족과 떨어져 군대에서 출세할 수 있는 사람이다.

*직장인라면 진급으로 인하여 가족과 멀리 떨어질 수 있는 운으로

출장을 나갈 수 있는 운이다.

예 3) 아래의 사주를 을사년(乙巳年)에 푼다면
　　　1968년 2월 11일 자시생(子時生)이면
　　　1. 戊申 : 貴, 亡, 刑, 破, 紅艶, 孤
　　　2. 乙卯 : 祿, 災, 弔, 空, 淫慾
　　　3. 戊寅 : 劫, 福, 空, 害
　　　4. 壬子 : 貴, 肉, 龍

　1번의 명궁이요 성격궁에 들어오는 살을 보면 귀(貴)에 망신살(亡身殺)에 형살(刑殺)에 파살(破殺)에 홍염살(紅艶殺)에 고진살(孤辰殺) 등이 들어오니 을사년(乙巳年)에 이성문제로 고민이 많을 운이요, 이성문제에 집착하다 신병을 얻을 운이다. 또는 사치하고 장식할 수 있는 성격으로 마음이 들뜨고 안정감이 없을 수 있는 운이다.
　2번의 인덕궁에 들어오는 살을 보면 녹(祿)에 재살(災殺)에 조객살(弔客殺)에 공망살(空亡殺)에 음욕살(淫慾殺)이 들어오니 이성에 눈을 뜨고 사랑에 빠질 수 있을 운이다.
　3번의 부부궁이요 재물궁에 들어오는 살을 보면 겁살(劫殺)에 복덕(福德)에 공망살(空亡殺)에 해살(害殺)이 들어오니 공(空)은 구멍을 나타내는 살로 인(寅)은 마음이라 평생 마음에 남을 구멍을 뚫는 격이다. 해살(害殺)은 내 것을 주고 손해를 보는 것으로 잃는다고 할 수 있는 것이요, 복(福)에 겁살(劫殺)은 좋은 일로 좋은 마음으로 사랑하는 사람에게 몸을 내줄 수 있는 운이라고 할 수 있다.
　4번 총운이요 자손궁에서 들어오는 살을 보면 귀(貴)에 육해살(肉

害殺)에 용덕(龍德)이 들어오니 좋은 일로 가족과 이별수가 있을 것을 말하는 운이다.

*이 사주가 공직자라면 직장을 그만두고 퇴직금을 받을 수 있을 운이라고 할 수 있다.
*이 사주가 젊은 청춘남녀라면 좋은 인연을 만날 수 있을 운이요, 마음에 드는 사람과 사랑에 빠질 수 있을 운이다.
*이 사주가 학생이라면 학업을 중단하고 평생 후회할 일이 생길 수 있는 운이다.
*이 사주가 자식을 둔 부모라면 좋은 일로 자식과 이별할 운이다.

예 4) 아래의 사주를 정사년(丁巳年)에 푼다면
　　1971년 9월 8일 유시생(酉時生)이면
　　1. 辛亥 : 貴, 馬, 沖, 自縊
　　2. 戊戌 : 怨, 鬼門
　　3. 甲申 : 刑, 亡
　　4. 癸酉 : 貴, 官, 將

　1번의 명궁이요 성격궁에 들어오는 살을 보면 귀(貴)에 역마살(驛馬殺)에 상충살(相沖殺)에 자액살(自縊殺)이 들어오니 금년의 신수는 마음을 억제하지 못하거나 심리적인 불안으로 스스로 목숨을 끊을 수 있는 운이요, 정신적인 질환이 발생할 수 있을 운이다.
　2번의 부모궁이요 인덕궁에 들어오는 살을 보면 원진살(怨嗔殺)에 귀문살(鬼門殺)이 들어오고 있으니 가까운 사람들과 멀어질 수 있는 운이요, 부모와 멀어지거나 부모와 원한이 생길 수도 있을 운으로 부모를 미워할 수 있는 운이요, 또는 대인관계로 인하여 풍파가 발생할 수 있는 운이다.

3번의 부부궁이요 재물궁에 들어오는 살을 보면 형살(刑殺)에 망신살(亡身殺)이 들어온다. 부부간에 구설수가 있을 수 있는 운이요, 재물이나 사업이나 이성문제로 형무소에 갈 수도 있는 운이다.

4번 총운이요 자손궁에서 들어오는 살을 보면 귀(貴)에 관부살(官府殺)에 장성살(將星殺)이 들어온다. 3번에서 들어오는 살을 강하게만드는 운으로 교도소에 갈 수 있는 운을 강하게 작용하고 있는 운이다.

*이 사주가 사업가라면 가까운 사람이나 믿은 사람에게 배신을 당해 사업에 어려움이 있을 수 있는 운이다.
*이 사주가 일반 가장이나 주부라면 가까운 사람들의 배신이 있을 운이요, 가정의 풍파로 죽고 싶은 충동이 발생할 수 있는 운이요. 가족들과 멀어질 수 있올 운이다.
*이 사주가 직장을 구하는 사람이라면 인덕과 재물운에서 살을 받고 있으니 직장을 구하기 어려울 운이요, 직장을 다니고 있는 사람이라면 다니던 직장을 그만둘 수 있는 운이다.
*이 사주가 결혼을 앞둔 사람이라면 파혼이 될 수 있는 운이요, 젊은 남녀라면 내 것만 잃고 손해를 볼 수 있는 운이다.

34. 궁합 보는 방법

먼저 두 사람의 당년 신수를 보고, 다시 두 사람의 운이 상대방에게 주는 살을 본다. 귀(貴)와 녹(祿)과 양인살(羊刃殺)과 겁살(劫殺)과 역마살(驛馬殺)과 공망살(空亡殺)은 전체적으로 관계성을 보고, 칠살(七殺) 즉 형살(刑殺), 충살(沖殺), 파살(破殺), 해살(害殺), 원진살(怨嗔殺), 고진살(孤辰殺), 과숙살(寡宿殺), 제일 제이의 12지 신살은 명궁은 명궁끼리, 인덕궁은 인덕궁끼리, 재물궁은 재물궁끼리, 총운은 총운끼리 본다.

예 1) 아래 두 사람이 1960년(庚子年)에 결혼한다면

乾 : 1937년 6월 17일 오시생(午時生)

年運	宮合
1. 丁丑 : 貴, 伴	1.貴, 破, 福, 伴, 寡,
2. 丁未 : 貴, 怨, 害, 龍, 天	1.貴, 刃, 官, 將
3. 壬子 : 月, 將	2.貴 3.貴, 年
4. 丙午 : 沖, 災	2.祿 4.貴, 年

坤 : 1940년 2월 25일 사시생(巳時生)

1. 庚辰 : 官, 華	1.破, 天
2. 己卯 : 刑, 肉	2.陰, 將, 空 3.貴, 空 4.空
3. 乙亥 : 病, 亡	1.貴, 馬 2.貴, 祿 3.貴, 病, 亡 4.劫
4. 辛巳 : 死, 劫, 肉	2.馬 3.劫 4.亡,

이 궁합을 보면 전체적인 면에서 남자는 이 여자의 운을 만나면 집안이 편안하고 출세가 있을 수 있는 운이요, 여자의 운을 보면 결혼 후에 남편의 사랑을 받지 못할 운이요, 결혼 후에 친정이 어려움에 처하게 되는 운이다.

1번의 명궁이요 성격궁을 보되 먼저 남자의 운을 보면 남자는 이 여자를 만나면 명궁에 귀(貴)와 복(福)과 반안살(攀安殺)이 들어오는 운으로 건강이 좋아지는 운이요, 성격과 마음이 안정되고 편안한 운이다. 또 파살(破殺)은 마음이 무언가를 하려고 활동하는 운으로 해가 없는 운이다.

여자의 명궁이요 성격궁을 보면 파살(破殺)에 천살(天殺)이 드는 운으로 여자는 이 남자의 운을 만나면 마음을 내마음대로 할 수 없는 운이요, 마음에 정처가 없을 운이요, 심하면 건강이 악화될 수도 있을 운이다.

2번의 인덕궁이요 부모궁을 보면 남자는 귀(貴)에 양인살(羊刃殺)에 관부살(官府殺)에 장성살(將星殺)이 들어오니 양인살(羊刃殺)은 부모와 떨어져 둘이 살아길 운으로 해가 없을 운이요, 가까운 진＋나 동료가 멀어질 수도 있으나 귀(貴)에 관부(官府)에 장성살(將星殺)이 들어오니 대인관계로 인하여 출세를 할 수 있는 운이다. 또한 귀(貴)하게 되는 운으로 사회에서 인정을 얻고 덕을 받는 운이다.

여자의 인덕운을 보면 인덕에서 음부살(陰府殺)에 장성살(將星殺)에 공망살(空亡殺)이 들어오니 대인관계에서 덕이 없고, 말없이 조용하게 지낼 수 있는 운이요, 2번은 부모운으로 부모의 근심이 발생할 수 있는 운이다.

여자의 운에 들어오는 살을 보면 3번의 부부궁이요 재물궁에서 귀

(貴)에 공망살(空亡殺)이 들어오고 있으니 남편의 정과 사랑이 없을 운으로 혼자 외롭고 쓸쓸하게 지낼 수 있는 운이다.

인덕에 들어오는 살을 보면 4번 총운이요 말년운에서 공망살(空亡殺)이 들어오니 평생 자신의 주장을 펴지 못하고 마음의 상처를 안고 살아갈 수 있는 운이다. 4번 총운은 앞에서 들어오는 살을 강하게 작용시키는 운으로 이 운에서는 3번의 공망살(空亡殺)과 1번의 음부(陰府)에 공망살(空亡殺)을 강하게 하는 운으로 외롭고 허전할 수 있는 운을 더욱 강하게 작용시키는 운이라고 할 수 있다.

3번의 재물과 부부의 관계를 보면 남자는 여자 2번의 인덕에서 귀(貴)가 들어오니 여자의 우대를 받고 귀공자처럼 살아갈 수 있는 운이다. 3번의 부부궁이요 재물궁에서 귀(貴)에 년살(年殺)이 들어오고 있으니 부부의 정이 없으면서 바람끼가 많이 발동할 수 있는 운이요, 여자의 덕으로 편안하게 생활할 수 있는 운이다.

여자의 부부궁이요 재물궁을 보면 남자 1번의 명궁이요 성격궁에서 귀(貴)에 역마살(驛馬殺)이 들어오니 여자는 남자로 인하여 마음이 안정되지 못하고 항상 불안하게 살아갈 운이요, 마음이 항상 외롭고 허전하게 지낼 수 있을 운이다.

여자의 운에 부모궁이요 인덕궁에 들어오는 살을 보면 남자 2번의 부부궁이요 인덕궁에서 귀(貴)와 녹(祿)이 들어오니 부부간에 성(性)의 정은 없어도 마음으로 위해주는 덕이 있는 운이라 정없이 마음만 갖고 살아갈 수 있는 운이다.

여자의 운에 부부궁이요 재물궁에 들어오는 살을 보면 남자 3번의 부부궁이요 재물궁에서 귀(貴)에 병부살(病府殺)에 망신살(亡身殺)이 들어오니 남자에게 성적인 정을 받기 어려운 운이요, 남자로 인하여 구설수가 있을 운이요, 외롭고 쓸쓸할 운이다.

여자의 운에 총운이요 말년궁이요 자손궁에서 들어오는 살을 보면 남자 4번 총운이요 말년궁에서 겁살(劫殺)이 들어오고 있는 운이나 겁살(劫殺)은 중성의 살로 좋은 일은 더욱 좋게, 좋지 않은 일은 더욱 흉하게 한다. 이 운에서는 3번의 병부살(病府殺)에 망신살(亡身殺)을 더욱 강하게 작용시키는 운이라고 할 수 있다.

4번 총운이요 말년궁이요 자손궁에 들어오는 살을 보는데 남자의 운을 본다면 여자의 2번인 인덕궁에서 녹(祿)이 들어오니 평생 이 여자의 정성과 보살핌 속에서 편안한 마음으로 살아갈 수 있는 운이라고 할 수 있다.

남자의 말년궁이요 자손궁이요 총운에서 들어오는 살을 보면 여자의 말년궁이요 총운에서 귀(貴)에 년살(年殺)이 들어오고 있으니 말년까지 여자의 덕으로 귀(貴)하고 편안하게 지낼 수 있는 운으로 대길한 운이다. 이러한 여자를 만나면 행운아라 할 수 있다.

여자의 말년궁이요 총운이요 자손궁을 보면 남자의 2번인 인덕궁에서 역마살(驛馬殺)이 들어오고 있으니 말년까지 님자로 인하여 분주하게 활동할 수 있을 운이다.

여자의 말년궁이요 총운이요 자손궁에 들어오는 살을 보면 남자의 3번인 부부궁이요 재물궁에서 겁살(劫殺)이 들어오니 평생 남자로 인하여 불안하고 놀랠 일 속에서 지내야 하는 운으로 남편의 뒷바라지를 하다가 끝을 볼 수 있는 운이다.

여자의 말년운을 보면 남자의 말년궁이요 총운이요 자손궁에서 망신살(亡身殺)이 들어오니 말년까지 남편으로 인한 구설이 있을 운이요, 말년에 어렵게 되는 남편을 돌보면서 살아갈 수 있는 운이다.

이 궁합에서 남자는 길한 운이요, 여자는 한평생 남자를 위하여 모든 것을 포기하고 살아가는 운이라 흉한 운이라고 할 수 있다.

또한 이 결혼에서 오는 가족과의 관계를 보면 주로 여자의 운으로 보아야 한다. 옛말에 새 집을 짓고 3년을 넘기기 어렵고, 새 사람이 들어오고 3년을 넘기기 어렵다는 말이 있다. 새 사람이 들어온다는 것은 여자가 남자의 집으로 들어오는 것을 뜻하니 주로 여자의 운으로 본다. 여자의 2번 부모궁을 보면 형살(刑殺)에 육해살(肉害殺)이 맞고 있는 운이요, 궁합의 총운에서 공망살(空亡殺)이 들어오고 있는 운이요, 인덕과 재물에서 공망살(空亡殺)이 들어오고 있으니 결혼하면 친정부모가 죽을 수 있는 운이다.

3번의 부부궁이요 재물궁에 들어오는 살을 보면 신수에서 병부살(病府殺)과 망신살(亡身殺)이 들어오고 있는 운이요, 궁합에서 3번의 부부의 정을 보면 귀(貴)와 병부살(病府殺)과 망신살(亡身殺)이 들어오고 있으니 남편이 신병을 얻지 않으면 부부간에 정이나 덕이 없을 운이다.

4번의 자손궁이요 총운을 보면 신수에서 사부살(死府殺)에 겁살(劫殺)에 육해살(肉害殺)이 들어오고 있는 운이요, 궁합에서 들어오는 살을 보면 3번의 재물궁에서 망신살(亡身殺)이 들어오고 있는 운이요, 4번의 자손궁이요 총운에서 망신살(亡身殺)이 들어오니 자손을 잃을 운으로 자손이 앞설 수 있을 운이다.

이 외에도 위에서 설명한 것과 같은 원리로 적용한다. 사주, 신수, 궁합 등을 참작하면서 많은 숙달과 경험을 얻는다면 역학으로 대가가 될 수 있을 것으로 생각한다.

35. 직업 구분하는 방법

1. 土

土 : 농축산업, 석회, 석판, 석기, 부동산 관리, 부동산 중개업, 가
　　축, 양계, 양어. 낙농, 정육점, 도축업.

土, 木 : 사료판매, 토목설계, 토목건축, 과수원, 농업, 농산물 취급
　　　점, 과일, 양곡, 조림산업, 원예, 잔디, 묘목생산이나 판매,
　　　잔디, 한약재, 건재상.

土, 火 : 기와, 도자기, 제과업, 음식점, 요리사, 주방장, 보일러 설
　　　치, 119인명구조대, 소방대.

土, 金 : 광산업, 철근공(건축미장), 정육점, 도살업, 수의사, 조경사
　　　업, 돌로 생산되는 가공, 예술업, 도자기.

土, 水 : 수리시설, 하천보수나 관리, 낚시, 술집, 횟집, 지하수 개
　　　발, 어상.

土, 祿, 貴, 福 : 부동산 투기업이나 건설업, 임대업, 농축산물, 가축
　　　　　　사육업.

土, 驛馬 : 부동산 중개업이나 개발사업, 도로공사 사업, 농산물 유
　　　　통 및 무역.

土, 藝 : 가축이나 동물 수련사, 도자기, 골동품.

2. 火

火 : 화약생산이나 판매, 폭약 판매, 양초, 주유소, 가스사업, 술도

매, 화연성 매매,

火, 金 : 화약이나 조명등 제조, 주류 생산, 제철소, 용접, 자동차 생
산, 기계를 이용하는 직업, 전기재료상, 전파업, 통신업, 전
화상, 전자제품 판매업, 침구, 수렵, 보일러 생산, 대장간,
정미소, 화력발전소, 이·미용업, 총포사, 포수, 말로 하는
직업, 소리를 하는 직업.

火, 水 : 소방설비업, 소화기 제조 및 판매, 목욕탕, 수력발전소, 주
류 소매, 화학약품.

火, 木 : 숯, 연탄, 화장터(화부), 보일러 기사, 평론가.

火, 土 : 소방대원, 119인명구조대, 기와, 도자기, 음식점, 요리사,
주방장, 보일러 설치, 제과점.

3. 金

金 : 철강, 금융, 사채업, 채권업, 금은방, 전당포, 철근, 샷시 매매
및 생산, 기계류, 정비.

金, 水 : 기름집, 기름 생산 및 판매, 차량 및 기계류에 사용하는 오
일 생산이나 판매.

金, 木 : 문학가, 수필가, 기자, 평론가, 가구 제조, 문구 제조, 출판,
봉재, 양장, 한복, 간판업.

金, ○ : 아나운서, 국악, 음악가, 주로 소리를 하는 사업, 음향기기,
노래방,

金, 驛馬 : 자동차 운수, 여행사, 운동선수, 가이드, 기사, 중고차 매
매업

金, 木. 祿, 貴, 福 : 정치가, 외교관, 선비, 학자, 교사, 기자.

金, 刃 : 의사, 군인, 경찰, 도축업, 정육점, 이 · 미용업, 승려(종교
지도자), 법관, 검사.

金, 申 : 무당, 철학, 점, 예술가(국악, 탤런트, 배우, 연극인 등).

金, 酉 : 화상, 종교 지도자, 의사, 철물 취급.

金, 酉, 官府 : 검사, 군인, 경찰, 무관.

金, 酉, 貴 : 법관, 사리 가부를 판결하는 사람.

金, 藝 : 기계 설비 · 제작 · 정비, 석공예, 금속공예, 소리예술, 피아
노나 악기 등, 가수나 음성으로 하는 예술성 기능.

4. 木

木 : 생산된 물건 판매, 목재, 가구, 화원, 약초, 묘목, 분재, 차음료
생산 판매, 지업사, 목기판매, 포목점, 서점, 교재, 의류, 문구,
향료, 식물, 청과물.

木, 水 : 목선 제조업, 기름집, 우산 · 우의 생산이나 판매, 종이류
생산, 염색공장, 수경재배.

木, 金, 文 : 작가, 기자, 평론, 수필, 문학, 사학자, 교사.

木, 藝 : 조각가, 목공예, 인장, 수공예, 섬유공예, 서예가, 화가, 목
수, 인테리어, 정원사, 분재, 화원.

木, 土 : 묘목, 토목업, 건축업, 사료업, 과수원, 포도농장, 화원, 음
식업, 과일, 쌀집, 농산물 취급점, 한약재 건재상.

5. 水

水 : 항해사, 수산업, 목욕탕, 음료수, 식수, 술, 다 .

水, 木 : 수경재배, 특수농작물, 미나리, 택사, 왕골.

桃花殺 : 연예인, 웃음을 파는 사람, 화류계, 화장품, 사치성물품,
　　　　화려한 제품, 주류판매업.

弔客 : 장의사업, 재물에 녹(祿) 귀면 더 좋다.

相狹 商量 : 결혼상담소, 사람소개업.

土, 木이 없고 역마(驛馬)만 있으면 걸인이다.

36. 지지(地支)로 감정하는 방법

1. 子, 貴(명문)

表面溫厚 自心未定
표면은 온후하며 인자한 것 같지만 자신의 마음도 정하지 못한다.
內心含惡 使人難測
내심은 오기가 있으니 사람들이 그 마음을 측량하기 어렵다.
平生職業 官吏敎育
평생 직업은 관리자나 교육자가 좋다.

　자(子)는 사람됨이 의젓하며 의리와 신용이 있고 실없는 말을 하지 않는다. 항상 점잖은 것 같아 겉으로는 인자해 보이나 남을 의심하

고, 자신의 이익을 위해서는 수단을 가리지 않는 사람으로 욕심도 많으니 그 마음을 측량하기 어렵다. 남을 이용하려고 하는 경우가 많으나 자기 꾀에 자기가 넘어가는 경우도 있다.

인덕궁에서의 자(子)는 사람들에게 존경받고 싶어 하는 성격이나, 칠살(七殺)과 동주(同住)하면 대인관계에서 외롭다. 재물궁에서의 자(子)는 자신의 이익을 위한 일이라면 사람을 가리지 않고 노력할 수 있는 사람이다. 좋게 보면 성실하며 부지런한 사람이라고 할 수 있으나 이기적인 사람이라고 할 수 있다.

재물궁에 이 운이 들면 재물에 대한 욕심이 많고 자신의 실속은 어떤 수단과 방법을 동원해서라도 챙기려고 하는 운이요, 칠살(七殺)과 동행하면 부부사이가 외롭고, 재물에서 외로운 운이다.

총운에서 이 운은 매사를 자기 위주로 처리하려고 할 수 있는 성격이요, 다른 사람을 이용하려고 하는 성격이나, 칠살(七殺)과 동주(同住)하면 자손궁에서 외롭다. 직업은 교육자, 관리자, 사무직 등이 적당하다.

2. 丑, 厄(폐)

正直仁慈 他人受信
정직하며 인자하고 타인으로부터 신용을 얻는다.
忍耐心强 活動力小
인내심은 강하나 활동력은 적다.
君之職業 工業土建
마땅한 직업은 공업이나 토건업이다.

축(丑)은 액운으로 명궁에서 이 운이 들면 건강이 약하거나 피로를 많이 느끼거나 기관지가 약하거나 축농증이나 편도선염 같은 증세가 있고, 감기에 잘 걸리고, 피부가 약하다. 이 액(厄)이 있으면 말이 없고 내성적이나 속마음은 정확하며 자신의 실속을 챙기는 사람이다.

이 운에 복(福)이나 녹(祿)이 있으면 뒤에서 남의 험담을 할 수 있는 운이고, 칠살(七殺)이 있으면 험담이나 모함을 들을 운이다

축은 액운이 인덕궁에서 들면 대인관계가 어려울 운이요, 사람들과 어울리기 어려울 운이요, 부모덕이 없을 운이다. 칠살(七殺)이 동주(同住)하면 어려움이 더욱 심화될 수 있다.

이 운이 재(才)에 들면 금전이나 부귀에 애로가 많을 운이요, 또는 부부관계가 원만하지 못하여 풍파가 많을 운이다.

이 운이 총운에 들면 말년이 곤고하고 자손덕이 없을 수 있는 운이다. 칠살(七殺)이 동주(同住)하면 말년에 자손으로 인하여 어려움이나 해를 당할 수 있을 운이라고 할 수 있다.

3. 寅, 權(담)

性急如火 每事卽決
성격이 불같아 매사를 즉각 처리하는 경향이 있다.
能處事務 指導統率
사무처리를 잘하며 지도력과 통솔력도 있다.
業則鑛山 證券空船
직업은 광산업, 증권업, 비행사, 선원 등이 좋다.

인(寅)은 권(權)으로 주중(柱中)에서 괴강살이 동행하면 타인에게 지는 것을 싫어하며 뜻이 크고 활달하다. 모든 면에서 앞서기를 좋아하며 타인을 지도하고 이끄는 것을 좋아한다. 복록이 동주(同住)하면 대권을 잡을 큰 인물이 되나 복록이나 칠살(七殺)이 없으면 시골의 통반장이라도 하려고 할 사람이다.

이 권(權)이 있으면 자존심과 고집이 강한 사람이라고 할 수 있다. 명궁에 이 운이 있으면 출세욕이 강하며 다른 사람의 말은 들으려고 하지 않을 운으로 매사를 자신의 주관대로 주장하는 운이다.

인덕궁에 권(權)이 있으면 다른 사람을 누르고 위에 있으려고 할 수 있는 운이요, 다른 사람을 무시하며 매사를 자신의 의지대로만 행하려고 할 수 있는 사람이요, 다른 사람들과 타협할 줄 모르는 사람이다. 그러나 부모덕이 많을 수도 있는 사람이다

재물궁에 권(權)이 들면 재물과 출세에 대한 욕심이 많을 수 있는 사람이다. 이 운에 홍염살(紅艶殺), 음욕살(淫慾殺), 도화살(桃花殺) 등이 동주(同住)하면 바람끼가 많을 사람이라고 할 수 있다.

4. 卯, 破(간)

毗婢낄 安定難望,
모든 일을 포기하는 것이 심하니 안정되기 어렵다.
必之不欲 如石不動
꼭 해야할 일이 아니면 돌같이 꼼짝하지 않는 경우도 있다.
平生之業 敎育醫師
직업은 의사나 교육자 등이 좋다.

묘(卯)는 파운(破運)으로 명궁에서 이 운이 들면 건강이 약할 수 있는 운이요, 혈허증으로 핏기가 적거나 외모가 허약해 보이고, 음식을 가려 먹거나 지방질은 소화가 잘되지 않아 채식을 즐기는 편이요, 깔끔한 음식을 즐기는 편이다. 몸은 나약하며 피로를 많이 느끼는 편이다.

또한 고집이 강할 수 있어 마음에 들지 않으면 꿀먹은 벙어리처럼 말없이 꼼짝하지 않고 버틸 수 있는 성격이요, 여자는 생리통이 있으며 시력도 좋지 않고 추위도 많이 탄다. 묘(卯)는 파운(破運)으로 모든 것을 유지하지 못하고 흩어버리는 것이라 모아두지 못한다.

인덕궁에서 이 운이 들면 부모와 이별수가 있을 수 있는 운이요, 사람을 오래 사귀지 못하고 자주 바꿀 수 있는 사람이요, 사람이 변색이 많거나 잘 토라지는 사람이다.

재물궁에서 이 운이 들면 부부의 인연이 적거나 이별수가 있을 수 있는 운이요, 여러 사람과 인연을 맺으면서 살아갈 수 있을 수 있는 운이요, 재물을 유지하지 못하고 흩어버릴 수 있는 운으로 생활에 어려움이 많을 수 있는 운이요, 재물이나 사업을 사방에 벌려놓고 생활할 수 있는 운이다. 이 운에 칠살(七殺)이 있으면 어려울 운이요, 복록이 동주(同住)하면 사방에 사업이나 재물을 관리하면서 생활할 수 있는 운이다.

총운에 이 운이 있으면 자손과 이별수가 있을 운이요, 자손이 사방으로 흩어져 살아갈 운이다.

5. 辰, 奸(방광)

氣質豁達 結事無變
기질은 활달하고 한 번 결정한 일은 없다.
努力特質 固執多分
노력하는 기질로 고집도 다분히 많다.
官吏土建 運搬貿易
직업은 관리, 토건업, 운반업, 무역업 등이 좋다.

 진(辰)은 간문운(奸文運)으로 외모는 곱고 예쁘며 순진해 보이나 괴강살이 동주(同住)하면 고집이 너무 강하여 타인의 말을 듣지 않는 성격이요, 정확하고 신용과 의리가 있으며 한 번 결심한 일은 반드시 실천하는 운이요, 매사에 분명한 것을 좋아하는 성격이요, 개성이 확실한 성격이라고 할 수 있는 운이요, 한 번 마음에 들지 않으면 냉정하게 돌아설 수 있는 성격이요, 남의 사이를 이간질을 하는 경우도 많을 운이다. 건강면에서는 방광이 약해 소변에 이상이 있는 경우도 있다.
 인덕궁에서 이 운이 들어오면 매사에 어영부영하는 것을 싫어하고 정확하게 짚고 넘어가는 성격이라고 할 수 있는 운이다.
 재물궁에서 이 운이 들어오면 재물관리가 정확하며 성실하게 신용을 지키는 성격이라고 할 수 있는 운이다.

6. 巳, 文(심포)

博學多才 每事細密
학식과 재주가 많고 매사에 세밀한 편이다.
靜穩沈默 時發爆聲
조용하게 침묵하는 것 같으면서도 때로는 폭발성도 있다
業則作家 詩人敎育
직업은 작가, 시인, 교육자 등이 좋다.

사(巳)는 문(文)으로 머리가 영리하여 암기력이 좋은 편이다. 건강 면에서는 칠살(七殺)이 동주(同住)하면 상기가 잘되어 성격이 급하다. 얼굴이 붉고 숨이 가쁘며 가슴이 잘 뛰어 불안하고 놀래기도 잘한다. 영리한 것과 똑똑한 것은 다르니 주의하기 바란다.

7. 午, 福(심)

活力强盛 寸時不停
활동력이 강성하니 잠시도 정지하지 않는다.
精力益强 金力亦旺
정력이 강하며 재물을 모으는데도 적극적이다.
銀行會社 土建業可
직업은 은행원이나 회사원이 좋고 토건업도 좋다.

오(午)는 복(福)으로 외모는 중후하며 복스럽게 생긴 편이다. 건강은 사(巳)와 거의 같고, 생활은 항상 여유가 많은 편이다. 여기서 주의할 점은 복(福)과 녹(祿)은 다르다는 것이다.

명궁에 이 운이 들면 성격이 안정되며 편안하게 생활할 수 있다.

인덕에서 이 운이 들면 대인관계가 원만하며 많은 사람과 어울리는 것을 좋아 할 수 있는 운으로 주위에 친구나 동료들이 많이 따를 수 있는 운이요, 인덕이 좋을 수 있는 운이다.

재물궁에서 이 운이 들면 재물복이 좋아 한평생 의식주에는 어려움이 없을 운이요, 많은 재물을 관리하면서 생활할 수 있는 사람이요, 좋은 배우자를 만나 편안한 가정을 꾸리며 살아가는 운이라고 할 수 있다. 그러나 이 운이 홍염살(紅艶殺)이나 음욕살(淫慾殺) 등과 들면 많은 사람과 인연을 맺으면서 살아갈 수 있는 사람이다.

총운에서 이 운이 들면 말년의 생활이 편안하고 자식덕이 좋을 운이요, 출세하는 자손을 둘 수 있는 운이다.

8. 未, 馬(비)

性質溫厚 高察明確
성격이 온화하며 관찰력이 뛰어나다.
快活親切 打算內包
쾌활하며 친절하나 속으로는 타산적인 면이 있다.
人情過多 法律著述
인정이 너무 많고 법률가나 저술가 등이 좋다.

미(未)는 역마운(驛馬運)으로 활동을 많이 하는 것을 좋아한다. 이 역마(驛馬)에 복(福)이나 녹(祿)이 같이 동주(同住)하면 타관객지에서 큰 재물을 얻을 수 있는 운이요, 칠살(七殺)과 같이 동행하면 타관에서 걸인이 될 운이다. 식곤증 같은 증상이 자주 오며 식사 후에는 피로함을 많이 느끼는 편이고, 신트럼도 자주한다.

9. 申, 苦(소장)

忍耐不足 動止輕率
인내심이 부족하여 경솔하게 행동하기도 한다.
每事豪言 龍頭蛇尾
매사에 호언장담하나 용두사미격이다.
平生之業 官職運動
평생 직업으로는 관리나 운동선수가 좋다.

신(申)은 고(苦)로 몸이 항상 외롭고 쓸쓸한 편이다. 타인이 잘해주어도 만족하기 어렵고, 성격이 조급하며 불같이 급할 때도 있고, 신경질이 많으며 잘 따지는 경우도 있다. 예술방면에서 길한 경우도 많고, 무당이나 점장이가 되는 경우도 있다. 성격이 깔끔하거나 꼬장꼬장하여 비위를 맞추기 어려울 수도 있다.

이 운이 인덕에서 들면 대인관계에서 어려움이 많이 발생할 운으로 칠살(七殺)이 있으면 협조자가 적을 운이요, 복록이 있으면 다른 사람들이 경계하는 경우가 많다.

재물운에서 이 운이 들면 금전이나 재물관리가 괴팍하다. 매사에 꼼꼼하고 정확하다고 할 수 있는 운이다.

부부궁으로 보면 부부간에 의심이 많고, 다른 사람을 믿지 못하는 성격이라고 할 수 있다.

총운에서 이 운이 들면 말년에 자손으로부터 어려움이 있을 수 있는 운이다. 말년에 신경성질환으로 건강을 해할 수 있는 운이다.

10. 酉, 刃(위)

華麗生活 常厭人下
화려한 생활을 즐기고 남의 밑에 있는 것을 싫어한다.
實行力强 忍耐亦强
실행력과 인내력이 강하다.
聲樂俳優 辯士宗敎
직업은 가수, 배우, 탈렌트, 변호사, 종교가 등이 좋다.

유(酉)는 양인(羊刃)으로 흉터나 점이 있다. 모든 일을 분명하게 하는 것을 좋아하고, 많은 사람들에게 냉정하다는 말을 듣기도 한다. 권(權)이나 녹(祿)이 동주(同住)하면 대권을 잡거나 종교지도자가 되기도 한다. 건강은 위장장애로 고생하는 경우도 있다.

명궁에 이 운이 들면 냉정한 성격으로 마음에 들지 않는 사람이나 물건은 두 번 다시 상대하지 않으려고 할 수 있는 사람이다.

인덕에서 이 운이 들면 부모의 정이나 덕이 없을 수 있을 운이요, 대인관계가 분명하여 냉정하다고 할 수 있는 사람이다.

재물운에서 이 운이 들면 부부이별수를 면하기 어려울 운이요, 재물에 어려움이 있을 운으로 생활에 어려움이 따를 운이다.

총운에서 이 운이 들면 말년에 자손과 이별수가 있을 운으로 자손과 정이나 덕이 없을 운이다.

11. 戌, 藝(대장)

意志鐵石 奮鬪努力
의지가 철석같으며 분투하는 노력가이다.
固執剛毅 不和爭論
고집이 너무 강하여 불화와 논쟁을 일으킨다.
平生好職 法官警察
평생 직업은 법관이나 경찰이 좋다.

　술(戌)은 예(藝)로 기능을 갖고 사는 사람이거나 예술을 하는 등 재주꾼이다. 건강은 하복부가 냉하고 뱃속이 잘 우글거리며 끓는 소리가 많이 난다.
　명궁에서 이 운이 들면 냉정하며 말이 없는 편이나 어영부영하는 것을 싫어한다. 한 번 한 말은 책임질 줄 아는 사람으로 신용이 좋은 사람이요, 의리를 지킬 줄 아는 사람이다. 한 번 마음에 들지 않는 사람과는 두 번 다시 상대하지 않을 정도로 냉정할 수도 있을 성격이요, 경우에 틀리면 그냥 넘어가지 않을 사람이다.
　인덕에서 이 운이 들면 다른 사람들에게 잘하려고 노력해도 사람들이 경계하며 냉정하다는 말을 들을 운이다.
　재물운에 이 운이 들면 여러가지 재주가 있을 운이요, 개성이 뚜렷한 사람이다.

12. 亥, 壽(신)

思考力甚 每事周密
사고력이 깊으며 매사에 세밀하다.
若爲暴發 來如洪水
성격이 폭발하면 마치 홍수가 터진 것처럼 무섭다.
鑛山貿易 長期軍人
직업은 광산업이나 무역업이 좋고 장기 군인도 좋다.

해(亥)는 수(壽)로 장수한다고 한다. 건강은 허리가 약하거나 하복
부가 나는 경우가 있고, 여자는 자궁에 이상이 있을 수 있다.

기문둔갑옥경

신비한 동양철학 32

가장 권위있고 우수한 학문!

우리나라의 기문역사는 장구하지만 상세한 문헌은 전무한 상태라 이 책을 발간하기로 했다. 기문둔갑은 천문지리는 물론 인사명리 등 제반사에 관한 길흉을 판단함에 있어서 가장 우수한 학문이며 병법과 법술방면으로도 특징과 장점이 있다. 초학자는 포국편을 열심히 익혀 설국을 자유자재로 할 수 있도록 하고 개인의 이익보다는 보국안민에 일조하기 바란다.

· 도관 박흥식 저

정본·관상과 손금

신비한 동양철학 42

바로 알고 사람을 사귑시다

이 책은 관상과 손금은 인생을 행복으로 이끌기 위해 있다는 관점에서 다루었다. 그야말로 관상과 손금의 혁명이라고 할 수 있을 것이다. 여러분도 관상과 손금을 통한 예지력으로 인생의 참주인이 되기 바란다. 용기를 불어넣어 주고 행복을 찾게 하는 것이 참다운 관상과 손금술이다. 이 책으로 미래의 좋은 예지력을 한번쯤 발휘해 보기 바란다. 이 책이 일상사에 고민하는 분들에게 해결방법을 제시해 줄 것이다.

· 지창룡 감수

조화원약 평주

신비한 동양철학 35

명리학의 정통교본!

이 책은 자평진전, 난강망, 명리정종, 적천수 등과 함께 명리학의 교본에 해당하는 것으로 중국 청나라 때 나온 난강망이라는 책을 서낙오 선생께서 설명을 붙인 것이다. 기존의 많은 책들이 격국과 용신으로 감정하는 것과는 달리 십간십이지와 음양오행을 각각 자연의 이치와 춘하추동의 사계절의 흐름에 대입하여 인간의 길흉화복을 알 수 있게 했다.

· 동하 정지호 편역

용의 혈·풍수지리 실기 100선

신비한 동양철학 30

실전에서 실감나게 적용하는 풍수지리의 길잡이!

이 책은 풍수지리 문헌인 조선조 고무엽(古務葉) 태구승(泰九升) 부집필(父輯筆)로 된 만두산법(巒頭山法), 채성우의 명산론(明山論), 금랑경(錦囊經) 등을 알기 쉬운 주제로 간추려 풍수지리의 길잡이가 되고자 했다. 그리고 인간의 뿌리와 한 사람의 고유한 이름의 중요성을 풍수지리와 연관하여 살펴보아야 하기 때문에 씨족의 시조와 본관, 작명론(作名論)을 같이 편집했다.

· 호산 윤재우 저

천직·사주팔자로 찾은 나의 직업

•••••••••••••••••••••••••••••••
신비한 동양철학 34

역경없이 탄탄하게 성공할 수 있는 방법!

잘 되겠지 하는 막연한 생각으로 의욕만 갖고 도전하는 것과 나에게 맞는 직종은 무엇이고 때는 언제인가를 알고 도전하는 것은 근본적으로 다르고, 결과 또한 다르다. 더구나 요즈음은 I.M.F.시대라 하여 모든 사람들이 정신까지 위축되어 생기를 잃어가고 있다. 이런 때 의욕만으로 팔자에도 없는 사업을 시작했다고 하자, 결과는 불을 보듯 뻔하다. 그러므로 이런 때일수록 침착과 냉정을 찾아 내 그릇부터 알고, 생활에 대처하는 지혜로움을 발휘해야 한다.

· 백우 김봉준 저

통변술해법

•••••••••••••••••••••••••••••••
신비한 동양철학 ㉑

가닥가닥 풀어내는 역학의 비법!

이 책은 역학에 대해 다 알면서도 밖으로 표출되지 않아 어려움을 겪는 사람들을 위한 실습서다. 특히 틀에 박힌 교과서적인 역술의 고정관념에서 벗어나, 한차원 높게 공부할 수 있도록 원리통달을 설명하는데 중점을 두었다. 실명감정과 이론강의라는 두 단락으로 나누어 역학의 진리를 설명했기 때문에 누구나 쉽게 이해할 수 있다. 역학계의 대가 김봉준 선생의 역서 「알기쉬운 해설·말하는 역학」의 후편이다.

· 백우 김봉준 저

주역육효 해설방법上·下

신비한 동양철학 38

한 번만 읽으면 주역을 활용할 수 있는 책!

이 책은 주역을 해설한 것으로, 될 수 있는 한 여러 가지 사설을 덧붙이지 않고 주역을 공부하고 활용하는데 필요한 요건만을 기록했다. 따라서 주역의 근원이나 하도낙서, 음양오행에 대해서도 많은 설명을 자제했다. 다만 누구나 이 책을 한 번 읽어서 주역을 이해하고 활용할 수 있도록 하는데 중점을 두었다.

· 원공선사 저

사주명리학 핵심

신비한 동양철학 ⑲

맥을 잡아야 모든 것이 보인다!

이 책은 잡다한 설명을 배제하고 명리학자들에게 도움이 될 비법만을 모아 엮었기 때문에 초심자가 이해하기에는 다소 어려운 부분도 있겠지만 기초를 튼튼히 한 다음 정독한다면 충분히 이해할 것이다. 신살만 늘어놓으며 감정하는 사이비가 되지말기를 바란다.

· 도관 박흥식 저

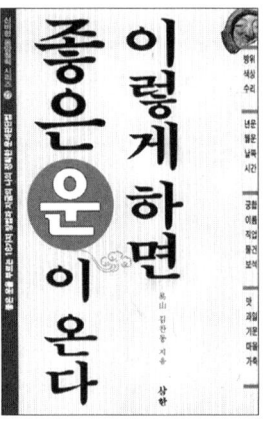

이렇게 하면 좋은 운이 온다

신비한 동양철학 ㉗

한 가정에 한 권씩 놓아두고 볼만한 책 !

좋은 운을 부르는 방법은 방위·색상·수리·년운·월운·날짜·시간·궁합·이름·직업·물건·보석·맛·과일·기운·마을·가축·성격 등을 정확하게 파악하여 자신에게 길한 것은 취하고 흉한 것은 피하면 된다. 간혹 예외인 경우가 있지만 극소수에 불과하고 대부분은 적중하기 때문에 좋은 효과를 본다. 이 책의 저자는 신학대학을 졸업하고 역학계에 입문했다는 특별한 이력을 갖고 있기 때문에 더 많은 화제가 되고 있다.

· 역산 김찬동 저

말하는 역학

신비한 동양철학 ⑪

신수를 묻는 사람 앞에서 말문이 술술 열린다!

이 책은 그토록 어렵다는 사주통변술을 이해하기 쉽고 흥미롭게 고담과 덕담을 곁들여 사실적인 인물을 궁금해 하는 사람에게 생동감있게 통변하고 있다. 길흉작용을 어떻게 표현하느냐에 따라 상담자의 정곡을 찔러 핵심을 끄집어내고 여기에 대한 정답을 내려주는 것이 통변술이다. 역학계의 대가 김봉준 선생의 역작이다.

· 백우 김봉준 저

술술 읽다보면 통달하는 사주학
신비한 동양철학 ㉗
술술 읽다보면 나도 어느새 도사 !
당신은 당신 마음대로 모든 일이 이루어지던가. 지금까지 누구의 명령을 받지 않고 내 맘대로 살아왔다고, 운명 따위는 믿지도 않고 매달리지 않는다고, 이렇게 말하는 사람들이 많다. 그러나 그것은 우주법칙을 모르기 때문에 하는 소리다.

• 조철현 저

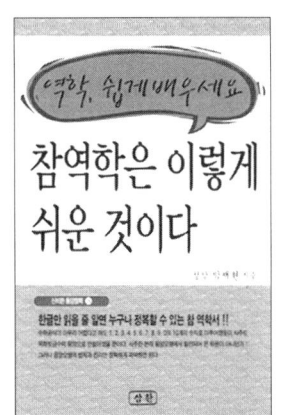

참역학은 이렇게 쉬운 것이다
신비한 동양철학 ㉔
음양오행의 이론으로 이루어진 참역학서 !
수학공식이 아무리 어렵다고 해도 1, 2, 3, 4, 5, 6, 7, 8, 9, 0의 10개의 숫자로 이루어졌듯이, 사주도 음양과 목, 화, 토, 금, 수의 오행으로 이루어졌을 뿐이다. 그러니 용신과 격국이라는 무거운 짐을 벗어버리고 음양오행의 법칙과 진리만 정확하게 파악하면 된다. 사주는 단지 음양오행의 변화일 뿐이고, 용신과 격국은 사주를 감정하는 한가지 방법에 지나지 않는다.

• 청암 박재현 저

동양철학전문출판 **삼한**

나의 천운 운세찾기

신비한 동양철학 ⑫

놀랍다는 몽골정통 토정비결 !

이 책은 역학계의 대가 김봉준 선생이 놀랍다는 몽공토
정비결을 연구 ·분석하여 우리의 인습 및 체질에 맞게
엮은 것이다. 운의 흐름을 알리고자 호운과 쇠운을 강
조했으며, 현재의 나를 조명해보고 판단할 수 있도록
했다. 모쪼록 생활서나 안내서로 활용하기 바란다.

· 백우 김봉준 저

쉽게푼 역학

신비한 동양철학 ❷

쉽게 배워서 적용할 수 있는 생활역학서 !

이 책에서는 좀더 많은 사람들이 역학의 근본인 우주
의 오묘한 진리와 법칙을 깨달아 보다 나은 삶을 영위
하는데 도움이 될 수 있도록 가장 쉬운 언어와 가장 쉬
운 방법으로 풀이했다. 역학계의 대가 김봉준 선생의
역작이다.

· 백우 김봉준 저

이름이 운명을 바꾼다

신비한 동양철학 ㉕

이름은 제2의 자신이다 !

이름에는 각각 고유의 뜻과 기운이 있어서 그 기운이 성격을 만들고 그 성격이 운명을 만든다. 나쁜 이름은 부르면 부를수록 불행을 부르고 좋은 이름은 부르면 부를수록 행복을 부른다. 만일 이름이 거지 같다면 아무리 운세를 잘 만나도 밥을 좀더 많이 얻어 먹을 수 있을 뿐이다. 이 책의 저자는 신학대학을 졸업하고 역학계에 입문했다는 특별한 이력을 갖고 있기 때문에 더 많은 화제가 되고 있다.

・역산 김찬동 저

작명해명

신비한 동양철학 ㉖

누구나 쉽게 배워서 활용할 수 있는 체계적인 작명법 !

일반적인 성명학으로는 알 수 없는 한자이름, 한글이름, 영문이름, 예명, 회사명, 상호, 상품명 등의 작명방법을 여러 사례를 들어 체계적으로 분석하여 누구나 쉽게 배워서 활용할 수 있도록 서술했다.

・도관 박흥식 저

관상오행

신비한 동양철학 ⑳

한국인의 특성에 맞는 관상법 !

좋은 관상인 것 같으나 실제로는 나쁘거나 좋은 관상이 아닌데도 잘 사는 사람이 왕왕있어 관상법 연구에 흥미를 잃는 경우가 있다. 이것은 중국의 관상법만을 익히고, 우리의 독특한 환경적인 특징을 소홀히 다루었기 때문이다. 이에 우리 한국인에게 알맞는 관상법을 연구하여 누구나 관상을 쉽게 알아보고 해석할 수 있도록 자세하게 풀어놓았다.

· 송파 정상기 저

물상활용비법

신비한 동양철학 31

물상을 활용하여 오행의 흐름을 파악한다 !

이 책은 물상을 통하여 오행의 흐름을 파악하고, 운명을 감정하는 방법을 연구한 책이다. 추명학의 해법을 연구하고 운명을 추리하여 오행에서 분류되는 물질의 운명 줄거리를 물상의 기물로 나들이 하는 활용법을 주제로 했다. 팔자풀이 및 운명해설에 관한 명리감정법의 체계를 세우는데 목적을 두고 초점을 맞추었다.

· 해주 이학성 저

운세십진법 · 本大路

신비한 동양철학 ❶

운명을 알고 대처하는 것은 현대인의 지혜다 !

타고난 운명은 분명히 있다. 그러니 자신의 운명을 알
고 대처한다면 비록 운명을 바꿀 수는 없지만 충분히
향상시킬 수 있다. 이것이 사주학을 알아야 하는 이유
다. 이 책에서는 자신이 타고난 숙명과 앞으로 펼쳐질
운명행로를 찾을 수 있도록 운명의 기초를 초연하게
설명하고 있다.

· 백우 김봉준 저

국운 · 나라의 운세

신비한 동양철학 ㉒

역으로 풀어본 우리나라의 운명과 방향 !

아무리 서구사상의 파고가 높다하기로 오천년을 한결
같이 가꾸며 살아온 백두의 혼이 와르르 무너지는 지
경에 왔어도 누구하나 입을 열어 말하는 사람이 없으
니 답답하다. IMF라는 특수한 상황에서 불확실한 내일
에 대한 해답을 이 책은 명쾌하게 제시하고 있다.

· 백우 김봉준

341

명인재

신비한 동양철학 43

신기한 사주판단 비법 !

살(殺)의 활용방법을 완벽하게 제시하는 책!

이 책은 오행보다는 주로 살을 이용하는 비법이다. 시중에 나온 책들을 보면 살에 대해 설명은 많이 하면서도 실제 응용에서는 무시하고 있다. 이것은 살을 알면서도 응용할 줄 모르기 때문이다. 그러나 이 책에서는 살의 활용방법을 완전히 터득해, 어떤 살과 어떤 살이 합하면 어떻게 작용하는지를 자세하게 설명하고 있다.

· 원공선사 지음

사주학의 방정식

신비한 동양철학 18

가장 간편하고 실질적인 역서 !

이 책은 종전의 어려웠던 사주풀이의 응용과 한문을 쉬운 방법으로 터득할 수 있게 하는데 목적을 두었고, 역학의 내용이 어떤 것이며 무엇이 어디에 속하는지를 알고자 하는데 있다.

· 김용오 저

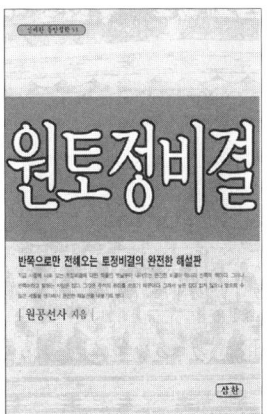

원토정비결

신비한 동양철학 53

반쪽으로만 전해오는 토정비결의 완전한 해설판

지금 시중에 나와 있는 토정비결에 대한 책들을 보면 옛날부터 내려오는 완전한 비결이 아니라 반쪽의 책이다. 그러나 반쪽이라고 말하는 사람이 없다. 그것은 주역의 원리를 모르기 때문이다. 따라서 늦은 감이 없지 않으나 앞으로의 수많은 세월을 생각하면서 완전한 해설본을 내놓기로 한 것이다.

· 원공선사 저

내가 보고 내가 바꾸는 DIY사주

신비한 동양철학 40

내가 보고 내가 바꾸는 사주비결 !

이 책은 기존의 책들과는 달리 한 사람의 사주를 체계적으로 도표화시켜 한 눈에 파악할 수 있고, DIY라는 책 제목에서 말하듯이 개운하는 방법을 제시하고 있다. 초심자는 물론 전문가도 자신의 이론을 새롭게 재조명해 볼 수 있는 케이스 스터디 북이다.

· 석오 전 광 지음

동양철학전문출판 **삼한**

남사고의 마지막 예언

신비한 동양철학 29

이 책으로 격암유록에 대한 논란이 끝나기 바란다

감히 이 책을 21세기의 성경이라고 말한다. 〈격암유록〉
은 섭리가 우리민족에게 준 위대한 복음서이며, 선물이
며, 꿈이며, 인류의 희망이다. 이 책에서는 〈격암유록〉
이 전하고자 하는 바를 주제별로 정리하여 문답식으로
풀어갔다. 이 책으로 〈격암유록〉에 대한 논란은 끝나기
바란다.

• 석정 박순용 저

진짜부적 가짜부적

신비한 동양철학 7

부적의 실체와 정확한 제작방법

인쇄부적에서 가짜부적에 이르기까지 많게는 몇백만원
에 팔리고 있다는 보도를 종종 듣는다. 그러나 부적은
정확한 제작방법에 따라 자신의 용도에 맞게 스스로
만들어 사용하면 훨씬 더 좋은 효과를 얻을 수 있다.
이 책은 중국에서 정통부적을 연구한 국내유일의 동양
오술학자가 밝힌 부적의 실체와 정확한 제작방법을 소
개하고 있다.

• 오상익 저

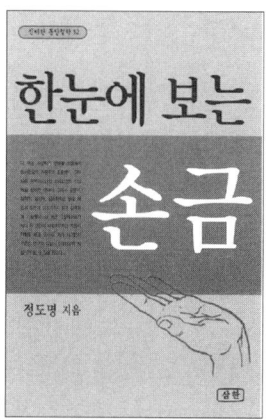

한눈에 보는 손금

신비한 동양철학 52

논리정연하며 바로미터적인 지침서

이 책은 수상학의 연원을 초월해서 동서합일의 이론으로 집필했다. 그야말로 완벽하리만치 논리정연한 수상학을 정리한 것이다. 그래서 운명적, 철학적, 동양적, 심리학적인 면을 예증과 방편에 이르기까지 아주 상세하게 기술했다. 이 책은 수상학이라기 보다 한 인간의 바로미터적인 지침서 역할을 해줄 것이다. 독자 여러분의 꾸준한 연구와 더불어 인생성공의 지침서가 될 수 있을 것이다.

· 정도명 저

만세력 | 사륙배판·신국판
사륙판·포켓판

신비한 동양철학 45

찾기 쉬운 만세력

이 책은 완벽한 만세력으로 만세력 보는 방법을 자세하게 설명했다. 그리고 역학에 대한 기본적인 내용과 결혼하기 좋은 나이·좋은 날·좋은 시간, 아들·딸 태아감별법, 이사하기 좋은 날·좋은 방향 등을 부록으로 실었다.

· 백우 김봉준 저

쉽게 푼 주역

신비한 동양철학 10

귀신도 탄복한다는 주역을 쉽고 재미있게 풀어놓은 책

주역이라는 말 한마디면 귀신도 기겁을 하고 놀라 자빠진다는데, 운수와·일진이 문제가 될까. 8×8=64괘라는 주역을 한 괘에 23개씩의 회답으로 해설하여 1472괘의 신비한 해답을 수록했다. 당신이 당면한 문제라면 무엇이든 해결할 수 있는 열쇠가 이 한 권의 책 속에 있다.

· 정도명 저

핵심 관상과 손금

신비한 동양철학 54

사람을 볼 줄 아는 안목과 지혜를 알려주는 책

오늘과 내일을 예측할 수 없을만큼 복잡하게 펼쳐지는 현실에서 살아남기 위해서는 사람을 볼줄 아는 안목과 지혜가 필요하다. 시중에 관상학에 대한 책들이 많이 나와있지만 너무 형이상학적이라 전문가도 이해하기 어렵다. 이 책에서는 누구라도 쉽게 보고 이해할 수 있도록 핵심만을 파악해서 설명했다.

· 백우 김봉준 저

진짜궁합 가짜궁합

신비한 동양철학 8

남녀궁합의 새로운 충격

중국에서 연구한 국내유일의 동양오술학자가 우리나라 역술가들의 궁합법이 잘못되었다는 것을 학술적으로 분석·비평하고, 전적과 사례연구를 통하여 궁합의 실체와 타당성을 분석했다. 합리적인「자미두수궁합법」과 「남녀궁합」및 출생시간을 몰라 궁합을 못보는 사람들을 위하여「지문으로 보는 궁합법」등을 공개한다.

· 오상익 저

좋은꿈 나쁜꿈

신비한 동양철학 15

그날과 앞날의 모든 답이 여기 있다

개꿈이란 없다. 꿈은 반드시 미래를 예언한다. 이 책은 프로이드의 정신분석학적인 입장이 아닌 미래판단의 근거에 입각한 예언적인 해몽학이다. 여러 형태의 꿈을 체계적으로 정리했으니 올바른 해몽법으로 앞날을 지혜롭게 대처해 보자. 모쪼록 각 가정에서 한 권씩 두고 이용하면 생활하는데 많은 도움이 될 것이다.

· 학선 류래웅 저

완벽 만세력

신비한 동양철학 58

착각하기 쉬운 썸머타임 2도 인쇄

시중에 많은 종류의 만세력이 나와있지만 이 책은 단순한 만세력이 아니라 완벽한 만세경전으로 만세력 보는 법 등을 실었기 때문에 처음 대하는 사람이라도 쉽게 볼 수 있도록 편집되었다. 또한 부록편에는 사주명리학, 신살종합해설, 결혼과 이사택일 및 이사방향, 길흉보는 법, 우주천기와 한국의 역사 등을 수록했다.

· 백우 김봉준 저

주역 · 토정비결

신비한 동양철학 40

토정비결의 놀라운 비결

지금 시중에 나와 있는 토정비결에 대한 책들을 보면 옛날부터 내려오는 완전한 비결이 아니라 반쪽의 책이다. 그러나 반쪽이라고 말하는 사람이 없다. 그것은 주역의 원리를 모르기 때문이다. 따라서 늦은 감이 없지 않으나 앞으로의 수많은 세월을 생각하면서 완전한 해설본을 내놓기로 했다.

· 원공선사 저

현장 지리풍수

신비한 동양철학 48

현장감을 살린 지리풍수법

풍수를 업으로 삼는 사람들이 진(眞)과 가(假)를 분별할 줄 모르면서 24산의 포태사묘의 법을 익히고는 많은 법을 알았다고 자부하며 뽐내고 있다. 그리고는 재물에 눈이 어두워 불길한 산을 길하다 하고, 선하지 못한 물(水)을 선하다 하면서 죄를 범하고 있다. 이는 분수 밖의 것을 망녕되게 바라기 때문이다. 마음 가짐을 바로 하고 고대 원전에 공력을 바치면서 산간을 실사하며 적공을 쏟으면 정교롭고 세밀한 경지를 얻을 수 있을 것이다.

· 전항수 · 주관장 편저

완벽 사주와 관상

신비한 동양철학 55

사주와 관상의 핵심을 한 권에

자연과 인간, 음양(陰陽)오행과 인간, 사계와 절후, 인상(人相)과 자연, 신(神)들의 이야기 등등 우리들의 삶과 관계되는 사실적 관계로만 역(易)을 설명해 누구나 쉽게 이해할 수 있도록 썼으며 특히 역(易)에 대한 관심과 흥미를 갖게 하고자 인상학(人相學)을 추록했다. 여기에 추록된 인상학(人相學)은 시중에서 흔하게 볼 수 있는 상법(相法)이 아니라 생활상법(生活相法) 즉 삶의 지식과 상식을 드리고자 했으니 생활에 유익함이 있기를 바란다.

· 김봉준 · 유오준 공저

해몽 · 해몽법

신비한 동양철학 50

해몽법을 알기 쉽게 설명한 책

인생은 꿈이 예지한 시간적 한계에서 점점 소멸되어 가는 현존물이기 때문에 반드시 꿈의 뜻을 따라야 한다. 이것은 꿈을 먹고 살아가는 인간 즉 태몽의 끝장면인 죽음을 향해 달려가고 있는 인간이기 때문이다. 꿈은 우리의 삶을 이끌어가는 이정표와도 같기에 똑바로 가도록 노력해야 한다.

· 김종일 저

역점

신비한 동양철학 57

우리나라 전통 행운찾기

주역을 무조건 미신으로 치부해버리는 생각은 버려야 한다. 주역이 점치는 책에만 불과했다면 벌써 그 존재가 없어졌을 것이다. 그러나 오랫동안 많은 학자가 연구를 계속해왔고, 그 속에서 자연과학과 형이상학적인 우주론과 인생론을 밝혀, 정치·경제·사회 등 여러 방면에서 인간의 생활에 응용해왔고, 삶의 지침서로써 그 역할을 했다. 이 책은 한 번만 읽으면 누구나 역점가가 될 수 있으니 생활에 도움이 되길 바란다.

· 문명상 편저

명리학연구

신비한 동양철학 59

체계적인 명확한 이론

이 책은 명리학 연구에 핵심적인 내용만을 모아 하나의 독립된 장을 만들었다. 명리학은 분야가 넓어 공부를 하다보면 주변에 머무르는 경우가 많아, 주요 내용을 잃고 헤매는 경우가 많다. 그러므로 뼈대를 잡는 것이 중요한데, 여기서는 「17장. 명리대요」에 핵심 내용만을 모아 학문의 체계를 잡는데 용이하게 하였다.

· 권중주 저

쉽게 푼 풍수

신비한 동양철학 60

현장에서 활용하는 풍수지리법

산도는 매우 광범위하고, 현장에서 알아보기 힘들다. 더구나 지금은 수목이 울창해 소조산 정상에 올라가도 나무에 가려 국세를 파악하는데 애를 먹는다. 그러므로 사진을 첨부하니 많은 도움이 되길 바란다. 물론 결록에 있고 산도가 눈에 익은 것은 혈 사진과 함께 소개하니 참고하기 바란다. 이 책을 열심히 정독하면서 답산하면 혈을 알아보고 용산도 할 수 있을 것이다.

· 전항수 · 주장관 편저

351

올바른 작명법

신비한 동양철학 61

세상의 부모들에게 가장 소중한 것이 무엇이냐고 물으면 누구든 자녀라고 할 것이다. 그런데 왜 평생을 좌우할 이름을 함부로 짓는가. 이름이 얼마나 소중한지를. 이름의 오행작용이 사람의 일생을 어떻게 좌우하는지를 모르기 때문이다. 세상만물은 음양오행의 영향을 받지 않는 것이 없다. 봄이 가면 여름이 오고, 여름이 가면 가을이 오고, 가을이 가면 겨울이 오고, 겨울이 가면 봄이 오는 것 또한 음양오행의 원리다.

· 이정재 저

신수대전

신비한 동양철학 62

흉함을 피하고 길함을 부르는 방법

신수를 보는 방법은 여러 가지가 있는데 대부분이 주역과 사주추명학에 근거를 둔다. 수많은 학설 중에서 몇 가지를 보면 사주명리, 자미두수, 관상, 점성학, 구성학, 육효, 토정비결, 매화역수, 대정수, 초씨역림, 황극책수, 하락리수, 범위수, 월영도, 현무발서, 철판신수, 육임신과, 기문둔갑, 태을신수 등이다. 역학에 정통한 고사가 아니면 제대로 추단하기 어려운데 엉터리 술사들이 넘쳐난다. 그래서 누구나 자신의 신수를 볼 수 있도록 몇 가지를 정리했다.

· 도관 박흥식

음택양택

신비한 동양철학 63

현세의 운·내세의 운

이 책에서는 음양택명당의 조건이나 기타 여러 가지를 설명하여 산 자와 죽은 자의 행복한 집을 만들 수 있도록 했다. 특히 죽은 자의 집인 음택명당은 자리를 옳게 잡으면 꾸준히 생기를 발하여 흥하나, 그렇지 않으면 큰 피해를 당하니 돈보다도 행·불행의 근원인 음양택명당에 관심을 기울여야 한다.

・전항수·주장관 지음

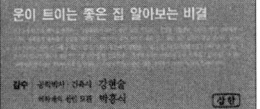

이런 집에 살아야 잘 풀린다

신비한 동양철학 64

운이 트이는 좋은 집 알아보는 비결

힘든 상황에서 내 가족이 지혜롭게 대처하고 건강을 지켜주는, 한마디로 운이 트이는 집은 모두의 꿈일 것이다. 가족이 평온하게 생활할 수 있는 집, 나가서는 발전을 가져다 줄 수 있는 그런 집이 있다면 얼마나 좋을까? 그런 소망에 한 걸음이라도 가까워지려면 막연하게 운만 기대해서는 안 된다. '호랑이를 잡으려면 호랑이 굴로 들어가라'는 속담이 있듯이 좋은 집을 가지려면 그만한 노력이 있어야 한다.

・강현술·박흥식 감수

사주에 모든 길이 있다

신비한 동양철학 65

사주를 간명하는데 조금이라도 도움이 되었으면 하는 바람에서 이 책을 쓰게 되었다. 간명의 근간인 오행의 왕쇠강약을 세분해서 설명했다. 그리고 대운과 세운, 세운과 월운의 연관성과, 십신과 여러 살이 운명에 미치는 암시와, 십이운성으로 세운을 판단하는 방법을 설명했다.

· 정담 선사 편저

사주학

신비한 동양철학 66

5대 원서의 핵심과 실용

이 책은 사주학을 체계적으로 공부하려는 학도들을 위해 꼭 알아야 할 내용과 용어를 수록하는데 중점을 두었다. 이 학문을 공부하려고 찾아온 사람들에게 여러 가지 질문을 던져보면 거의 기초지식이 시원치 않다. 그런 상태로 사주를 읽으려니 제대로 될 리가 없다. 이 책으로 용어와 제반지식을 터득하면 빠른 시일에 소기의 목적을 이룰 수 있을 것이다.

· 글갈 정대엽 저

주역 기본원리

신비한 동양철학 67

주역의 기본원리를 통달할 수 있는 책

이 책에서는 기본괘와 변화와 기본괘가 어떤 괘로 변했을 경우 일어날 수 있는 내용들을 설명하여 주역의 변화에 대한 이해를 돕는데 주력하였다. 그러나 그런 내용을 구분할 수 있는 방법을 전부 다 설명할 수는 없기에 뒷장에 간단하게설명하였고, 다른 책들과 설명의 차이점도 기록하였으니 참작하여 본다면 조금이나마 도움이 될 것이다.

· 원공선사 편저

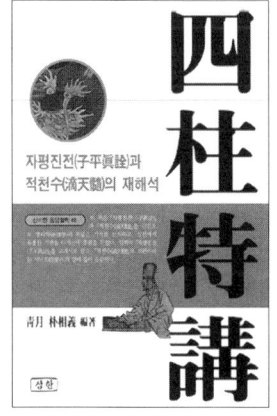

사주특강

신비한 동양철학 68

자평진전과 적천수의 재해석

이 책은 『자평진전(子平眞詮)』과 『적천수(滴天髓)』를 근간으로 명리학(命理學)의 폭넓은 가치를 인식하고, 실전에서 유용한 기반을 다지는데 중점을 두고 썼다. 일찍이 『자평진전(子平眞詮)』을 교과서로 삼고, 『적천수(滴天髓)』로 보완하라는 서낙오(徐樂吾)의 말에 깊이 공감한다.

청월 박상의 편저

동양철학전문출판 **삼한**

복을 부르는방법

신비한 동양철학 69

나쁜 운을 좋은 운으로 바꾸는 비결

개운하는 방법은 여러 가지가 있으나, 이 책의 비법은 축원문을 독송하는 것이다. 독송이란 소리내 읽는다는 뜻이다. 사람의 말에는 기운이 있는데, 이 기운은 자신에게 돌아온다. 좋은 말을 하면 좋은 기운이 돌아오고, 나쁜 말을 하면 나쁜 기운이 돌아온다. 이 책은 누구나 어디서나 쉽게 비용을 들이지 않고 좋은 운을 부를 수 있는 방법을 실었다.

· 역산 김찬동 편저

인터뷰 사주학

신비한 동양철학 70

쉽고 재미있는 인터뷰 사주학

얼마전까지만 해도 사주학을 취급하는 사람들은 미신을 다루는 부류로 취급되었다. 그러나 지금은 하루가 다르게 이 학문을 공부하는 사람들이 폭증하고 있는 것으로 보인다. 젊은 층에서 사주카페니 사주방이니 사주동아리니 하는 것들이 만들어지고 그 모임이 활발하게 움직이고 있다는 점이 그것을 증명해준다. 그뿐 아니라 대학원에는 역학교수들이 점차로 증가하고 있다.

· 글갈 정대엽 편저

육효대전

신비한 동양철학 37

정확한 해설과 다양한 활용법

동양의 고전 중에서도 가장 대표적인 것이 주역이다. 주역은 옛사람들이 자연의 법칙을 거울삼아 인간이 생활을 영위해 나가는 처세에 관한 지혜를 무한히 내포하고, 피흉추길하는 얼과 슬기가 함축된 점서)인 동시에 수양·과학서요 철학·종교서라고 할 수 있다.

· 도관 박흥식 편저

사람을 보는 지혜

신비한 동양철학 73

관상학의 초보에서 완성까지

현자는 하늘이 준 명을 알고 있기에 부귀에 연연하지 않는다. 사람은 마음을 다스리는 심명이 있다. 마음의 명은 자신만이 소통하는 유일한 우주의 무형의 에너지이기 때문에 잠시도 잊으면 안된다. 관상학은 사람의 상으로 이런 마음을 살피는 학문이니 잘 이해하여 보다 나은 삶을 삶을 영위할 수 있도록 노력해야 한다.

· 이부길 편저

명리학 | 재미있는 우리사주

신비한 동양철학 74

사주 세우는 방법부터 용어해설 까지!!

몇 년 전 『사주에 모든 길이 있다』가 나온 후 선배 제현들께서 알찬 내용의 책다운 책을 접했다면서 매월 한 번만이라도 참 역학의 발전을 위하여 학술세미나를 열자는 제의를 받았다. 그러나 사주의 작성법을 설명하지 않아 독자들에게 많은 질타를 받고 뒤늦게 이 책을 출판하기로 결심했다. 이 책은 한글만 알면 누구나 역학과 가까워질 수 있도록 사주 세우는 방법부터 실제 간명, 용어해설에 이르기까지 분야별로 엮었다.

· 정담 선사 편저

성명학 | 바로 이 이름

신비한 동양철학 75

사주의 운기와 조화를 고려한 이름짓기

사람은 누구나 타고난 운명, 즉 숙명이라는 것이 있다. 숙명인 사주팔자는 선천운이고, 성명은 후천운이 되는 것으로 이름을 지을 때는 타고난 운기와의 조화를 고려함이 중요하다. 따라서 역학에 대한 깊은 이해가 선행되어야 함은 지극히 당연한 일이다. 부연하면 작명의 근본은 타고난 사주에 운기를 종합적으로 분석하여 부족한 점을 보강하고 결점을 개선한다는 큰 뜻이 있다고 할 수 있다.

· 정담 선사 편저

운을 잡으세요 | 개운비법

신비한 동양철학 76

염력강화로 삶의 문제를 해결한다!

염력(念力)이 강한 사람은 운명을 개척하며 행복하게 살고, 염력이 약한 사람은 운명의 노예가 되어 불행하게 살아간다. 때문에 행복과 불행은 누가 주는 것이 아니라 자기 자신이 만든다고 할 수 있다. 한 마디로 말해 의지의 힘, 즉 염력이 운명을 바꾸는 것이다. 이 책에서는 이러한 염력을 강화시켜 삶에서 일어나는 문제를 해결하는 방법을 알려준다. 누구나 가벼운 마음으로 읽고 실천한다면 반드시 목적을 이룰 수 있을 것이다.

· 역산 김찬동 편저

작명정론

신비한 동양철학 77

이름으로 보는 역대 대통령이 나오는 이치

사주팔자가 네 기둥으로 세워진 집이라면 이름은 그 집을 대표하는 문패라고 할 수 있다. 사람은 태어나면서 사주를 통해 운을 타고나고 이름이 주어진 순간부터 명(命)이 작용한다. 사주와 이름이 곧 운명을 결정한다는 것이다. 따라서 이름을 지을 때는 사주의 격에 맞추어야 한다. 사주 그릇이 작은 사람이 원대한 뜻의 이름을 쓰면 감당하지 못할 시련을 자초하게 되고 오히려 이름값을 못할 수 있다. 즉 분수에 맞는 이름으로 작명해야 하기 때문에 사주의 올바른 분석이 필요하다.

· 청월 박상의 편저

원심수기 통증예방 관리비법

신비한 동양철학 78

쉽게 배워 적용할 수 있는 통증관리법

이 책을 세상에 내놓는 것은 우리 전통 민중의술도 세상의 그 어떤 의술에 못지 않게 아주 훌륭한 치료술이 있고 그 전통이 수백 년, 또는 수천 년을 내려오면서 전해지고 있는데 현재 사회를 보면 무조건 외국에서 들어온 것만이 최고라고 하는 식으로 하여 우리의 전통 민중의술을 뿌리째 버리려고 하는데 문제가 있는 것 같기에 우리것을 지키고자 하는데 그 첫째의 목적이 있다 할 수 있을 것이다.

· 원공 선사 저

사주비기

신비한 동양철학 79

역학으로 보는 대통령이 나오는 이치 !!

이 책에서는 고서의 이론을 근간으로 하여 근대의 사주들을 임상하여, 적중도에 의구심이 가는 이론들은 과감하게 탈피하고 통용될 수 있는 이론만을 수용했다. 따라서 기존 역학서의 아쉬운 부분들을 충족시키며 일반인도 열정만 있으면 누구나 자신의 운명을 감정하고 피흉취길할 수 있는 생활지침서로 활용할 수 있을 것이다.

청월 박상의 편저

찾기 쉬운 명당
. . . .
신비한 동양철학 44

풍수지리의 모든 것!

이 책은 가능하면 쉽게 풀려고 노력했고, 실전에 도움이 되도록 했다. 특히 풍수지리에서 방향측정에 필수인 패철(佩鐵)사용과 나경(羅經) 9층을 각 층별로 간추려 설명했다. 그리고 이 책에 수록된 도설, 즉 오성도, 명산도, 명당 형세도 내거수 명당도, 지각(枝脚)형세도, 용의 과협출맥도, 사대혈형(穴形) 와겸유돌(窩鉗乳突) 형세도 등은 국립중앙도서관에 소장된 문헌자료인 만산도단, 만산영도, 이석당 은민산도의 원본을 참조했다.

· 호산 윤재우 저

명리입문
. . . .
신비한 동양철학 41

명리학의 필독서!

이 책은 자연의 기후변화에 의한 운명법 외에 명리학도들이 궁금해 했던 인생의 제반사들에 대해서도 상세하게 기술했다. 따라서 초보자부터 심도있게 공부한 사람들까지 세심히 읽고 숙독해야 하는 책이다. 특히 격국이나 용신뿐 아니라 십신에 대한 자세한 설명, 조후용신에 대한 보충설명, 인간의 제반사에 대해서는 독보적인 해설이 들어 있다. 초보자들에게는 더할 수 없이 훌륭한 길잡이가 될 것이다.

· 동하 성지호 편역

육효점 정론

신비한 동양철학 80

육효학의 정수!

이 책은 주역의 원전소개와 상수역법의 꽃으로 발전한 경방학을 같이 실어 독자들의 호기심을 충족시키는데 중점을 두었습니다. 주역의 원전으로 인화의 처세술을 터득하고, 어떤 사안의 답은 육효법을 탐독하여 찾으시기 바랍니다.

· 효명 최인영 편역

작명 백과사전

신비한 동양철학 81

36가지 이름짓는 방법과 선후천 역상법 수록

이름은 나를 대표하는 생명체이므로 몸은 세상을 떠날지라도 영원히 남는다. 성명운의 유도력은 후천적으로 가공 인수되는 후존적 수기로써 조성 운화되는 작용력이 있다. 선천수기의 운기력이 50%이면 후천수기도의 운기력도50%이다. 이와 같이 성명운의 작용은 운로에 불가결한조건일 뿐 아니라, 선천명운의 범위에서 기능을 충분히 할 수 있다.

· 임삼업 편저 | 송충석 감수

사주대성

● ●

신비한 동양철학 33

초보에서 완성까지

이 책은 과거 현재 미래를 모두 알 수 있는 비결을 실었다. 그러나 모두 터득한다는 것은 어려울 것이다.역학은 수천 년간 동방의 석학들에 의해 갈고 닦은 철학이요 학문이며, 정신문화로서 영과학적인 상수문화로서 자랑할만한 위대한 학문이다.

· 도관 박흥식 저

해몽정본

● ●

신비한 동양철학 36

꿈의 모든 것 !

막상 꿈해몽을 하려고 하면 내가 꾼 꿈을 어디다 대입시켜야 할지 모를 경우가 많았을 것이다. 그러나 이 책은 찾기 쉽고, 명료하며, 최대한으로 많은 갖가지 예를 들었으니 꿈해몽을 하는데 어려움이 없을 것이다.

· 청암 박재현 저

적천수 정설

신비한 동양철학 82

적천수 원문을 쉽고 자세하게 해설

적천수(滴天髓)는 명나라 개국공신인 유백온(劉伯溫) 선생이 처음으로 저술한 후 여러 사람이 각각 자신의 주장을 내세워 해설하여 오늘날에는 많은 분량이 되었다. 그러나 원래 유백온(劉伯溫) 선생이 저술한 적천수(滴天髓)의 원문은 내용이 그렇게 많지가 않다. 저자는 적천수(滴天髓) 원문을 보고 30년 역학(易學)의 경험을 총동원하여 감히 해설해 보았다.

· 역산 김찬동 편역

궁통보감 정설

신비한 동양철학 83

궁통보감 원문을 쉽고 자세하게 해설

『궁통보감(窮通寶鑑)』은 5대원서 중에서 가장 이론적이며 사리에 맞는 책이라고 생각한다. 이 책은 조후(調候)를 중심으로 설명하며 간명한 것이 특징이다. 역학을 공부하는 학도들에게 도움을 주려고 먼저 원문에 음독을 단 다음 해설하였다. 그리고 예문은 서낙오(徐樂吾) 선생이 해설한 것을 그대로 번역하였고, 저자가 상담한 사람들의 사주와 점서에 있는 사주들을 실었다.

· 역산 김찬동 편역

왕초보 내 사주

신비한 동양철학 84

초보 입문용 역학서

이 책은 역학을 너무 어렵게 생각하는 초보자들에게 조금이나마 도움을 주고자 쉽게 엮으려고 노력했다. 이 책을 숙지한 후 역학(易學)의 5대 원서인 『적천수(滴天髓)』,『궁통보감(窮通寶鑑)』,『명리정종(命理正宗)』,『연해자평(淵海子平)』,『삼명통회(三命通會)』에 접근한다면 훨씬 쉽게 터득할 수 있을 것이다. 이 책들은 저자가 이미 편역하여 삼한출판사에서 출간한 것도 있고, 앞으로 모두 갖출 것이니 많이 활용하기 바란다.

· 역산 김찬동 편저

스스로 공부하게 하는 방법과 천부적 적성

신비한 동양철학 85

내 아이를 성공시키고 싶은 부모들에게

자녀를 성공시키고 싶은 마음은 부자나 가난한 사람이나 모두 같을 것이다. 그러나 가난한 부모를 둔 아이들은 공부할 수 있는 환경이 열악하다. 빈익빈 부익부 현상이 배우는 아이들 때부터 시작되기 때문이다. 그러니 가난한 집 아이가 좋은 성적을 내기는 매우 어렵고, 원하는 학교에 들어가기도 어렵다. 그러나 실망하기에는 아직 이르다. 내 아이가 훌륭한 인재로 성장해 아름답고 멋진 삶을 살아가는 방법이 이 책에 있다.

· 청암 박재현 지음

음파메세지(氣) 성명학

신비한 동양철학 51

새로운 시대에 맞는 새로운 성명학

지금까지의 모든 성명학은 모순의 극치를 이루고 있다. 이제 새로운 시대에 맞는 음파메세지(氣) 성명학이 탄생했으니 차근차근 읽어보고 복을 계속 부르는 이름을 지어 사랑하는 자녀가 행복하고 아름다운 삶을 살아갈 수 있도록 하는데 도움이 되었으면 한다.

· 청암 박재현 저

정법사주

신비한 동양철학 49

독학과 강의용 겸용의 책

이 책은 사주추명학을 연구하고자 하는 분들에게 심오한 주역의 이해를 돕고자 하는 의도에서 시작되었다. 음양오행의 상생상극에서부터 육친법과 신살법을 기초로 하여 격국과 용신 그리고 유년판단법을 활용하여 운명판단에 첩경이 될 수 있도록 했고, 추리응용과 운명감정의 실례를 하나 하나 들어가면서 독학과 강의용 겸용으로 엮었다.

· 원각 김구현 저

기문둔갑 비급대성

신비한 동양철학 86

기문의 정수

기문둔갑은 천문지리·인사명리·법술병법 등에 영험한 술수로 예로부터 은밀하게 특권층에만 전승되었다. 그러나 아쉽게도 기문을 공부하려는 이들에게 도움이 될만한 책이 거의 없다. 필자는 이 점이 안타까워 천견박식함을 돌아보지 않고 감히 책을 내게 되었다. 한 권에 기문학을 다 표현할 수는 없지만 이 책을 사다리 삼아 저 높은 경지로 올라간다면 제갈공명과 같은 지혜를 발휘할 수 있을 것이다.

· 도관 박흥식 편저

아호연구

신비한 동양철학 87

여러 가지 작호법과 실예 모음

필자는 오래 전부터 작명을 연구했다. 그러나 시중에 나와 있는 책에는 대부분 아호에 관해서는 전혀 언급하지 않았다. 그래서 아호에 관심이 있어도 자료를 구하지 못하는 분들을 위해 이 책을 내게 되었다. 아호를 짓는 것은 그리 대단하거나 복잡하지 않으니 이 책을 처음부터 끝까지 착실히 공부한다면 누구나 좋은 아호를 지어 쓸 수 있을 것이라고 생각한다.

· 임삼업 편저

■ 원공 선사 (속명 이용완)

현재 전주대 · 광주대 · 조선대 평생교육원에서
『원심통증예방 관리학』 강의중

저서 『주역육효의 해설방법』
　　　『주역의 기본원리』
　　　『원토정비결』
　　　『모든 질병에서 해방을』
　　　『명인재』
　　　『원심수기 통증예방 관리비법』

연락처　019-305-9138

명인재
─────────────────

1판 1쇄 발행일 ｜ 2002년 4월 16일
1판 3쇄 발행일 ｜ 2009년 4월 16일

발행처 ｜ 삼한출판사
발행인 ｜ 김충호
지은이 ｜ 원공선사

신고년월일 ｜ 1975년 10월 18일
신고번호 ｜ 제305-1975-000001호

411-776 경기도 고양시 일산서구 일산동 1654번지
산들마을 304동 2001호

대표전화 (031) 921-0441
팩시밀리 (031) 925-2647

값 19,000원
ISBN 89-7460-075-7　03180

육효대전

정확한 해설과 다양한 활용법

동양의 고전 중에서도 가장 대표적인 것이 주역이다. 주역은 옛사람들이 자연의 법칙을 거울삼아 인간이 생활을 영위해 나가는 처세에 관한 지혜를 무한히 내포하고, 피흉추길하는 얼과 슬기가 함축된 점서)인 동시에 수양·과학이요 철학·종교서라고 할 수 있다.

도관 박흥식 편저 | 608쪽 | 26,000원 | 신국판

육효점 정론

육효학의 정수

이 책은 주역의 원전소개와 상수역법의 꽃으로 발전한 경방학을 같이 실어 독자들의 호기심을 충족시키는데 중점을 두었습니다. 주역의 원전으로 인화의 처세술을 터득하고, 어떤 사안의 답은 육효법을 탐독하여 찾으시기 바랍니다.

효명 최인영 편역 | 396쪽 | 29,000원 | 신국판

주역육효 해설방법(상·하)

한 번만 읽으면 주역을 활용할 수 있는 책

이 책은 주역을 해설한 것으로, 될 수 있는 한 여러 가지 사설을 덧붙이지 않고, 주역을 공부하고 활용하는데 필요한 요건만을 기록했다. 따라서 주역의 근원이나 하도낙서, 음양오행에 대해서도 많은 설명을 자제했다. 다만 누구나 이 책을 한 번 읽어서 주역을 이해하고 활용할 수 있도록 하는데 중점을 두었다.

원공선사 저 | 상 810쪽, 하 798쪽 | 각 29,000원 | 신국판

주역 기본원리

주역의 기본원리를 통달할 수 있는 책

이 책에서는 기본괘와 변화와 기본괘가 어떤 괘로 변할 경우 일어날 수 있는 내용들을 설명하여 주역의 변화에 대한 이해를 돕는데 주력하였다. 그러나 그런 내용을 구분할 수 있는 방법을 전부 다 설명할 수는 없기에 뒷장에 간단하게설명하였고, 다른 책들과 설명의 차이점도 기록하였으니 참작하여 본다면 조금이나마 도움이 될 것이다.

원공선사 편저 | 800쪽 | 39,000원 | 신국판

쉽게 푼 역학(개정판)

쉽게 배워서 적용할 수 있는 생활역학서 !

이 책에서는 좀더 많은 사람들이 역학의 근본인 우주의 오묘한 진리와 법칙을 깨달아 보다 나은 삶을 영위하는데 도움이 될 수 있도록 가장 쉬운 언어와 가장 쉬운 방법으로 풀이했다. 역학계의 대가 김봉준 선생의 역작이다.

백우 김봉준 저 | 568쪽 | 30,000원 | 신국판

03180

9 788974 600754

값 19,000원   ISBN 89-7460-075-7